CURSO DE CONVERSACIÓN
Y REDACCIÓN EN ESPAÑOL

지은이

신자영
스페인 Universidad Autónoma de Madrid 언어학 박사
연세대학교 학부대학 학사지도교수

조은영
스페인 Universidad Autónoma de Madrid 언어학 박사

김은영
스페인 Universidad Autónoma de Madrid 언어학 박사
서울대학교 서어서문학과 교수

Claudia Macías
멕시코 El Colegio de México 문학 박사
서울대학교 서어서문학과 교수

스페인어 회화 작문

초판 1쇄 발행 2008년 8월 15일
초판 7쇄 발행 2021년 3월 30일

지은이 신자영, 조은영, 김은영, Claudia Macías
펴낸이 오세정
펴낸곳 서울대학교출판문화원

출판등록 제15-3호

주소 08826 서울 관악구 관악로 1
대표전화 02-880-5252 | 팩스 02-889-0785
도서주문 02-889-4424, 02-880-7995
이메일 snubook@snu.ac.kr
홈페이지 www.snupress.com

ISBN 978-89-521-0935-4 03770

기초교양교육원 기초교양교육 시리즈 13

CURSO DE CONVERSACIÓN Y REDACCIÓN EN ESPAÑOL
스페인어 회화 작문

신자영 · 조은영 · 김은경 · Claudia Macías

서울대학교출판문화원

발간사

오늘의 대학은 문명사적 대전환의 와중에서 진리탐구와 인력양성이라는 두 가지 과제를 수행해야 한다. 급변하는 현대사회에서 진리의 본질을 찾기 위한 연구와 사회의 개선을 위한 교육은 서로 밀접히 연관되어 있다. 이를 통해 대학은 지역, 국가, 인류 사회의 발전에 봉사하고 공헌한다.

서울대학교는 세계화 시대에 다양한 문화와 가치를 이해하고, 더불어 사는 공동체를 위한 덕목과 윤리를 갖추고, 세계수준의 전문가로서 전공지식을 배우고, 그리고 현실사회의 문제 해결을 위한 비판적 사고와 분석 능력을 길러주는 것을 주요한 교육목표로 설정하고 있다.

이를 위해 현대사회의 다양한 주제와 쟁점들에 대한 교양교재의 개발은 필수적이다. 서울대학교는 '학문의 기초', '핵심교양', '일반교양' 을 기초교육의 중심 분야로 설정하고 있다. 이 세 분야에 걸친 교양교재의 발간이 비단 서울대학교 학생들뿐만 아니라 우리 사회 젊은이들의 지적 양식의 보고로서 학문적 · 실천적 안목과 지평을 높일 수 있는 계기가 되기를 기대한다.

서울대학교 기초교육원

머리말

스페인어는 스페인, 중남미 대부분의 국가의 공용어이며 미국에서조차 제2공용어로서의 위치를 다져가고 있는 명실상부한 국제어이다. 특히, 민족, 국경을 초월하여 무제한적인 경쟁체제에 돌입한 오늘날, 보다 강력하고 실용적인 외국어를 습득하는 일은 가장 경제적이고도 효율적인 생존 수단이라 할 수 있다. 중국어와 영어 다음으로 사용인구가 많은데다 사용국가 수로 가장 많은 나라를 차지하는 스페인어는 카톨릭의 영향으로 인구 증가면에서 단연 선두에 있다. 여기에 거대한 중남미 대륙의 풍부한 자원과 인력은 무역 중심의 구조를 가진 우리나라에 새로운 '이머징 마켓' 으로 부상하고 있는 실정이다.

이러한 중요성에 비추어 볼 때 국내의 스페인어 교육은 현실과의 많은 괴리를 보이고 있다. 이미 한 세기가 지난 일제의 외국어 정책을 그대로 답습해 온 결과 스페인어는 제2외국어에서도 아직 소수에 머무르고 있는 것이다. 그나마 다행스러운 것은 갈수록 많은 한국의 대학생들이 스페인어 강좌를 선택하고 있다는 것인데 본격적으로 인생을 설계하고 직업을 선택해야 하는 준비과정에 있는 대학생들의 입장에서 지혜로운 선택이라 할 수 있다. 그러나 보수적인 정책입안자에 의해 운용되는 중 · 고등학교 현장에서 스페인어를 제2외국어로 선택하고 있는 학교를 찾기란 쉽지가 않다. 따라서 교육 현장, 특히 제2외국어 교육에서 발상의 대전환이 필요한 시점이다.

현재 국내 스페인어 사용자 가운데, 무역 · 이민 · 외교 등 직접 교류를 통해 몸소 배운 사람이 학교나 전공을 통해서 배운 사람보다 많다는 사실은 미래지향적 관점에서 적극적인 스페인어 교육의 도입 필요성을 일깨워 준다. 그리고 바로 이 점이 본 교재가 탄생한 배경이라 할 수 있다. 스페인어 회화 교재는 시중에 비교적 많이 접할 수 있지만 대부분이 불완전한 포켓북의 형식으로서 완전 초보자를 위한 여행 길잡이 정도의 역할밖에 못하고 있다. 스페인어에 대한 지식이 어느 정도 있는 사람이나 전문적 필요 때문에 회화를 익히고 싶은 사람에게 적당한 교재가 없는 것이다. 특히 회화와 작문은 상황 위주의 실전 연습을 주로 요구하는 관계로 대학에서조차 주교재 없이 교수 재량에 따라 그때 그때 변하는 수업이 진행되어 온 실정이다. 이처럼 회화와 작문 능력을 체계적이고 효율적으로 함양할 수 있는 교재가 계속 요구되어 오던 차에, 서울대학교 스페인어과에 대한 서울대학교 기초교육원의 지원으로 교재 개발 연구 및 작업이 수행될 수 있었다. 이 책은 그 연구의 결과물이다.

본 교재는 스페인어에 대한 기본 지식을 갖춘 사람이라면 누구나 접할 수 있도록 가능한 많은 설명과 해석을 담고 있으며 사전이나 다른 부교재의 도움을 빌리지 않아도 될 정도로 단어, 관용어, 문법 설명을 각 단원마다 꼼꼼하게 붙여 놓았다. 듣기 능력 배양을 위해서 단원별 듣기 영역을 배치한 다음, 대화체로 구성된 본문 제시 부분과 어휘설명을 그 다음에 배치하여 먼저 들은 내용을 점검할 수 있도록 하였다. 그 후 본문 대화 내용을 검토하고 세부 상황별 유용한 표현과 새로운 어휘를 익힌 다음, 질문-답변 형식의 대화 연습 문제가 이어지며 마지막으로 제시된 주제에 대한 작문의 순서로 구성되었다.

사고 능력이 말하는 능력과 불가분의 관계에 있듯이, 말하기와 글쓰기는 별개의 영역이 아니다. 그리고 말과 글을 스페인어 화자와의 직접적인 대화를 전제로 한 실용성 측면에서 본다면 주변에 일상적으로 일어나는 상황에 맞게 전개된 대화식 표현과 어휘를 익히는 것이 효과적일 것이다. 이러한 의도로 본 교재가 만들어졌기에 본문에 제시된 내용과 다양한 연습문제들을 꾸준히 해나간다면 여러분의 회화와 작문 능력에 성공적인 결과가 오리라고 믿는다.

저자 일동

| 차 례 |

Lección 1

En la residencia de la escuela de idiomas
어학원 기숙사에서

Diálogo de hoy
(대화를 듣고 빈칸을 스페인어로 채워보세요)

Recepcionista: Buenas tardes, ¿en qué puedo __________?
Carolina: Buenas tardes, ¿es esta __________ de la escuela de __________?
Recepcionista: Sí, aquí es.
Carolina: __________ por Internet. __________ es Carolina Hernández.
Recepcionista: No encuentro __________. ¿De dónde viene?, ¿cuál es su __________?
Carolina: __________ de Paraguay. __________________ es Choi.
Recepcionista: ¿Cómo __________?
Carolina: Che (de chico), o (de Oscar), i (de iglesia).
Recepcionista: Un momento por favor..., aquí está. Estaba en __________________.
Carolina: Pero yo pagué la __________. Aquí está __________.
Recepcionista: No hay __________. Antes era otro __________ pero cambió, ahora soy yo. Su número __________, por favor.
Carolina: Cero, cero, __________, setenta y __________.
Recepcionista: Bien. Su habitación tenía problemas __________ y hay hombres __________. Va a estar en la __________________.
Carolina: ¿Es individual o __________?
Recepcionista: __________________ era compartida. __________ llegó esta mañana.
Carolina: Muchas gracias, muy amable.
Recepcionista: __________. Lo que se le ofrezca, __________ la ayudaremos.

Recepcionista: Buenas tardes, ¿en qué puedo servirle?

Carolina: Buenas tardes, ¿es esta la residencia de la escuela de idiomas?

Recepcionista: Sí, aquí es.

Carolina: Me inscribí por Internet. Mi nombre es Carolina Hernández.

Recepcionista: No encuentro su inscripción.
¿De dónde viene?, ¿cuál es su segundo apellido?

Carolina: Vengo de Paraguay. Mi apellido materno es Choi.

Recepcionista: ¿Cómo se deletrea?

Carolina: Che (de chico), o (de Oscar), i (de iglesia).

Recepcionista: Un momento por favor..., aquí está. Estaba en la lista de pendientes.

Carolina: Pero yo pagué la inscripción. Aquí está el comprobante.

Recepcionista: No hay problema. Antes era otro el responsable pero cambió, ahora soy yo. Su número de pasaporte, por favor.

Carolina: Cero, cero, cuarenta y ocho, setenta y cinco, diez.

Recepcionista: Bien. Su habitación tenía problemas con la tubería y hay hombres trabajando. Va a estar en la quinientos quince.

Carolina: ¿Es individual o compartida?

Recepcionista: La que usted pagó era compartida. Su compañera llegó esta mañana.

Carolina: Muchas gracias, muy amable.

Recepcionista: De nada. Lo que se le ofrezca, con gusto la ayudaremos.

안내인: 안녕하세요. 무엇을 도와드릴까요?

까롤리나: 안녕하세요. 여기가 어학원 기숙사인가요?

안내인: 네, 그렇습니다.

까롤리나: 인터넷으로 등록했어요. 제 이름은 까롤리나 에르난데스이고요.

안내인: 당신 등록서류를 찾을 수가 없네요. 어디에서 오셨지요?
두 번째 성이 어떻게 되시지요?

까롤리나: 파라과이에서 왔고, 두 번째 성은 최입니다.

안내인: 어떻게 쓰지요?

까롤리나: chico할 때에 Che, Oscar의 o, iglesia의 i입니다.

안내인: 잠시만 기다려주세요. 여기 있네요. 미등록자 명단에 있었어요.

까롤리나: 하지만 등록비를 냈는데요. 여기 증명서가 있어요.

안내인: 문제 없습니다. 전에 있던 책임자가 바뀌었고 지금은 제가 되었죠.
여권번호 좀 알려주세요.

까롤리나: 00487510 이요.
안내인: 좋아요. 당신 방에 배관 문제가 있어서 사람들이 공사중입니다. 515호에 머무르게 됩니다.
까롤리나: 1인실인가요? 아니면 같이 쓰는 방인가요?
안내인: 같이 쓰는 방으로 지불하셨네요. 룸메이트는 오늘 아침에 왔어요.
까롤리나: 감사합니다. 친절하시네요.
안내인: 천만에요. 무엇이든 기꺼이 도와드리지요.

Gramática y expresiones

1. Residencia

숙소, 기숙사, 중남미에서 기숙사는 주로 colegio superior라고 하며, 스페인에서는 colegio mayor라고 한다. 대학 기숙사의 경우 residencia universitaria라고 할 수도 있다.

기숙사와 각 부분과 관련된 단어

comedor/cafetería(식당), bar(바), sala de estudio(독서실), biblioteca(도서관), lavandería(세탁실), recepción(sala de recepción)(로비), gimnasio(체육관, 헬스장), azotea(옥상), terraza(테라스), cocina(주방), lavabo(세면실), sala de conferencias(회의실), sala de Internet(인터넷방), sala de TV(TV방)

2. Buenas tardes, ¿en qué puedo servirle?

어떤 것에서 당신에게 봉사할 수 있을까요? 즉, 무엇을 도와 드릴까요?

3. Buenas tardes, ¿es esta la residencia de la escuela de idiomas?

escuela de idiomas은 어학원을 뜻한다. 여기가/이곳이 어학원인가요?

▶'여기가 ~이다.' 라는 표현의 경우 esta 대신 'aquí' 를 써도 된다.

¿Es esta la casa del señor Moreno? 여기가 모레노씨 댁 맞나요?

¿ Es aquí/esta la oficina de turismo? 여기가 관광안내소 맞나요?

vocabulario

servirle v. servir+(le) 봉사하다, 도와주다 residencia f. 숙소, 기숙사 idiomas m.pl. 언어 recepcionista m./f. 안내인 inscribí v. inscribir 등록하다 encuentro v. encontrar 발견하다, 만나다 inscripción f. 등록 viene v. venir 오다 apellido m. 성(姓) materno adj. 어머니의, 모계의 deletrea v. deletrear(+se) 한 자씩 읽다 lista f. 목록 pendientes m.pl. 대기자, 계류 중인 사건, 귀걸이 pagué v. pagar 지불하다 comprobante m. 영수증, 증명서 responsable m. 책임자 cambió v. cambiar 바꾸다, 변경하다 pasaporte m. 여권 habitación f.pl. 방 tubería f. 배관, 배수 individual adj. 개인적인, 개인의 compartida adj. 공유하는, 분담하는 compañera f. 동료, 친구, 동행자 llegó v. llegar 도착하다 amable adj. 친절한 ofrezca v. ofrecer 제공하다, 부여하다 ayudaremos v. ayudar 돕다, 지원하다

¿ Es esta/aquí la oficina del Departamento de Filología Española?
여기가 스페인어과 사무실 맞나요?
¿ Es esta/aquí la sección de ventas? 여기가 판매부 맞나요?

4. Sí, aquí es.

Sí, esta es.라고 할 수도 있다. 네, 여기 입니다.

5. Me inscribí por Internet. Mi nombre es Carolina Hernández.

inscribirse 등록하다, matricularse로도 표현할 수 있다. por Internet 인터넷으로.
저는 인터넷으로 등록하였고, 이름은 Carolina Hernández입니다.

6. No encuentro su inscripción.

encontrar 찾다, 발견하다. 당신의 등록서류를 찾을 수 없네요.

7. ¿De dónde viene?, ¿cuál es su segundo apellido?

'su segundo apellido'는 당신의 두 번째 성, 즉 어머니쪽 성씨를 말한다. "당신의 두번째 성씨는 어떻게 되나요?" 의 뜻이다. 스페인어권 나라에서는 아버지 성과 어머니 성을 동시에 받아 공식 이름에는 성씨가 두 개다.

8. Vengo de Paraguay. Mi apellido materno es Choi.

두 번째 성은 어머니에게서 받은 성이므로 apellido materno라고 한다.

9. ¿Cómo se deletrea?

deletrearse 단어를 글자로 풀다, 즉, 철자를 말하다. ¿Cómo se escribe?라고도 할 수 있다. 직역하면 "어떻게 쓰여지나요?" 의 뜻이다. 'se'는 재귀대명사로 동사의 주어와 같은 인칭의 목적격 대명사를 쓰면 재귀동사형이 된다. 이때 'deletrearse', 'escribirse'는 수동태의 의미를 가진다. 다음은 인칭별 재귀대명사이다.

▶ 재귀동사 : 재귀대명사 + 동사

	재귀대명사	동사
yo	**me**	levanto
tú	**te**	levantas
él/ella/Ud.	**se**	levanta

nosotros	**nos**	levantamos
vosotros	**os**	levantáis
ellos/ellas/Uds.	**se**	levantan

10. Che (de chico), o (de Oscar), i (de iglesia).

철자를 말할 때는 정확하게 하기 위하여 그 철자로 시작하는 아주 흔한 고유명사 (지명이나 사람이름) 나 일반 명사(주로 일상생활과 관련된 구체적 사물을 가리키는)를 예를 들어준다. 예를 드는 단어는 사람마다 다를 수 있다. 마치 한국어에서 " '기차' 라고 할 때 'ㄱ' 이요." 라고 말하는 것과 같다.

11. Un momento por favor..., aquí está. Estaba en la lista de pendientes.

잠깐만 기다리라는 표현은 Espere/Espera un momento인데, 동사를 생략하여 Un momento 혹은 Un momentito/segundito라고 할 수 있다. pendientes는 보류중인 어떤 것을 뜻하며, lista de pendientes는 보류자 즉, 미등록자 명단을 뜻한다.

12. Pero yo pagué la inscripción. Aquí está el comprobante.

pagar는 지불하다. 저는 등록비를 냈는데요. comprobante는 증거로 받은 표나 영수증. 여기 확인증이 있습니다.

13. No hay problema. Antes era otro el responsable pero cambió, ahora soy yo.

el responsable는 책임자, 전에는 책임자가 다른 사람이었는데, 바뀌었고, 지금은 저입니다.
soy yo에서 yo는 강조적으로 뒤에 도치된 것이다.

14. Su número de pasaporte, por favor.

여권번호를 알려주세요. 동사를 생략한 것이다.

15. Bien. Su habitación tenía problemas con la tubería y hay hombres trabajando.

좋습니다. 당신 방의 배관에 문제가 있어서 사람들이 일하고 있습니다.

'방'에 해당하는 여러 가지 단어

habitación, cuarto, pieza, dormitorio, aposento, alcoba: 집의 침실 salón: 거실 recámara: 매우 사적으로 쓰이는 방으로 국왕이나 교황의 방 sala: 특정 용도로 쓰이는 방을 뜻함 sala de espera(대기실), sala de juegos(게임방), sala de máquinas(기계실), sala de junta(회의실), sala 1, sala 2,(영화관의 상연관), sala de estar(거실), sala de estudio(공부방, 독서실), sala de lectura(도서관의 열람실), sala de conferencias(회의실), sala de Internet(인터넷 실), sala de televisión(TV실), despacho / oficina (사무실)

16. **Va a estar en la quinientos quince.**

515호는 cinco-uno-cinco식으로 숫자를 하나하나 읽기도 하고 백 단위로 'quinientos quince'라고 읽을 수도 있다.

17. **¿Es individual o compartida?**

1인용 방은 habitación individual이라고 하며, 2인실은 habitación doble, 2인 이상 같이 쓰는 방은 habitación compartida라고 한다.

18. **La que usted pagó era compartida. Su compañera llegó esta mañana.**

Usted pagó la habitación compartida.를 강조를 위해 복문으로 만든 것이다. 당신이 지불한 것은 바로 2인실입니다. 'Compañero'는 룸메이트, 직장동료, 학교 친구를 뜻한다. esta mañana 오늘 아침에, esta tarde 오늘 오후에, esta noche 오늘 밤에.

19. **Muchas gracias, muy amable.**

고맙습니다. 친절하시네요. Usted es muy amable.의 줄임말

20. **De nada. Lo que se le ofrezca, con gusto la ayudaremos.**

감사에 대한 답으로 겸손한 표현이다. 이와 유사하게 Gracias에 대한 답으로 쓰이는 표현은 다음과 같다.

Ha sido un placer.

El placer es (ha sido) mío.

A usted/ti.

Ejercicios

¡Vamos a conversar!

(본문 대화에 대한 다음 질문에 답해 보세요.)

1. ¿Cuáles son los apellidos de Carolina?
2. ¿Dónde está Carolina?
3. ¿Qué número tiene la habitación de Carolina?
4. ¿De dónde viene Carolina?
5. ¿Cómo pagó su inscripción?
6. ¿Qué problema había en su cuarto?
7. ¿Carolina va estar sola en su habitación?

Pregunta a uno de tus compañeros

1. ¿Cuál es tu segundo apellido? ¿Usas tu segundo apellido?
2. ¿Tienes pasaporte? ¿Has viajado últimamente?
3. ¿Con quién vives?
4. ¿Te gusta hacer pagos por Internet?
5. ¿Conoces alguna residencia de estudiantes?

¡Vamos a practicar!

I. 각자 성씨의 철자를 단어를 인용하여 말해봅시다.

¿Cómo se deletrea su/apellido?

1. Kim : ____
2. Park : ____
3. Choi : ____
4. Lee : ____
5. Song : ____
6. Chang : ____

II. ¿Cuál es tu/su número de ~? : ~번호가 어떻게 되세요?

1. 전화번호가 어떻게 되세요? (número de teléfono)
2. 주민번호가 어떻게 되세요? (número de DNI (Documento Nacional de Identidad)

3. ID가 어떻게 되세요? (clave/número de identidad)
4. 비밀번호가 어떻게 되세요? (número secreto/ contraseña)
5. 차량 번호가 어떻게 되세요? (número de matrícula de tu/su coche)
6. 구좌번호가 어떻게 되세요? (número de cuenta bancaria)

Gramática

I. 주어진 예문처럼 강조의 복합구문으로 바꾸어 보세요.

> Te quiero enseñar mis nuevas fotos.
> ☞ ¿Son estas las que me querías enseñar?

1. Estoy buscando mi saco de pana. ☞ (네가 찾고 있던 게 이거야?)
2. No encuentro mis llaves del coche. ☞ (네가 못 찾던 게 이거야?)
3. Te quiero prestar mi nueva cámara. ☞ (네가 빌려주려고 했던 게 이거야?)
4. Necesito mis notas para la clase. ☞ (네가 필요했던 게 이거야?)
5. Les tengo unos dulces de Madrid. ☞ (네가 말하던 게 이거야?)

II. 과거시제 연습: 주어진 동사의 적당한 과거 시제를 선택하세요.

El examen final del curso (duraba-duró) dos horas y media. Al estudiante le (dolía-dolió) la cabeza durante todo el examen. El profesor le (aconsejó-aconsejaba) ir a la enfermería para pedir una aspirina. El estudiante (agradecía-agradeció) que el maestro tuviera consideraciones con él. Sin embargo, lo que realmente le (pasó-pasaba) en ese momento al estudiante (era-fue) que desde el día anterior al examen (había entrado-entraba) en crisis existencial. Realmente, a esas alturas, el examen (fue-era) lo de menos. No le (importaba-importó) reprobar ni obtener mención honorífica. Lo que él (quiso-quería) (era-fue) estar en otro lugar y en otro tiempo sin problemas.

Redacción libre

Envía un correo electrónico a tu amigo(a).

*Debes usar las siguientes palabras:

pasaporte	residencia	habitación	mañana	oficina
compañero(a)	cerca	universidad	grande	

Hola, ____________:

¡Hasta luego! Te escribiré otra vez

Lección 2

En la oficina de migración
이민국 사무실에서

Diálogo de hoy
(대화를 듣고 빈칸을 스페인어로 채워보세요)

Funcionario: ¿Qué______?
Seri: Quisiera solicitar una________de mi_____. ________en quince días.
Funcionario: Un momento... ¿________?
Seri: Lee.
Funcionario: ¿Apellido_______?
Seri: No_______en mi_______. Pero es Kim.
Funcionario: ___________, lo necesitamos en__________. ¿Fecha y lugar de________?
Seri: El____de_____de_____, en_____.
Funcionario: ¿Nacionalidad? ¿___________?
Seri: Coreana. Soltera.
Funcionario: ¿Dónde vive________?_______y teléfono.
Seri: Aquí, en Madrid. Calle Gante, número___, __________. ________y ocho, ________, ________, __________.
Funcionario: Muy bien.___________y espere a que____________.
Seri: Aquí siempre preguntan el apellido materno, ¿ _________?
Bora: ¿Y qué más te preguntó?
Seri: Me preguntó que______________había nacido y mi estado civil. También me preguntó que dónde vivía.
Bora: _____________.
Seri: Yo pensaba igual_________, pero fue muy amable y dijo que esperara_________________.

Diálogo de hoy

(세리와 보라는 비자 연장을 위해 이민국에 왔다.)

Funcionario: ¿Qué desea?

Seri: Quisiera solicitar una extensión de mi visa. Caduca en quince días.

Funcionario: Un momento... ¿Apellido?

Seri: Lee.

Funcionario: ¿Apellido materno?

Seri: No aparece en mi pasaporte. Pero es Kim.

Funcionario: No importa, lo necesitamos en este formulario. ¿Fecha y lugar de nacimiento?

Seri: El 16 de mayo de 1983, en Seúl.

Funcionario: ¿Nacionalidad? ¿Estado civil?

Seri: Coreana. Soltera.

Funcionario: ¿Dónde vive actualmente? Domicilio y teléfono.

Seri: Aquí, en Madrid. Calle Gante, número 67, segundo-A. Treinta y ocho, veinticinco, quince, cero cuatro.

Funcionario: Muy bien. Tome asiento y espere a que la llamen.

Seri: Aquí siempre preguntan el apellido materno, ¿te fijas?

Bora: ¿Y qué más te preguntó?

Seri: Me preguntó que dónde y cuándo había nacido y mi estado civil. También me preguntó que dónde vivía.

Bora: Parecía enfadado.

Seri: Yo pensaba igual al verlo, pero fue muy amable y dijo que esperara a que me llamaran.

공무원: 무엇을 도와 드릴까요?

세리: 비자 연장을 신청하고 싶은데요. 15일 이내에 기한이 만료되거든요.

공무원: 잠깐만요……. 성이 어떻게 되십니까?

세리: 이씨입니다.

공무원: 어머니 성은요?

세리: 제 여권에는 나오지 않지만 김씨입니다.

공무원: 상관없어요, 이 서식에 필요한 것이죠. 생년월일과 출생지는 어떻게 되죠?

세리: 1983년 5월 16일, 서울입니다.

공무원: 국적, 결혼 여부는 어떻게 되십니까?

세리: 한국인이고 미혼이에요.

공무원: 현재 어디에 살고 계십니까? 주소와 전화번호요.

세리: 여기 마드리드요. 간떼 거리, 67번지 2층-A에 삽니다.
(전화번호는) 38-25-15-04입니다.

공무원: 좋습니다. 자리에 앉으셔서 이름을 부를 때까지 기다리세요.

세리: 여기서는 항상 엄마 성을 물어보네, 너도 눈치챘니?

보라: 또 뭘 물어보았니?

세리: 어디서 언제 태어났냐는 것과 결혼 여부를 물었어.
또 어디에 살고 있는지도 물었어.

보라: 그 사람 화난 것처럼 보이더라.

세리: 그를 보는 순간 나도 같은 생각을 했지. 하지만 아주 친절했어.
이름을 부를 때까지 기다리라고 말했어.

Gramática y expresiones

1. oficina de migración

이민국 사무실, 외국인의 입국비자와 관련된 업무를 보는 곳으로 나라마다 담당하는 부서가 다르다.

2. ¿Qué desea?

"무엇을 원하십니까?" 혹은 "무엇을 도와드릴까요?"의 뜻으로, 상점이나 공공기관에서 손님을 맞이하면서 쓰는 표현이다. 유사한 표현으로 다음과 같은 것이 있다.

¿En qué quiere que le ayude?

¿Le ayudo?

¿En qué puedo servirle?

3. Quisiera solicitar una extensión de mi visa. Caduca en quince días.

vocabulario

migración f. 이민. inmigración(입국이민) emigración(출국이민)을 총칭하는 용어 desea v. desear 원하다, 바라다 quisiera v. querer 원하다, 희망하다 solicitar v. 간청하다, 수속을 밟다 extensión f. 연장, 확장 visa f. 비자 caduca v. caducar 효력을 잃다, 만기가 되다 quince m. 15, 열다섯 aparece v. aparecer 나타나다 pasaporte m. 여권 importa v. importar ~에게 중요하다, 의미가 있다 necesitamos v. necesitar 필요로 하다 formulario m. 양식, 서식 fecha f. 날짜 lugar m. 장소 nacimiento m. 출생, 태어남 nacionalidad f. 국적 estado m. 상태 civil adj. 시민의, 민간의 soltera f. 독신녀, 미혼녀 dónde interrg. 어디, 어디에 vive v. vivir 살다 actualmente adv. 실제로, 현재 domicilio m. 주소 teléfono m. 전화, 전화기 calle f. 거리 número m. 수, 숫자, ~번 segundo adj., 두 번째, 제2의 tome v. tomar 잡다, 가지다, 취하다 asiento m. 좌석, 자리 llamen v. llamar 부르다 espere v. esperar 기다리다 siempre adv. 항상 preguntan v. preguntar 질문하다, 묻다 fijas v. fijar(+se) 주의를 기울이다, 알아채다 nacido v. nacer 태어나다 enfadado adj. 화가 난, 성난 pensaba v. pensar 생각하다

'extensión'은 'extender' '연장하다'의 명사형으로 'prorrogar'동사와도 같은 뜻이다. Solicitar는 신청하다, 지원하다의 뜻으로 'pedir'를 써도 된다.

Quisiera는 'querer'의 접속법 과거형으로 현재형은 'Quiero'이다. 원래 정중한 표현을 위하여 접속법 과거형이나 가능법 'querría'를 많이 쓰는데, 'r'를 하나만 써서 불완료과거형 'quería'로도 쓸 수 있다.

★ 유사한 정중한 표현

예) Quisiera/Me gustaría/ Deseaba solicitar la extensión de visa.

그 외에도 다음과 같은 표현을 쓸 수도 있다.

He venido a/para pedir una extensión de la visa.

caducar 는 특정 서류나 법의 효력이 만료된다는 뜻. 여권, 비자 기간이 만료된다는 뜻으로 많이 쓰인다. 보통 여권이나 비자에 쓰여 있는 항목은 다음과 같다.

Nombre	Claudia
Apellido paterno	Moreno
Apellido materno	Sánchez
Fecha de nacimiento	2 de agosto, 1966
Lugar de nacimiento	Guadalajara
Número de pasaporte	BK3049281
Sexo	F(femenino)/혹은 (mujer)
Expedido en (발행일)	el 1 de junio, 2004
Caduca:/válido hasta (유효기간)	el 31 de mayo

sexo 항목에는 남자의 경우 M(masculino) 혹은 hombre/varón 등을 쓸 수 있다.

4. Un momento... ¿Apellidos?

성씨가 어떻게 되시나요? 공적으로 간단하게 말할 때에는 문장을 만들지 않고 필요한 명사만 간단하게 얘기하는 경우가 많다.

5. ¿Apellido materno?

어머니쪽 성씨를 물어보는 말이다.

6. No aparece en mi pasaporte. Pero es Kim.

여권에 나타나진 않지만 Kim입니다.

7. No importa, lo necesitamos en este formulario.

No importa.는 상관 없다는 뜻이다. formulario는 서류양식으로, "이 서류 양식에 필요해서요." 의 뜻.

8. ¿Fecha y lugar de nacimiento?

언제, 어디에서 태어났느냐는 질문을 간단하게 명사로 표현한 것이다. 보통 서류를 쓸 때에도 이렇게 쓰여 있으면, 생년월일과 출생지를 쓰면 된다.

9. El 16 de mayo de 1983, en Seúl.

★ 날짜를 물어보는 표현은 다음과 같다.

¿Cuál es la fecha de hoy?

¿Qué día es hoy? -Hoy es (el) (일) de (달)

¿Qué fecha es hoy?

¿A qué estamos hoy? -Estamos a (일) de (달)

Hoy es (el) Estamos a	primero dos tres cuatro ... diez ... veinte ... treinta treinta y uno	de	enero febrero marzo abril mayo junio julio agosto septiembre octubre noviembre diciembre

※ 1월부터 12월까지 달 이름은 소문자로 시작한다.

※ 1일만 서수로 표현하고 나머지는 기수로 표현한다.

※ "16일에 보자." 와 같이 '(날짜)에' 의 표현은 전치사가 필요 없고 정관사만 있으면 된다.

예) Nos vemos el 16. Tengo examen el 23 de abril.

※ 9월의 경우 "Setiembre" 로 쓰이는 경우도 있지만 DRAE(스페인 Real Academia 사전)에서 공식적으로 받아들이고 있지는 않다.

10. ¿Nacionalidad? ¿Estado civil?

국적을 물어 볼 때에도 "¿De dónde es usted/eres?"로 할 수도 있지만, 주로 공적 대화에서 '국적' 이란 한 단어만을 사용하여 물어볼 수도 있다.

보통 한국 출신이라고 하면, 남한과 북한 중 어느 곳인지를 묻는 경우가 많다. 또한 공식 문서상 우리나라의 정식 국명은 República de Corea라는 것도 알아 둘 필요가 있다. 북한은 República Democrática de Corea (Corea del Norte)라고 한다.

estado civil은 현재 기혼인지 혹은 미혼인지를 표시하는 것이다. 그밖에도 이혼을 했거나 배우자가 사망한 경우, 별거인 경우에도 명시할 수 있다.

Soy(o estoy) + soltero/a (독신), divorciado/a (이혼을 한 경우), viudo/a (배우자가 사망하여 없는 경우), separado/a (별거 중) 등을 말할 수 있다.

그 밖에 prometido/a(약혼한 상태)도 사용되기는 하나, 대화에서만 사용하고 법적 문서 등에서는 prometido라고는 쓰지 않는다. Prometido일 경우는 문서에서 soltero라고 그냥 쓴다.

기혼의 경우에는 Soy casado/a. 혹은 Estoy casado/a con un coreano/a.라고 할 수 있다.

11. ¿Dónde vive actualmente? Domicilio y teléfono.

현재 어디에 거주하는지와 전화번호를 묻는 말. domicilio는 거주지, 주소를 의미한다. dirección, residencia라고 써도 된다.

☆주소를 물어 볼 때의 표현:

¿Dónde reside(vive) en España?

¿Tiene residencia en España?

cf) 이메일 주소: Dirección de correo electrónico, e-mail

핸드폰은 Teléfono móvil/ teléfono celular 줄여서 móvil/celular라고 한다.

12. Aquí, en Madrid. Calle Gante, número 67, segundo-A. Treinta y ocho, veinticinco, quince, cero cuatro.

거리 이름은 줄여서 c/ 라고 쓰며, 읽을 때는 calle로 읽는다.

주소를 쓸 때에는 거리 이름, 번지수, 층수, 호수, 우편번호, 도시, 나라 이름 순서이다. 층수는 서수로 표현하는데 우리와는 층을 세는 방법이 조금 다르다.

1층 piso bajo/ planta baja, 2층 primer piso/ primera planta

3층 segundo piso/ segunda planta 4층 tercer piso/ tercera planta

지하 sótano/ subterráneo /semisótano (반지하)

전화번호를 말할 때에는 알아듣기 쉽게 하기 위하여 숫자를 뒤에서부터 십 단위씩 나누어 얘기한다. 단 0이 들어가는 경우에는 cero라고 말해주어야 한다. 숫자로 표기할 때에도 십 단위씩 끊어서 - (Guión)을 붙이기도 한다. 그러나, 요즘에는 어떤 규칙에 얽매이지 않고 그대로 일단위로 부르기도 한다.

예) Tres-ocho-dos-cinco-uno-cinco-cero-cuatro.

13. Muy bien. Tome asiento y espere a que la llamen.

"Tome asiento."는 "앉으세요." 의 뜻으로 Siéntese.로 말해도 된다. a que 접속법은 ~할 때까지, 즉 당신을 부를 때까지 기다리세요의 뜻이다.

14. Aquí siempre preguntan el apellido materno, ¿te fijas?

fijarse는 주목하다. 여기선 어머니 성을 항상 묻는데, 너 그것 눈치챘니/알았니?

15. ¿Y qué más te preguntó?

qué más는 '무엇을 더' 라는 뜻으로, 너에게 무엇을 더 물어보았니?

예) ¿Qué más quiere? 무엇을 더 원하십니까?

16. Me preguntó que dónde y cuándo había nacido y mi estado civil.

과거완료문장으로 그가 나에게 내가 어디서 언제 태어났는지를 물었고, 내 결혼여부를 물었다. 간접화법으로 본래 직접화법에서는 Me dijo: "¿Dónde y cuándo nació?"로 표현한다.

17. También me preguntó que dónde vivía.

또한 내가 어디에 살고 있는지를 물었다. 직접화법으로는 Me preguntó: "¿Dónde vive?".

18. Parecía enfadado.

화가 났다는 뜻은 enojado도 가능하다. 화난 것 같았다.

19. Yo pensaba igual al verlo, pero fue muy amable y dijo que esperara a que me llamaran.

'al + 동사원형' 은 '했을 때에' 의 뜻으로 내가 그를 보았을 때에 같은 생각을 했다. 그러나 아주 친절했고, 나를 부를 때까지 기다리라고 했다.

Ejercicios

¡Vamos a conversar!

(본문 대화에 대한 다음 질문에 답해 보세요.)

1. ¿Cuándo caduca la visa de Seri?
2. ¿Dónde está Seri?
3. ¿Para qué va Seri a la oficina de migración?
4. En Corea, ¿cuál apellido se usa?
5. ¿Cuál es el número de teléfono de Seri?
6. ¿Quién está acompañando a Seri?
7. ¿Cuándo nació Seri?

Pregunta a tus compañeros

1. ¿Cuándo <u>naciste</u>?
2. ¿Dónde <u>naciste</u>?
3. ¿Dónde <u>vives</u>?
4. ¿En qué piso/planta <u>vives</u>?
5. ¿Cómo <u>se llama</u> tu mejor amigo/a?

¡Vamos a practicar!

I. 날짜 말하기 : ¿Qué día es ~?

1. ¿ ______________________? (너의 생일) ______________________. (7/6)
2. ¿ ______________________? (너의 결혼식: boda) ______________________. (6/23)
3. ¿ ______________________? (기념일: aniversario) ______________________. (5/26)
4. ¿ ______________________? (축구경기: partido de fútbol) ______________. (9/9)
5. ¿ ______________________? (개막식: inauguración) ______________________. (11/15)

II. 전화 번호 말하기

1. 019-3-56-49-02
2. 010-20-25-18-90
3. 031-4-90-22-94
4. 02-3-87-17-89

5. 042-982-49-80

III. Quería 동사원형 : ~하고 싶은 데요

1. ______________________ 도난신고 (denunciar un robo)
2. ______________________ 납치 신고 (denunciar un secuestro)
3. ______________________ 범죄 신고 (denunciar un crimen)
4. ______________________ 사기 신고 (denunciar un fraude)

Gramática

직접화법과 간접화법 (Estilo directo y estilo indirecto)

I. 접속법 현재형(presente del subjuntivo) ☞ 접속법 과거형(pretérito del subjuntivo)

> EJEMPLO: El capitán decía: "¡No tengan miedo!"
> ☞ El capitán decía que no tuvieran miedo.

1. Los piratas ordenaban: "Entreguen todo el botín".
2. Los esclavos pedían: "¡Por favor, no nos maten!"
3. Los corsarios decían: "Robamos para que nuestras familias no mueran de hambre."

II. 직설법 미래(futuro de indicativo) ☞ 가능법 불완료(condicional simple=pospretérito)

> EJEMPLO: El capitán dijo: "¡No los mataré!"
> ☞ El capitán dijo que no los mataría.

1. El pirata prometió a los turcos: "Los transportaré a Egipto."
2. El capitán embarcó a los turcos y pensó: "Los llevaré a Persia y los venderé como esclavos."
3. Los turcos dijeron: "Haremos una revuelta."

III. 다음 예문을 간접화법으로 바꾸시오.

1. Juan: "Toma tu leche, bebé".
2. Maestro: "Muchachos, abran sus libros."
3. Chofer: "El boleto cuesta $5.00"
4. Policía: "¡Deténganse allá adelante!"
5. Mamá: "Niños, no olviden arreglar su mochila."
6. Papá: "Esta noche volveré un poco tarde."

7. Mesera: “¿Qué desean tomar?”
8. Dependiente: “¿Le envío el paquete a su casa?”
9. Teresa: “¿Pedro, puedes pasar por mí?”

Redacción libre

Para presentarte ante otra persona que no te conoce.

* Debes usar las siguientes palabras:

domicilio	nacionalidad		número de teléfono	
estudiante	mi amigo/a	soy	deseo	soltero/a

Buenos días.
Mi nombre es __________ y mi segundo apellido es __________

문화 엿보기: 외국인의 비자와 관련된 업무들

스페인어권 나라에 가서 비자을 새로 받거나, 연장하려면 나라마다 담당 기관이 다르다는 것을 알아두면 편리하다. 스페인이나 아르헨티나는 내무부(Ministerio del Interior) 소관으로 스페인에서는 비자 연장을 위해 경찰서(Comisaría)를 가면 된다. 스페인 경찰은 치안 유지 뿐 아니라 여권, 주민등록증 발급, 출입국 관리와 같은 업무도 수행하는데, 우리나라의 동사무소, 구청, 출입국 관리소의 기능을 경찰서에서 하는 것이다. 또한 그 밖의 나라에서는 외무부에서 담당하는데, 주로 oficina de migración(이민국, 출입국관리소)를 찾으면 된다.

Lección 3

En el aeropuerto
공항에서

Diálogo de hoy
(대화를 듣고 빈칸을 스페인어로 채워보세요)

Lilia: ¿Adónde_____________ir primero?
Ana: Primero tenemos que___________donde__________los pasaportes.
Lilia: Ahí está________, es___________de la izquierda.
Ana: ¡Qué bueno que______________________atendiendo, así__________pronto!
Lilia: Es mejor____________________junto con el formulario que llenamos en el avión, ¿__________ya?
Ana: No________el formulario, ¿_____________? Lo llené y lo guardé… Si no lo encuentro, tendré que llenarlo__________. ¡Ah! Aquí estaba. Pensé que_______________en mi cartera.
Oficial: Sus pasaportes, por favor. ¿Son___________de la Unión Europea?
Ana: Sí, señor.______________.
Oficial: ¿Cuál es_________de su viaje?
Lilia: Venimos_________. Estamos de vacaciones.
Oficial: ¿Es su primera______a México? ¿Adónde______________?
Ana: Sí, es nuestra primera visita. Queremos conocer_________________de México, especialmente Cancún.
Oficial: Muy bien. Todo___________. Feliz estancia y que disfruten en______________.
Lilia: Quisiera_____________, ¿en dónde nos vemos?
Ana: Donde tú_____.
Lilia: ¿Qué te parece en las bandas___________el equipaje?
Ana: Muy bien. ___________.

Lilia: ¿Adónde tenemos que ir primero?
Ana: Primero tenemos que pasar por donde revisan los pasaportes.
Lilia: Ahí está el letrero, es por el pasillo de la izquierda.
Ana: ¡Qué bueno que haya muchas ventanillas atendiendo, así pasaremos pronto!
Lilia: Es mejor tener el pasaporte listo junto con el formulario que llenamos en el avión, ¿lo tienes ya?
Ana: No encuentro el formulario, ¿dónde lo puse? Lo llené y lo guardé... Si no lo encuentro, tendré que llenarlo de nuevo. ¡Ah! Aquí estaba. Pensé que lo había puesto en mi cartera.
Oficial: Sus pasaportes, por favor. ¿Son ciudadanas de la Unión Europea?
Ana: Sí, señor. Somos españolas.
Oficial: ¿Cuál es el objetivo de su viaje?
Lilia: Venimos de turistas. Estamos de vacaciones.
Oficial: ¿Es su primera visita a México? ¿Adónde piensan viajar?
Ana: Sí, es nuestra primera visita. Queremos conocer muchos lugares de México, especialmente Cancún.
Oficial: Muy bien. Todo está en orden. Feliz estancia y que disfruten en nuestro país.
Lilia: Quisiera pasar al servicio, ¿en dónde nos vemos?
Ana: Donde tú digas.
Lilia: ¿Qué te parece en las bandas para recoger el equipaje?
Ana: Muy bien. No tardes.

릴리아: 먼저 어디로 가야 하지?
아나: 일단 여권 심사 하는 곳을 들러야 해.
릴리아: 저기에 표지가 있네. 왼쪽 복도에 있어.
아나: 심사하는 창구가 많으니 정말 좋다! 곧 통과할 수 있을테니 말이야.
릴리아: 비행기 안에서 작성한 입국카드를 여권과 함께 준비하는게 좋겠어. 갖고 있어?
아나: 그 입국카드가 없네, 어디다 두었더라? 작성해서 보관했는데…… 찾지 못하면 다시 써야겠는걸. 아! 여기 있다. 지갑에 둔 줄 알았는데.
직원: 여권 주세요. 유럽연합 국민인가요?
아나: 네. 스페인 사람이예요.
직원: 여행 목적이 무엇입니까?
릴리아: 관광객으로 왔습니다. 휴가 중이거든요.
직원: 멕시코에 처음 방문하시는 겁니까? 어디로 여행하실 생각이신데요?

아나: 네, 우리로서는 첫 방문이예요.
멕시코의 여러 장소에 가보고 싶은데, 특히 깐꾼요.
직원: 좋습니다. 모두 잘되었습니다. 우리나라에서 즐거운 체류가 되길 바랍니다.
릴리아: 나 화장실 가고 싶은데 우리 어디서 만날까?
아나: 네가 말하는 데서.
릴리아: 콘베이어 벨트에서 만나는 게 어때?
아나: 알았어. 늦지 마.

Gramática y expresiones

1. ¿Adónde tenemos que ir primero?
'tenemos que ir' (우리는) 가야만 한다.

2. pasar por donde revisan los pasaportes
'pasar por' '~를 지나다'. 'donde'는 관계부사로써 선행사 없이 쓰였음. 'revisan'은 일반주어를 취한다. 공항의 입국장에서 여권과 비자를 검사하는 곳은 revisión de pasaportes 또는 control de pasaportes라고 한다. 나라에 따라서 이민국(inmigración), 출입국 관리소 등의 이름으로 불리기도 한다. 출입국 관리소 직원은 단순히 경찰(policía)일 수도 있고 inspector 혹은 oficial 이라고 한다.

3. ¡Qué bueno que haya muchas ventanillas atendiendo, así pasaremos pronto!
'qué bueno que + 접속법': '~하다니 정말 좋구나'. 'ventanillas atendiendo' atender '주의하다, 돌보다'의 현재분사형. 입국심사를 돌보는 창구가 많음을 표현. 'ventanillas (que están) atendiendo'.

vocabulario

adónde adv. 어디로 pasar v. 를 지나다. 통과하다 donde pron.rel. 하는 곳. 관계부사, 선행사 없이도 사용된다. revisan v. revisar 검사하다. 검열하다. letrero m. 표지, 포스터, 간판 pasillo m. 복도 izquierda f. 왼쪽 haya v. haber, 존재동사(~가 있다, 존재하다)로 쓰임 ventanilla f. 창구, 작은 창문 atendiendo v. atender, 주의를 기울이다, 보살피다 pasaremos v. pasar. 지나다, 통과하다 listo adj. 준비된 junto adv. 함께(~con) formulario m. 서식, 양식 puse v. poner. 두다, 놓다 llené v. llenar. 채우다 guardé v. guardar. 보관하다 encuentro v. encontrar. 발견하다 pensé v. pensar. 생각하다 cartera f. 가방, 문서가방, 지갑 ciudadanas adj. 시민의 objetivo m. 목적, 목표 venimos v. venir. 오다 visita f. 방문 piensan v. pensar. 생각하다 viajar v. 여행하다 orden m. 정돈, 차례, 순서 estancia f. 체류, 거주 disfruten v. disfrutar. 즐기다 quisiera v. querer. 원하다, 희망하다 servicio m. 화장실 vemos v. ver. 보다, 만나다 digas v. decir. 말하다 parece v. parecer. 보이다. 같다 bandas f.pl. banda 띠, 벨트, 악대 recoger v. 수거하다, 거두어들이다, 모으다 equipaje m. 짐, 화물 tardes v. tardar. 늦다, 시간이 걸리다

4. **tener el pasaporte listo junto con el formulario**

'여권을 서식지와 함께 준비하여 갖고 있다' 여기서 formulario는 비행기 안에서 작성하는 입국카드를 말함.

5 . **Pensé que lo había puesto en mi cartera.**

había puesto는 과거완료로 과거의 어떤 행위 이전의 사건을 뜻한다. "내 지갑에 그것을 이미 넣었다고 생각했었다."

6. **Sus pasaportes, por favor. ¿Son ciudadanas de la Unión Europea?**

¿Puedo ver sus pasaportes?라고 말할 수 있으나, 동사를 생략한 것이다. "유럽연합(Unión Europea) 국민이세요?"

7. **¿Cuál es el objetivo de su viaje?**

objetivo는 목적, 즉 여행 목적이 무엇이냐는 질문이 된다. 목적의 뜻으로는 'propósito'나 'motivo'를 쓸 수도 있으므로, 'El propósito/motivo/razón de su viaje'도 가능하다.

8. **Venimos de turistas. Estamos de vacaciones.**

우리는 관광객으로 왔습니다. 'estar de vacaciones'는 휴가 중이라는 뜻이다.

Estamos de visita. (방문)

Estamos de viaje./ Vengo de turismo.(여행, 관광)

Estoy aquí en viaje de negocios./He venido por los negocios. (사업 상 왔습니다.)

Estoy de paso.(갈아타기 위해 왔습니다.)

Estoy en tránsito. (경유하기 위해서 왔습니다.)

9. **Muy bien. Todo está en orden.**

"모든 것이 질서가 잡혔다/제대로 되었다" 의 뜻으로 수속이 다 되었다는 뜻이다. orden 대신 regla를 써서, "Todo está en regla."라고 해도 된다.

10. **Feliz estancia y que disfruten en nuestro país.**

우리나라에서 행복한 체류가 되세요. 즉, 환영한다는 의미. Bienvenido/a/os/as(상대방에 따라) a nuestro país. Que se diviertan. 이라고 해도 된다.

11. **¿Qué te parece en las bandas para recoger el equipaje?**

¿Qué te/le parece~?는 너에게/당신에게 어떠니?의 뜻으로 제안의 표현이다.

¿Qué te parece a las dos? 두시에 (만나는 것이) 어떠니?

Ejercicios

¡Vamos a conversar!

(본문 대화에 대한 다음 질문에 답해 보세요.)

1. ¿Adónde llegan Lilia y Ana?
2. ¿De dónde son Lilia y Ana? /¿Cuál es la nacionalidad de Lilia y Ana?
3. ¿Para qué van a México?
4. ¿Qué documentos les pide el oficial?
5. ¿Qué problema tiene Ana?
6. ¿Tienen que esperar mucho para la revisión?
7. ¿Adónde van a ir después de la revisión de sus pasaportes?

Pregunta a tus compañeros

1. ¿Adónde vas a ir después de esta clase?
2. ¿Dónde está tu mochila?
3. ¿Adónde quieres ir en las vacaciones?
4. ¿Dónde vive tu familia?

¡Vamos a practicar!

I. ¿Puedo ver su/tu ~? : 제가 너의/당신의 ~를 볼 수 있나요?

1. ______________ 너의 신분증을 볼 수 있니? (carnet de identidad)
2. ______________ 당신의 운전면허증을 볼 수 있어요? (carnet/licencia de conducir)
3. ______________ 당신의 비자를 볼 수 있어요? (visa/visado)
4. ______________ 당신의 탑승권을 볼 수 있어요? (tarjeta de embarque/pase de abordo)
5. ______________ 너의 가방들을 볼 수 있니? (maletas)
6. ______________ 당신의 서류들을 볼 수 있어요? (documentos)

II. ¿Es su primera visita a ~? : ~에 처음 방문하십니까?

¿Es su primera visita a Corea?
☞ Sí, es mi primera visita a Corea.

1. ¿ ______________ a México? 당신들은 멕시코에 처음 방문하십니까?

☞ No, ______________________________ a México. 아니요. 두 번째입니다.

2. ¿ ______________________________ a Japón? 너는 일본에 처음 방문하니?

☞ No, ______________________________ a Japón. 아니요. 나는 세 번째야.

3. ¿ ______________________________ a Perú? 너희들은 페루에 처음이니?

☞ No, ______________________________ a Perú. 아니, 우린 페루에 네 번째야.

Gramática

¿Adónde? ¿Dónde? Donde. Donde no...

I. ¿Adónde? (adverbio interrogativo) (=A qué lugar)

¿Adónde vamos?
¿Adónde quisieras ir después?
¿Y entonces, adónde debes regresar, a tu casa o al trabajo?
Ya estamos en Seúl, ¿adónde tenemos que ir ahora?

II. ¿Dónde? (adverbio interrogativo) (=En qué lugar, qué lugar)

¿Dónde estamos?
¿En dónde nos vemos?
¿En dónde quieres cenar?
¿Dónde puedo comprar una buena cámara?

III. Donde (adverbio relativo)

Donde tú digas.
La ciudad donde nací.
Va adonde la llevan.
Desde donde estaban no se veía nada.

IV. Donde no... (locución adverbial) (=En el caso de que no...)

Donde no lo encuentre, tendré que llenarlo de nuevo.
Donde no llegue a tiempo, tendrá serios problemas con el jefe.
Donde no aparezca el anillo, tu padre se va a enfurecer.

I. Completar adecuadamente con 'donde', 'adónde', 'dónde',

A: ¿___________ vas?
B: Voy a la biblioteca. ¿De ___________ vienes?
A: Vengo de comer. Espérame y vamos juntos.

B: Mejor te espero __________ están aquellos muchachos.

II. Escribir 'donde', 'adónde', 'dónde', según convenga

Mamá: ¿ __________ estás, ya estudiaste para el examen?
Hijo: Sí, mamá.
Mamá: __________ repruebes, tendrás un castigo. Mejor estudia más.
Hijo: Está bien. ¿En __________ quedaron mis libros?
Mamá: __________ tú los dejaste. Nadie ha movido nada. Ahora vuelvo.
Hijo: __________ vas?
Mamá: Voy __________ me puedan arreglar este ventilador.
Hijo: ¿Te vas a tardar?
Mamá: Mira, __________ no te encuentre estudiando, ya verás.
Hijo: ¿__________ estará el control de la televisión?

Redacción libre

¿Qué hay donde tú vives?

* Debes usar las siguientes palabras:

cómodo	muy grande	cama	espejo	escritorio
tareas	sol	luces	radio	nunca

Yo vivo __________________, donde yo vivo hay __________________________

____

____

Pero también quiero tener ____

____

____

Donde vive mi amigo/a ____

____

____

____

____

Actividades

다음 입국카드(Tarjeta de inmigración)를 완성하시오.

Tarjeta de inmigración/entrada	
nombre (이름)	
apellido (성씨)	
sexo (성)	M □ , F □ 혹은 V □ , M □
nacionalidad (국적)	
fecha de nacimiento (생년월일)	
número de pasaporte (여권번호)	
puerto de embarque (탑승공항)	
puerto de desembarque (도착지)	
ocupación (직업)	
propósito de viaje (여행목적)	
tiempo de permanencia (체류기간)	
solo para uso oficial (계원 기입란)	

Lección 4

En la aduana
세관에서

Diálogo de hoy
(대화를 듣고 빈칸을 스페인어로 채워보세요)

Aduanero: ¿Cuáles son sus maletas?

Lilia: Son estas. Y esas son ______________.

Aduanero: Pongan aquí su equipaje. ¿______________ traen en total?

Lilia: Cuatro, dos grandes, dos pequeñas y nuestras mochilas.

Aduanero: ______________ sus declaraciones. ¿Traen algo en especial?

Lilia: No, señor. Nada.

Aduanero: ¿________ vienen?

Lilia: ________ .

Aduanero: Abran esta maleta grande, por favor.

Lilia: Sí, ________. Ana, ayúdame ¿si? __________ mi mochila.

Aduanero: ¿Llevan tabaco o _______?

Lilia: Solo son _______ de sangría, y unos __________________.

Aduanero: Está bien. ____________.

Lilia: No puedo _______. Ana, intenta tú ¿si? ________ un poco nerviosa.

Aduanero: A ver, yo le _______. Ya está. Pasen, por favor.

Lilia: Muchas gracias.

Por eso (그래서, 그것 때문에)

3. Pongan aquí su equipaje. ¿Cuántas maletas traen en total?

equipaje는 복수형으로는 쓰이지 않는다. pongan는 poner동사의 ustedes에 대한 명령형. cuánto/cuánta/cuántos/cuántas + 명사 는 '몇 개의/얼마나 많은 (명사)' 를 뜻한다. 반드시 뒤에 오는 명사의 성/수에 맞추어 cuánto를 사용한다.

4. ¿Traen algo en especial?

algo en especial 무엇인가 특별한 물건. 즉, "¿Tiene algo que declarar?" 신고할 물건 있으세요? 라는 뜻과 통한다.

5. Sí, como no.

물론이지요. Como quiera (당신이 원하시는 대로요.), "Ya está.(여기요.)/ Vale./ De acuerdo."로 말해도 된다.

☛ 그 밖에 공항 입국시 가능한 대화 내용

Aduanero: ¿Y algún objeto prohibido? (금지된 물품 가지고 온 것은요?)
Ana: No, señor. (없습니다.)
Aduanero: Haga el favor de abrir las maletas. (가방 좀 열어주시지요.)
/Permítame examinar (revisar) su equipaje. (짐 검사를 하도록 하겠습니다.)
Ana: ¿Abro también esta roja? (이 빨간 가방도 열까요?)
Aduanero: Sí, por favor. (네, 부탁합니다.)

Ejercicios

¡Vamos a conversar!

(본문 대화에 대한 다음 질문에 답해 보세요.)

1. ¿En dónde está Lilia?
2. ¿Qué se hace en la aduana? / ¿Qué hace el aduanero?
3. ¿Lilia va sola?
4. ¿Cuántas maletas llevan en total?
5. ¿En la aduana abren todas las maletas?
6. ¿Por qué Lilia no puede cerrar la maleta?
7. ¿Quién ayuda a Lilia a cerrar su maleta?

¡Vamos a practicar!

I. ¿Son suyas este/estas/estos/estas~? : 이 ~이 ~의 것입니까?

1. ¿ ______________________ computadora? (이 컴퓨터는 네 것이니?)
2. ¿ ______________________ coche/carro? (이 자동차가 우리의 것입니까?)
3. ¿ ______________________ casa? (이 집이 그들의 것입니까?)
4. ¿ ______________________ bolso? (이 가방이 당신들 것입니까?)
5. ¿ ______________________ libros? (이 책들이 내 것입니까?)
6. ¿ ______________________ revistas? (이 잡지가 우리의 것입니까?)
7. ¿ ______________________ paquetes? (이 상자들이 그들의 것입니까?)
8. ¿ ______________________ llaves? (이 열쇠들이 당신의 것입니까?)

II. Estas no son ~. Las ~ son aquellas. : 이것은 ~의 것이 아닙니다. ~의 것은 저것입니다.

(Mi casa) → Esta no es mía. La mía es aquella.

1. (Su hijo) →
2. (Tu coche) →
3. (Tus cuadros) →
4. (Sus cuadernos) →
5. (Mis gafas) →

III. ¿Tiene algo que ~ ? No, no tengo nada que ~: ~할 것이 있습니까? 아무 것도 ~할 것이 없습니다.

1. ¿ ______________________ declarar? (신고할 게 있습니까?)
No, ______________________ . (아무 것도 신고할 것이 없습니다.)
2. ¿ ______________________ decir? (말할 게 있습니까?)
No, ______________________ . (아무 것도 말할 것이 없습니다.)
3. ¿ ______________________ comprar en esta tienda? (이 상점에서 살 것이 있습니까?)
No, ______________________ . (아무 것도 살 것이 없습니다.)
4. ¿ ______________________ ver con este asunto? (당신은 이 사건과 관련이 있습니까?)
No, ______________________ (나는 이 사건과 아무 관련이 없습니다.)
5. ¿ ______________________ comentar sobre el tema? (그 주제에 대하여 언급할 것이 있습니까?)
No, ______________________ (아무 것도 언급할 것이 없습니다.)

Gramática

Modo imperativo

I. Escribir en el modo imperativo los siguientes verbos.

contexto: Juan se va a ir a estudiar a la ciudad y su papá le da unos consejos

Imperativos irregulares	
hacer	haz
ir	ve
decir	di
poner	pon
salir	sal
ser	sé
tener	ten
venir	ven

1. (levantarse) ________________ temprano.
2. (ir) ________________ a la escuela todos los días.
3. (llegar) ________________ puntual a tus clases.
4. (ser) ________________ formal y respetuoso con tus maestros.
5. (poner) ________________ atención a lo que digan.
6. (participar) ________________ en las actividades.

7. (preguntar) ______________ todo lo que no entiendas.
8. (tomar) ______________ notas para estudiar más lo nuevo.
9. (hacer) ______________ toda la tarea que pidan los profesores.
10. (tener) ______________ en orden todos tus libros y materiales.

II. Habla con tus compañeros usando el IMPERATIVO.

1. A: Por favor,________tu número de teléfono. (darme)
   B: Mi número de teléfono es____________(011-22-43-05-30)
2. A:____________¿si? Necesito mover mi mesa. (ayudarme)
   B:______________________________________
3. A: Mira a la ventana,_______que bonito está el día! (ver)
   B:_______________El día está muy bonito.
4. A: Por favor,_________tu lápiz un momento. (pasarme)
   B: Sí,______________
5. A: ___________el favor de prestarme el libro. (hacer)
   B:______________________________________

Redacción libre

Escribe una nota para tu amigo. Vas a salir de viaje y tu amigo va a cuidar tu casa.

* Debes usar las siguientes palabras:

agua	plantas	basura	ventanas
televisión	puerta	aspiradora	luces

Hola,____________________:

Por favor, todas las mañanas ____
____
____
____
____
____
____
____

Lección 5

En la ventanilla de objetos perdidos
분실물 창구에서

Diálogo de hoy
(대화를 듣고 빈칸을 스페인어로 채워보세요)

Empleado: ¿Si,__________?

Ana: No__________ una de mis__________.

Empleado: ¿Revisó bien en la banda giratoria?

Ana: Sí, señor. Y he__________ hasta el final.

Empleado: ¿__________ ha llegado usted?

Ana: En el vuelo CA____, proveniente de Pekín.

Empleado: ¿______ algo________ en su maleta?

Ana: No, señor. Solo ropa y________________.

Empleado: __________ su maleta, por favor.

Ana: Es rectangular, de__________. Tiene ruedas y viene cerrada con un __________. Le he puesto dos listones para distinguirla,__________ y otro__________.

Empleado: Bien. Un momento... (Habla por radio) Aquí clave____.
Rectangular, negra__________ y candado. Listones azul y rojo. Cambio. (Pausa)
Afirmativo. Se encuentra conmigo. Cambio. (Pausa)__________.
Cambio y fuera.

Ana: ¿Han encontrado mi maleta?

Empleado: Hemos encontrado una que_______________. Aquí viene.

Ana: ¡He pasado un__________! Ahí_______ mis documentos para inscribirme en_____________.

Empleado: ¿No me ha dicho usted que no_______ nada de_______?

Ana: Pensé que__________ a_____________. Disculpe.

Diálogo de hoy

Empleado: ¿Si, dígame?
Ana: No ha llegado una de mis maletas.
Empleado: ¿Revisó bien en la banda giratoria?
Ana: Sí, señor. Y he esperado hasta el final.
Empleado: ¿En qué vuelo ha llegado usted?
Ana: En el vuelo CA219, proveniente de Pekín.
Empleado: ¿Lleva algo de valor en su maleta?
Ana: No, señor. Solo ropa y objetos personales.
Empleado: Descríbame su maleta, por favor.
Ana: Es rectangular, de color negro. Tiene ruedas y viene cerrada con un candado pequeño. Le he puesto dos listones para distinguirla, uno rojo y otro azul.
Empleado: Bien. Un momento... (Habla por radio) Aquí clave 34. Rectangular, negra con ruedas y candado. Listones azul y rojo. Cambio. (Pausa) Afirmativo. Se encuentra conmigo. Cambio. (Pausa) Esperaremos. Cambio y fuera.
Ana: ¿Han encontrado mi maleta?
Empleado: Hemos encontrado una que tal vez sea la suya. Aquí viene.
Ana: ¡He pasado un gran susto! Ahí traía mis documentos para inscribirme en la universidad.
Empleado: ¿No me ha dicho usted que no traía nada de valor?
Ana: Pensé que se refería a joyas o dinero. Disculpe.

직원: 네, 말씀하세요.
아나: 제 가방 가운데 한 개가 안 왔어요.
직원: 콘베어 벨트에서 잘 살펴보셨나요?
아나: 네. 마지막까지 기다렸다구요.
직원: 어떤 항공기편으로 오셨습니까?
아나: 북경발 CA219편으로요.
직원: 가방에 귀중품이 들어 있습니까?
아나: 아니요. 옷하고 소지품만 있어요.
직원: 가방에 대해 설명해 보세요.
아나: 검정색 네모난 가방이예요. 바퀴가 있고 작은 자물쇠로 잠겨 있어요. 구분하기 쉽도록 가방에 빨간색과 파란색 끈을 매달아 놓았어요.

직원: 네. 잠깐만요…… (무전기에 대고 말한다) 여기는 34호.
사각형에 바퀴와 자물쇠 달린 검은 가방. 파란색과 적색 끈이 달려 있음.
오우버. (끊김) 알았다. 나와 함께 있다. 오우버. (끊김) 기다리겠다. 오우버, 이상.
아나: 제 가방을 찾았나요?
직원: 손님 것으로 보이는 가방 하나를 발견했습니다. 여기 오네요.
아나: 얼마나 놀랐는지 몰라요! 거기에 대학교에 등록할 서류가 들어 있었거든요.
직원: 귀중품이 없다고 말씀하시지 않았나요?
아나: 보석이나 돈을 가리키는 것으로 생각했거든요. 죄송해요.

Gramática y expresiones

1. ¿Si, dígame?

네, 말씀하세요.

¿En qué le puedo ayudar?라고 하기도 한다.

2. No ha llegado una de mis maletas.

제 가방 하나가 나오지 않았어요.

유사한 표현으로 'No ha salido una de mis maletas', 'He perdido mi equipaje' (짐을 잃어버렸어요.) 가 있다.

maleta는 여행용 큰 가방을 의미한다. 이와 비교하여 equipaje는 '짐' 을 뜻하며 항상 단수형으로 쓰이며 'bultos'도 복수형으로 주로 쓰이면서 '짐' 을 가리킨다. 보통 공항에서 짐을 찾는 곳은 'reclamación del equipaje'라고 되어 있다.

가방 종류

bolso: 핸드백 , maletín: 여행용 작은 가방
cartera: 지갑, 책가방 mochila: 배낭

vocabulario

dígame v. decir(+me) 말하다 revisó v. revisar 검사하다 banda f. 벨트, 띠, 밴드 giratoria adj. 회전의 vuelo m. 비행, 항공 proveniente adj. ~에서 비롯한, 출발한, 유래한 valor m. 가치, 값어치 descríbame v. describir(+me) 기술하다, 묘사하다 rectangular adj. 네모난, 직각의 ruedas f.pl. 바퀴 candado m. 자물쇠 listones m.pl. 끈, 리본 encuentra v. encontrar(+se) ~에 있다, ~한 상태에 있다 encontrado pp. encontrar 발견하다 traía v. traer 가져오다 pensé v. pensar 생각하다 refería v. referir(+se) 언급하다, 가리키다 joyas f.pl. 보석

3. **¿En qué vuelo ha llegado usted? En el vuelo CA219, proveniente de Pekín.**

vuelo는 비행편을 뜻하므로 "어떤 비행기 편으로 도착하셨어요?"를 의미한다. proveniente de Pekín은 '북경발' 즉, '북경에서 온' 의 뜻으로 ' el vuelo CA219 que parte/sale de Pekín'으로도 표현한다.

4. **¿Lleva algo de valor en su maleta?**

llevar는 '가져가다' 의 뜻이나 여기서는 '가지고 있다/가져 오다' 의 뜻으로 이해해도 된다. objeto de valor는 귀중품을 뜻하므로, "가방 안에 귀중품 있으세요?" 의 뜻이다.

5. **Descríbame su maleta, por favor.**

describir '묘사하다, 기술하다' 의 usted에 대한 명령형으로서 "¿Me puede describir su maleta?"처럼 의문문으로 표현할 수도 있다. 이때 por favor를 붙이면 더 정중한 표현이 된다. 한편, 스페인어는 영어와 달리 조동사 poder를 사용하지 않은 의문문을 통해서 부탁을 하는 청유문이 가능하다.

예) ¿Me da un vaso de agua? 물 한 컵만 주시겠어요?

¿Me dice su nombre? 제게 당신의 이름을 말해주시겠어요?

¿Me hace un favor? 부탁 하나만 들어주시겠어요?

6. **Es rectangular, de color negro.**

rectangular는 네모난 모양을 나타내며 cuadrado와 동일하게 사용된다. 둥근 모양은 redondo/a. azul은 파란색을 뜻하는데 그 밖의 색깔 종류는 다음과 같다.

colores

gris(회색), violeta(보라), marrón(밤색), amarillo(노랑), verde(초록), negro(검정), blanco(흰색), rojo(빨강), beige(베이지), pardo(진회색,진밤색), rosa(분홍), color naranja/anaranjado(오렌지색), dorado(금색), plateado(은색),

진한 ~색, 밝은 ~색을 표현하려면 oscuro, claro를 붙이면 된다.

진한 파란색 azul oscuro,

밝은 파란색, 하늘색 azul claro

7. **Tiene ruedas y viene cerrada con un candado pequeño.**

(가방이) 바퀴를 갖고 있다, 즉, 바퀴 달린 가방을 말한다. cerrada는 주격보어로서 가방이 닫혀서 왔다라는 표현이다.

8. **Un momento....(Habla por radio). Aquí clave 34. ....Listones azul y rojo. Cambio. (Pausa) Afirmativo. ....Cambio y fuera.**

무전기(radio) 용어로서 cambio는 상대방에게 말할 순서를 넘기는 것으로서 '오우버' 로 해석하면 된다. clave는 무선을 하는 기지국(estación)이나 장소를 말하고 afirmativo는 무전 사용상 'sí', '알았다, 그렇다' 등 긍정을 나타내며 반대로 negativo는 'no' 등의 포괄적인 부정을 표현한다. fuera는 '이제 교신을 끊겠다' 라는 의미이다.

9. Hemos encontrado una que tal vez sea la suya.

una는 maleta를 가리키는 대명사이며 관계절에서 접속법 sea가 쓰인 이유는 부사 tal vez와 함께 불확실을 표현하기 때문이다.

Ejercicios

¡Vamos a conversar!

(본문 대화에 대한 다음 질문에 답해 보세요.)

1. ¿Qué problema tiene Ana?
2. ¿Cómo es la maleta de Ana?
3. ¿Qué usa el empleado para ayudar a Ana?
4. ¿Qué lleva Ana en su maleta?
5. ¿De dónde viene Ana?
6. ¿Por qué reclama el empleado a Ana?
7. ¿Qué palabra usa el empleado por radio en vez de "sí"?

Pregunta a tus compañeros

1. ¿Has viajado alguna vez a Europa?
2. ¿Has visto algún incendio?
3. ¿Has dicho alguna vez una mentira a tus padres?
4. ¿Has comido carne de perro?
5. ¿Has soñado con los monstruos?

¡Vamos a practicar!

I. No me ha llegado ~. : 내게 ~이 도착하지 않았어요.

1. ______________________________ (소포 하나: un paquete)
2. ______________________________ (그/당신의 편지: la/su carta)
3. ______________________________ (학위 증명: el certificado del título.)
4. ______________________________ (네가 보낸 크리스마스 카드: tu tarjeta de Navidad)

II. ¿En qué ~ ha llegado usted? : 어떤 ~로 오셨어요?

1. ¿______________________________? (어떤 기차로: tren)
2. ¿______________________________? (어떤 버스로: autobús)
3. ¿______________________________? (어떤 배로: barco)
4. ¿______________________________? (어떤 차로: coche/carro)

III. Dígame su ~: 나에게 당신의 ~를 말해주세요.

1. ______________________________ (연락처 번호: número de contacto)
2. ______________________________ (아이디 ID: número de identidad/seña)
3. ______________________________ (비밀번호: número secreto /contraseña).
4. ______________________________ (이름과 성: nombre y apellido(s))

Gramática

Pretérito perfecto (antepresente)

Haber (AUXILIAR) +	participio del verbo
he	esperado
has	esperado
ha	esperado
hemos	esperado
habéis	esperado
han	esperado

I. Escribir el verbo en pretérito perfecto.

–Ernesto, ¿______________ (RECOGER) el coche?

–No, todavía no______________ (ABRIR) el taller.

–¿ ______________ (LLAMAR) a tu hermana para saber cómo sigue?

–No, no ______________ (TENER) tiempo, pero ahora le llamaré.

–Dile, por favor, que no ______________ (CONSEGUIR) todavía el té que le prometí.

–No contesta su teléfono, parece que no ______________ (REGRESAR) a casa.

¿______________ (PREPARAR) la lista para el mercado? ______________ (PENSAR) que podría llegar de regreso del taller.

–No, no la ________________ (HACER), pero ________________ (VER) que aún tengo suficientes víveres en el refrigerador.

II. Escribir frases utilizando pretérito perfecto (antepresente).

> ¿Cuántas veces has hecho estas cosas?
> (bucear entre tiburones)
> ☞ Nunca he buceado entre tiburones. / He buceado entre tiburones dos veces.

1. viajar a México

2. esquiar en un lago o en la montaña
3. subir a una pirámide
4. acampar en las montañas
5. alquilar un coche
6. cocinar para diez personas
7. leer tres novelas en un día
8. decirles una mentira a tus padres
9. romper un vaso en un restaurante
10. correr 5 kilómetros sin parar

Redacción libre

Escribe con el tema "Siempre he soñado con..."

* Debes usar las siguientes palabras:

bailar	cohete	avión	estrellas	montaña
cielo	amor	dinero	felicidad	conocer

Siempre he soñado con ____
____
____
____
Siempre he querido ____
____
____

Lección 6

En la estación de ferrocarril
기차역에서

Diálogo de hoy
(대화를 듣고 빈칸을 스페인어로 채워보세요)

Silvia: No tuve tiempo por la mañana,____________arreglar mi maleta, no hice nada más.

Clara: A mí me pasó igual.__________prepararme para descansar, parecía quc iba a______________, todo quedó__________.

Silvia: Pero, bueno, ya estamos por fin aquí.________________nuestros billetes. (Se dirigen a la ventanilla.) Buenas tardes. ¿A qué hora sale el próximo tren______________?

Empleado: Un momento. Hay un AVE que sale a_____________.

Clara: Sí, ese está bien.

Silvia: Perfecto.________________para el AVE de las doce quince y un _________.

Clara: Mejor________dos itinerarios,__________________.

Empleado: ¿Billetes___________o sencillos?

Silvia: De ida y vuelta, por favor.

Empleado: Aquí están. Además de pagar los billetes, deberán cubrir_________________.

Silvia: ¿En__________sale este tren?

Empleado: En el número____. Quince minutos_____________deben esperar allí.

Silvia: Muchas gracias, señor.

Clara: ¡Caramba!___________tan caros los billetes____________pagarle un seguro.

Silvia: No te quejes tanto.____________________________en eso, empieza a___________desde ahora.

Clara: Tienes razón.

(en la taquilla)

Silvia: No tuve tiempo por la mañana, fuera de arreglar mi maleta, no hice nada más.

Clara: A mí me pasó igual. En vez de prepararme para descansar, parecía que iba a mudarme de casa, todo quedó revuelto.

Silvia: Pero, bueno, ya estamos por fin aquí. Vamos a comprar nuestros billetes. (Se dirigen a la ventanilla.) Buenas tardes. ¿A qué hora sale el próximo tren para Barcelona?

Empleado: Un momento. Hay un AVE que sale a las doce quince.

Clara: Sí, ese está bien.

Silvia: Perfecto. Deme dos pasajes para el AVE de las doce quince y un itinerario.

Clara: Mejor pídele dos itinerarios, uno para mí también.

Empleado: ¿Billetes de ida y vuelta o sencillos?

Silvia: De ida y vuelta, por favor.

Empleado: Aquí están. Además de pagar los billetes, deberán cubrir el seguro de viaje.

Silvia: ¿En qué andén sale este tren?

Empleado: En el número seis. Quince minutos antes de la salida deben esperar allí.

Silvia: Muchas gracias, señor.

Clara: ¡Caramba! Tras cobrar tan caros los billetes todavía tuvimos que pagarle un seguro.

Silvia: No te quejes tanto. En lugar de gastar tus energías en eso, empieza a disfrutar desde ahora.

Clara: Tienes razón.

(매표소에서)

실비아: 아침에 시간이 없었어. 짐 정리하는 걸 제외하고는 아무것도 못했지.

끌라라: 나도 마찬가지였어. 쉬기는커녕, 당장 옮겨야 할 것 같았지. 모든게 엉망이었거든.

실비아: 하지만 괜찮아. 드디어 여기 왔잖니. 표 사러가자. (그녀들은 매표소로 향한다) 안녕하세요. 바르셀로나 행 다음 기차가 몇시에 출발하나요?

직원: 잠시만요. 12시15분에 떠나는 아베(AVE)가 있습니다.

끌라라: 네, 그거면 되겠네요.

실비아: 좋아요. 12시15분발 아베(AVE)로 두 장 주시고요 기차운행표도 한 장 주세요.

끌라라: 운행표를 두 장 달라는게 낫겠다. 내 것도 한 장.

직원: 왕복표를 원하십니까, 아니면 편도를 원하십니까?
실비아: 왕복표요.
직원: 여기 있습니다. 열차표 이외에 여행자 보험도 지불하셔야 할 것입니다.
실비아: 이 열차는 무슨 승강장에서 출발하죠?
직원: 6번 승강장입니다. 출발 15분 전에 거기서 기다리세요.
실비아: 감사합니다.
끌라라: 기막혀! 그렇게 비싸게 지불했는데도 보험금을 더 내야 했다니!
실비아: 너무 불평하지마. 그런데다 에너지를 낭비하는 대신에 이제부터 즐겨 봐.
끌라라: 네 말이 맞아.

Gramática y expresiones

1. estación de ferrocarril

기차역, estación del tren 이라고도 한다.

2. No tuve tiempo por la mañana, fuera de arreglar mi maleta, no hice nada más.

아침에(por la mañana) 나는 시간이 없었다(no tuve tiempo), fuera de 동사원형/명사(~이외에, ~를 제외하고), 나는 아무것도 더 할 수 없었어(no hice nada más: 부정어 no와 부정대명사 nada가 함께 와도 부정)

3. A mí me pasó igual.

내게도 똑같이 일어났어. 'a mí' 는 문두에서 me를 강조한다. 따라서 생략가능. 부정과거형 동사 'pasó' 의 주어는 무인칭.

4. En vez de prepararme para descansar, parecía que iba a mudarme de casa

en vez de(~대신에) 'voy a 동사원형' (~하려고 하다), mudarse de casa (집을 바꾸다)

vocabulario

arreglar v. 정리정돈하다, 수선하다 hice v. hacer 하다, 만들다 nada pron. 무(無), 허무, 아무것도 아님. 영어의 *nothing* descansar v. 휴식을 취하다, 쉬다 parecía v. parecer 보이다, 생각되다, ~같다 mudarme v. mudar(+se) 이사하다, 옮기다 quedó v. quedar 남다, 체류하다 revuelto adj. 헝클어진, 뒤범벅된 dirigen v. dirigir 향하다, ~로 가다 deme v. dar (+me), 주다 itinerario m. 일정표, 시간표 pídele v. pedir (+le) 요구, 요청하다 cubrir v. cubrir 덮다, 씌우다, 커버하다, 지불하다 seguro m. 보험 andén m. 플렛홈 caramba interj. (놀라거나 화날 때 감탄사) 저런! cobrar v. (돈을) 받다, 거두다 caros adj. 비싼 pagarle v. pagar (+le) 지불하다, 돈을 내다 quejes v. quejar 불평하다, 투덜대다 gastar v. 쓰다, 낭비하다 energías f. energía 에너지, 힘 disfrutar v. 즐기다

5. Vamos a comprar nuestros billetes.

'vamos a 동사원형' (~하자), 청유형.

차/비행기/기차 표 등은 billete/boleto/pasaje 등으로 쓸 수 있다. 스페인에서는 주로 billete 중남미에서는 boleto를 많이 쓴다.

표를 사는 것은 comprar 나 sacar를 쓴다.

예) Quisiera comprar/sacar un *ticket*/billete/boleto para Sevilla.

또는 다음 표현도 표를 살 때 쓸 수 있다.

Un billete/boleto para Sevilla, por favor.

¿Me deja/da un billete/boleto para Sevilla, por favor?

Deme un billete para Sevilla.

Quiero un boleto para Sevilla.

6. ¿A qué hora sale el próximo tren para Barcelona?

~시에 무엇을 하는가? 라는 질문. '¿A qué hora 동사 + 주어'

전치사 para는 방향을 의미하며, '~행 기차' 를 나타낸다. para 대신 'con destino a' 도 쓰인다.

☆ 도착시간을 묻는 질문

예) ¿A qué hora llega a Barcelona?

- Llega a Barcelona a las trece treinta.

¿A qué hora llega el próximo tren de/que viene de Lima?

- A las quince diez.

여기서 오후 12시 15분은 'a las doce y cuarto' 라고 말할 수도 있지만, 정확을 기하기 위해서 숫자로만(doce quince) 표현한 것이다.

7. Hay un AVE que sale a las doce quince.

오후 12시 15분은 'a las doce y cuarto' 라고 말할 수도 있지만, 정확을 기하기 위해서 숫자로만(doce quince) 표현한 것이다. AVE는 스페인의 고속열차를 뜻한다. 그 밖에 급행열차(rápido), 새마을호와 유사한 등급(talgo), 동일 지역내에서 도시간을 연결하는 un tren regional이나 한 대도시와 그 근교의 소도시를 연결하는 교외선 un tren de cercanía등이 있다.

http://www.renfe.es/ 참조

8. Perfecto. Deme dos pasajes para el AVE de las doce quince y un itinerario.

Perfecto는 perfectamente라고도 할 수 있다. De는 dar의 usted에 대한 명령형으로 '주세요' 의 뜻. itinerario는 일정표를 뜻하며, horario라고 해도 된다.

☞ 기차 일정표

estación origen: Madrid / estación destino: Sevilla Santa Justa

número del tren	Recorrido tipo tren	salida	llegada	periodo de circulación	precio(euro)	clase	prestaciones
09614	AVE	7:00	9:30	diario	65 euros 97 euros 117 euros	Turista Preferente Club	euro
09664	AVE	9:00	11:30	LMXJV	65 euros 97 euros 117 euros	Turista Preferente Club	
09652	AVE	11:00	13:30	LXJSD	65 euros 97 euros	Turista Preferente	

9. ¿Billetes de ida y vuelta o sencillos?

왕복표: billete/boleto/pasaje de ida y vuelta, 또는 billete circular/redondo

편도표: billete/pasaje/boleto sencillo 또는 billete kilométrico

☆ 왕복표가 언제까지 유효한지를 물어보는 질문은 다음과 같다.

¿Por cuánto tiempo vale (es válido) el boleto (billete/pasaje) de ida y vuelta?

¿Hasta cuándo es válido el boleto (billete/pasaje)?

¿Hasta cuándo tiene validez este boleto (billete/pasaje)?

10. Además de pagar los billetes deberán cubrir el seguro de viaje.

여행자 보험(el seguro de viaje), deberán (deber의 직설법 미래형, 공손함이나 완곡한 표현)

11. ¿En qué andén sale este tren? En el número 4.

andén은 기차나 지하철 역의 승강장

몇 번 승강장에 도착하는가를 물어본다면 "¿A qué andén llega el tren?" 라고 한다.

☛ 그 밖에 기차역에서 필요한 표현들은 다음과 같다.

그라나다로 가는 10시 기차표 2개를 예약하고 싶은데요.

Me gustaría reservar dos billetes para Granada, en el de las 10.

세비야로 가는 기차가 언제 있지요?
¿Qué trenes hay para Sevilla?
/ ¿Cuándo hay trenes para Sevilla?

다른 기차는 언제 있어요?
¿Qué otros trenes hay?

1시간 늦게 도착합니다./출발합니다.
Tiene una hora de atraso.
/Sale con una hora de retraso.
/Sale una hora tarde.

30분 일찍 도착합니다.
Llega con treinta minutos de adelanto.

침대/침대칸/식당칸 있어요?
¿Lleva literas/coche(carro) comedor?

12. Tras cobrar tan caros los billetes, tuvimos que pagarle un seguro.

표를 그렇게 비싸게 받은 다음에, cobrar(돈을 받다)의 의미상 주어는 일반사람으로서 '표가 그렇게 비싼데도' 로 의역할 수 있다.

13. No te quejes tanto.

그렇게 불평하지마(quejar의 부정 명령형)

Ejercicios

¡Vamos a conversar!

(본문 대화에 대한 다음 질문에 답해 보세요.)

1. ¿Adónde quieren ir Silvia y Clara?
2. ¿Dónde están Silvia y Clara?
3. ¿Qué es un billete/un boleto circular?
4. ¿Qué tuvieron que pagar extra Silvia y Clara?
5. ¿Cuándo arregló su maleta Silvia?
6. ¿Para qué van a Barcelona?
7. ¿Viajar en el AVE es caro o barato?

Pregunta a tus compañeros

1. ¿Has viajado alguna vez en ferrocarril/en tren?
2. ¿Conoces algo de Barcelona?
3. ¿Prefieres viajar solo/a o con algún amigo/a?
4. ¿En vez de estudiar, qué te gustaría hacer ahora?
5. ¿Además de estudiar, haces otra actividad?

¡Vamos a practicar!

I. ¿Qué hora es?

1. (11시 45분)
2. (오후 3시 25분)
3. (오전 10시 10분)
4. (오후 2시 15분)
5. (오후 5시 30분)
6. (오후 1시 10분)

II. ¿A qué hora ~?

1. Sevilla 행 다음 기차가 몇 시에 출발하나요? (salir el próximo tren)
2. Sevilla 발 막차가 몇 시에 도착하나요? (llegar el último tren)
3. Barcelona행 첫 기차가 몇 시에 출발하나요? (salir el primer tren)
4. Barcelona발 첫 기차가 몇 시에 도착하나요? (llegar el primer tren)

5. 영화/수업이 몇 시에 시작하나요? (empezar la película/la clase)
6. 가게/시장이 몇 시에 여나요? (abrir la tienda/el mercado)

III. Quisiera comprar/sacar/reservar dos billetes/boletos de ida y vuelta para Santiago.

1. ______________________________ Ciudad Real로 가는 편도표 한 장
2. ______________________________ Segovia로 가는 5시 30분 왕복표 3장
3. ______________________________ Alicante 행 왕복표 두 장 예약.
4. ______________________________ Valencia행 3시 편도표 한 장

Gramática

Construcciones con infinitivo

a) en lugar (vez) de + AR, ER, IR : ~대신에
: En lugar de defenderse prefieron huir.
: Siguen descansando en lugar de ponerse a trabajar.
: Mi jefe solo me permitió faltar dos días en vez de darme mis vacaciones completas.
: Deberías estudiar más en vez de llorar por las malas notas de hoy.

b) más que + AR, ER, IR (al contrario, lejos de) : ~와는 반대로, ~하기는 커녕, ~하기 보다는
: En su libro, más que comentar al autor satiriza sus errores.
: Más que apartarlos del vicio, los conduce a él.

c) además de + AR, ER, IR : ~이외에, ~에 더하여
: Mi hija además de cantar sabe bailar muy bien.
: Ha terminado el capítulo además de añadir unos buenos comentarios al final.

d) fuera de + AR, ER, IR : ~이외에, ~를 제외하고
: No pienso parar en la computadora, fuera de comer, no me voy a levantar hasta terminar.
: Fuera de ir a la escuela, nunca quiere salir de casa.

e) tras + AR, ER, IR : ~한 후에
: Tras robar su hacienda, golpearon al dueño.
: Tras cobrar la indemnización/el seguro, huyó para siempre.

f) lejos de + AR, ER, IR : ~로부터 멀리, ~로부터 동떨어진
: Pero lejos de anular el contrato decidió ponerle una demanda en contra.
: Estaba muy lejos de poner en duda su honra.
: Se hallaban lejos de verse en tal situación.

I. Completar con: en vez de / en lugar de, más que, fuera de

1. Los niños están jugando ____________ dormir.
2. En tu caso, ____________ buscar un buen sueldo, debes buscar primero un trabajo.

3. Todos son muy flojos, ____________ comer y dormir, no hacen nada.
4. ____________ regañar a tu hija, debes cambiar de actitud.
5. No pienso llevar a nadie más, ____________ invitar a mi familia, no llevaré a nadie más a mi graduación.
6. Manuel sigue durmiendo ____________ levantarse para ir a la escuela.
7. Yo nunca practico deportes, ______________ caminar un poco en el parque, nunca hago ejercicio.
8. ____________ ir al cine, vamos a ir al parque porque la tarde está hermosa.

II. Completar con: además de, tras, lejos de

1. Mi novio/a, ____________ cantar sabe tocar muy bien la guitarra.
2. Su jefe, ____________ ayudarlo, le dio más trabajo.
3. ____________ robar al hombre, el ladrón salió huyendo.
4. Se hallaban ____________ encontrar una respuesta acertada.
5. Luisa, ____________ cocinar sabe hacer vestidos muy hermosos.
6. ____________ mejorar, íbamos de mal en peor.
7. ____________ suspender las medicinas, el corazón recuperó su ritmo normal.
8. Esta noche, ____________ cenar, vamos a ir a bailar.

Redacción libre

Escribe cómo es un amigo/a ideal.

* Debes usar las siguientes palabras:

además de	en lugar de	amistad	ayudar	alegre
sincero/a	siempre	nunca	en vez de	pasear
lejos de	juntos	compartir		

Un/a amigo/a ideal ____

____

____

____

____

____

____

Lección 7

En la agencia de viajes
여행사에서

Diálogo de hoy
(대화를 듣고 빈칸을 스페인어로 채워보세요)

Empleado: Buenas tardes, señorita.________mi escritorio, por favor. ¿En qué puedo______?

Ana: ________________un pasaje de ida y vuelta a Seúl. ¿_______hay______?

Empleado: Salen________todos los días. ¿Desea________________?
¿Cuándo______________viajar?

Ana: En agosto y, no, no creo que sea muy buena para mí una excursión.
¿Es un vuelo directo o____________?

Empleado: __________en París, pero no hay que cambiar de avión.

Ana: Bien. ¿Cuántas horas______el viaje?

Empleado: Aproximadamente,________horas. ¿Desea___________________________?

Ana: No, de turista. ¿Con cuánta anticipación debo reservar el pasaje?

Empleado: En esta semana, si fuera posible. Es________________y es probable
que los pasajes de clase turista______________pronto.

Ana: Entonces, hágame el favor de reservar uno para________________.
¿Hasta cuándo________________la reservación?

Empleado: En____días, máximo. Perdone la pregunta, ¿va usted de paseo a Seúl?
¡________________!

Ana: No, realmente voy para______________. Espero que pueda_____________...
Mis papás me han regalado este viaje porque_________________, y
quiero__________para estudiar un poco más.

Empleado: Perdone que lo diga, pero dudo que_____hijos tan buenos como
usted.________los datos y espero su confirmación.

Diálogo de hoy
(Cristina는 비행기표 예약을 위하여 여행사에 왔다.)

Empleado: Buenas tardes, señorita. Pase a mi escritorio, por favor. ¿En qué puedo servirle?
Ana: Quiero reservar un pasaje de ida y vuelta a Seúl. ¿Cuándo hay vuelos?
Empleado: Salen vuelos todos los días. ¿Desea alguna excursión?
¿Cuándo tiene pensado viajar?
Ana: En agosto y, no, no creo que sea muy buena para mí una excursión.
¿Es un vuelo directo o debo transbordar?
Empleado: Hace escala en París, pero no hay que cambiar de avión.
Ana: Bien. ¿Cuántas horas dura el viaje?
Empleado: Aproximadamente, catorce horas. ¿Desea un pasaje de primera clase?
Ana: No, de turista. ¿Con cuánta anticipación debo reservar el pasaje?
Empleado: En esta semana, si fuera posible. Es temporada alta y es probable
que los pasajes de clase turista se acaben pronto.
Ana: Entonces, hágame el favor de reservar uno para el 12 de agosto.
¿Hasta cuándo debo confirmar la reservación?
Empleado: En tres días, máximo. Perdone la pregunta, ¿va usted de paseo a Seúl?
¡Está muy lejos!
Ana: No, realmente voy para estudiar coreano. Espero que pueda aprender algo...
Mis papás me han regalado este viaje porque acabo de graduarme,
y quiero aprovecharlo para estudiar un poco más.
Empleado: Perdone que lo diga, pero dudo que haya hijos tan buenos como usted.
He tomado los datos y espero su confirmación.

직원: 안녕하십니까. 제 사무실로 오시죠. 무엇을 도와드릴까요?
아나: 서울로 가는 왕복 비행기 표를 예약하고 싶은데요. 항공편이 언제 있습니까?
직원: 매일 있습니다. 관광을 원하십니까? 언제 여행하실 계획인가요?
아나: 8월에요. 아뇨, 관광이 제게 그리 좋을 것 같지 않군요.
직항인가요, 아니면 갈아타야 하나요?
직원: 파리에서 중간착륙하나 비행기를 갈아탈 필요는 없습니다.
아나: 좋아요. 몇 시간이나 걸리죠?
직원: 약 14시간입니다. 일등석을 원하십니까?
아나: 아뇨, 일반석이요. 얼마 전에 표를 예약해야 합니까?
직원: 가능하면 이번 주에요. 성수기여서 일반석이 곧 동날 수 있거든요.
아나: 그렇다면 8월 12일자로 하나 예약해 주세요. 언제까지 예약을 확정해야 하죠?
직원: 최대한 사흘 안으로요. 질문을 드려 실례합니다만 서울에 그냥 들르시는 겁니까?

너무 멀잖아요!

아나: 아뇨, 사실 한국어를 공부하러 가는거예요. 뭔가 배울 수 있기를 바라는데……
부모님이 이번 여행을 선물해 주셨어요. 제가 학교를 막 졸업했기 때문에
공부를 더 하기 위해서 최대한 활용하고 싶어요.

직원: 이런 말씀드려서 실례지만, 손님처럼 훌륭한 자녀가 있다니 믿을 수 없네요.
서류는 모두 챙겼고, 최종 확인을 기다리겠습니다.

Gramática y expresiones

1. ¿En qué puedo servirle?

무엇을 도와드릴까요?

2. Quiero reservar un pasaje de ida y vuelta a Seúl.

차표, 비행기 표 등은 pasaje/boleto/billete 등 다양한 단어를 사용할 수 있다.

왕복표: pasaje/boleto/billete redondo(completo) 혹은 ~de ida y vuelta
편도표: pasaje/boleto/billete sencillo 혹은 ~de (solo) ida
Quiero는 다음과 같은 다양한 표현으로도 대치할 수 있다.
Me gustaría/ Quisiera/ Quería comprar un pasaje/boleto/billete de ida y vuelta a Seúl.

3. ¿Cuándo hay vuelos?

vuelo는 비행, 비행편을 뜻하므로, 언제 비행기편이 있는가하는 질문이다. 이때 avión(비행기)를 쓰면 정확한 표현은 아니다.

4. ¿Cuándo tiene pensado viajar?

tener + 과거분사: '~를 해놓았다' 라는 완료
직역하면 "언제 여행할 생각을 해놓았습니까?"

vocabulario

pase v. pasar 통과하다, 들르다. escritorio m. 서재, 사무실 servirle v. servir (+le) 봉사하다, 거들다 reservar v. 예약하다 pasaje m. 통행, 통행료 excursión f. 소풍, 관광 transbordar v. 갈아타다. escala f. 계단, 단계, 환승 aproximadamente adv. 거의, 대략 turista f. 관광객, 여행객 anticipación f. 선불, 앞당김 temporada f. 기간, 철, 때 acaben v. acabar. 끝내다, 마치다. confirmar v. 확인하다, 굳히다 regalado v. regalar 선물하다. graduarme v. graduar (+me) 졸업하다 aprovechar v. aprovechar 이용하다, 활용하다 perdone v. perdonar 용서하다. diga v. decir 말하다. dudo v. dudar 의심하다 haya v. haber ~가 있다, 존재하다. confirmación f. 확인, 확증.

5. No creo que sea muy buena para mí una excursión.

나로서는(para mí) 관광(excursión)이 아주 좋은 것(que sea muy buena)이라 생각하지 않는다(no creo). sea는 ser의 접속법 현재형으로서 주절 주어와 종속절 주어가 다르고 주절 동사가 불확신을 표현하기 때문에 사용되었다.

6. ¿Es un vuelo directo o debo transbordar?

vuelo directo는 직항을 뜻하며, 'deber+동사원형' 은 '~을 해야만 하다' 를 뜻한다. 'transbordar' 는 갈아하는 것을 의미한다. 그러므로 직항인지 중간에 비행기를 갈아타는 것인지를 묻는 것이다.

7. Hace escala en París, pero no hay que cambiar de avión.

Hacer escala는 중간에 비행기가 경유하는 것을 의미한다. 잠시 공항에 머문 후 비행기에 다시 타는 것으로 비행기 갈아타는 것(cambiar de avión)과는 구분된다.

'hay que + 동사원형' 은 '~을 해야 한다' 는 뜻으로 주어는 일반적 사람들을 가리킨다. 따라서 일반적으로 비행기를 갈아타야하는 것은 아니라는 뜻이다.

특정 주어를 써서 ~해야 한다는 것을 표현하고자 한다면 'tener que + 동사원형'

8. ¿Desea un pasaje de primera clase?

☞ 비행기 좌석 등급(clases de asientos)은 다음과 같이 표현한다.

primera clase (1등석), clase ejecutiva (*business*) (2등석),

clase de turista/clase económica (3등석)

9. ¿Con cuánta anticipación hay que reservar el pasaje?

anticipación은 미리하는 것, 시간의 여유를 뜻하며, 얼마만큼 미리 표를 예약해야 하는가를 물어보는 것이다.

10. En esta semana, si fuera posible.

"가능하다면 이번 주에요". Si fuera posible 대신에 si es posible를 사용할 수 있다. 그러나 직설법 대신에 접속법을 사용한 si fuera posible가 더 공손하게 들린다.

11. Es temporada alta y es probable que los pasajes de clase turista se acaben pronto.

temporada alta 성수기, temporada baja 비수기.

'es probable que 접속법 현재' : ~할 지도 모른다

12. Entonces, hágame el favor de reservar uno para el 12 de agosto.

'hacer el favor de + 동사원형' 은 '~라는 부탁을 들어주다' 의 뜻이다. 명령형으로 쓰여서 'hágame el favor de ~' 가 되면, '~을 좀 해 주세요' 라는 뜻의 가장 정중한 표현이 된다. entonces는 '그러면', uno는 un pasaje/billete의 뜻.

13. ¿Hasta cuándo debo confirmar la reservación?

confirmar la reservación은 예약을 확인하다. 'deber+ 동사원형' 은 '~을 해야만 한다' 는 의미로 'tener que+ 동사원형' 을 써도 된다. 또한 전치사 hasta 대신 para를 써도 된다.

☞ ¿Para cuándo tengo que confirmar la reservación?

14. En tres días, máximo. Perdone la pregunta, ¿va usted de paseo a Seúl?

'ir de paseo' 는 '산보하다'. 그러나 여기서는 '(친구나 친지 방문, 관광차) 서울에 들르다', 즉 '가볍게 어떤 장소' 에 들르다' 의미로 사용되었다.

15. Mis papás me han regalado este viaje porque acabo de graduarme, y quiero aprovecharlo para estudiar un poco más.

나에게 (me) 이 여행 (este viaje) 선물하셨어(han regalado). 'acabar de 동사원형' 은 "이제 막 ~를 끝내다". aprovecharlo에서 'lo' 는 "este viaje" 를 가리킴.

16. Perdone que lo diga, pero dudo que haya hijos tan buenos como usted. He tomado los datos y espero su confirmación.

그것을 얘기하는 걸(que lo diga) 용서하세요(perdone). 'lo' 는 뒤에 나오는 문장 내용을 가리킴. 'dudo que + 접속법'. 'haya' 는 존재동사 hay의 접속법 현재형.

☛ 항공사에 전화를 걸어 예약 확인을 할 때에 쓸 수 있는 표현

Cristina: Quería confirmar mi reservación para el vuelo 980 de Aeroméxico, para el 26 de abril.

Empleado: Muy bien. ¿Su apellido, por favor?

Cristina: Pérez.

Empleado: Bueno. El vuelo 980 de la línea Aeroméxico sale de la Ciudad de México el día 26 de abril a las diez de la mañana y llega a Buenos Aires a las diez de la noche.
Todo confirmado. Como el vuelo sale a las diez, debe estar en el aeropuerto tres horas antes.

Cristina: De acuerdo. Gracias.

Empleado: A usted. Adiós.

Ejercicios

¡Vamos a conversar!

(본문 대화에 대한 다음 질문에 답해 보세요.)

1. ¿Quiénes van a viajar?
2. ¿Dónde está Ana?
3. ¿Quiénes van a pagar el viaje?
4. ¿Adónde va a viajar Ana?
5. ¿Cuál es el motivo del viaje?
6. ¿Cuándo va a viajar?

Pregunta a tus compañeros

1. ¿Has reservado alguna vez en alguna agencia de viajes?
2. ¿Conoces la India o China?
3. ¿Has hecho algún regalo especial a tus padres?
4. ¿Prefieres viajar solo/a o en excursión?
5. ¿Qué país te gustaría conocer?

¡Vamos a practicar!

I. 비행기 예약과 관련된 다양한 표현을 연습해 봅시다.

1. ______________________________
   (reservar un asiento: 좌석 예약을 할 수 있을까요?)
2. ______________________________
   (pedir una comida vegetariana: 채식식사를 주문할 수 있을까요?)
3. Voy a viajar con dos niños,______________________________
   (pedir un menú para los niños: 아이 둘을 데리고 비행기를 타는데, 어린이 식사를 주문할 수 있을까요?)
4. ¿Se puede ________________ con los puntos que he acumulado?
   (cambiar a una clase superior con cargo a puntos: 마일리지를 이용하여 좌석을 승급할 수 있을까요?)
5. Quiero/Quería ______________________________
   (reservar un vuelo gratis con los puntos de mi tarjeta: 마일리지 카드로 무료 티켓을 예약하려 하는데요.)
6. ______________________________
   (tarjeta de puntos: 마일리지 카드 있으세요?)

II. Haga el favor de+ 동사원형: ~좀 해 주세요

1. ____.
(decirme su nombre: 이름 좀 말씀해 주세요.)
2. ____.
(enseñarme sus documentos: 서류 좀 보여주세요.)
3. ____.
(reservar un asiento: 자리 예약을 좀 해주세요.)
4. ____.
(decirme dónde está la oficina de turismo: 관광 안내소가 어딘지 좀 말씀해 주세요.)
5. ____.
(apagar el cigarrillo: 담배 좀 꺼주세요.)

III. ~해야 합니다. : Hay que+동사원형 / Tiene que+동사원형/ Deber+동사원형

1. ____.
(cambiar de avión: 비행기를 갈아타야 합니다.)
2. ____.
(confirmar la reserva/reservación: 예약확인을 해야 합니다.)
3. ____.
(billete/ dentro de: 표는 8월 안에 떠나는 것이어야 합니다.)
4. ____.
(el viaje/ económico: 알뜰한 여행이어야 합니다.)
5. ____.
(el vuelo/ directo: 로마까지 직힝이어야 합니디.)

Gramática

presente de subjuntivo

I. Completar las frases con un verbo en presente de subjuntivo.

1. Ellos desean que su padre ____________________(volver) pronto.
2. Le molesta que los niños ____________________(hablar) tan fuerte.
3. No creen que (tú)____________________(poder pasar) el examen.
4. Les encanta que su hija ____________________(tocar) el piano.
5. No quiero que mi madre ____________________(sufrir) por mi culpa.
6. Esperamos que (ustedes)____________________(llegar) a tiempo.
7. No dudo que Jorge ____________________(alcanzar) todas sus metas.
8. Me apasiona que los jóvenes ________________(luchar) por los más necesitados.

9. Te sorprende que (yo)________________(saber) esquiar, ¿verdad?

10. Les extraña que (nosotros)________________(ir) siempre juntos.

II. Pasar/Transformar las oraciones del modo infinitivo al modo subjuntivo.

1. Los estudiantes dejan mucha basura enfrente de la escuela.
a) Es increíble que ________________
b) El director de la escuela espera que ________________

2. Guillermo fuma tres cajetillas al día.
a) Es terrible que ________________
b) El médico prohíbe que ________________

3. Su abuelita le regala a Martha joyas valiosas cada cumpleaños.
a) Es fabuloso que ________________
b) Soy Martha, y me encanta que ________________

4. Sergio nunca sale porque su mamá no le da permiso.
a) Es lamentable que ________________
b) Sergio, me entristece que (tú)________________

5. Cecilia y Pedro son novios.
a) Me alegra que ________________
b) No es conveniente que ellos ________________

Redacción libre

Escribe con el tema: "Los regalos"

* Debes usar las siguientes palabras:

cariño	cumpleaños	Navidad	amigo/a
novio/a	padres	hermano/a	pequeño
corazón	alegre		

Me gusta dar/regalar ________________

____

____

____

Me gusta recibir ________________

Lección 8

En el mostrador para documentar
공항의 수속 창구에서

Diálogo de hoy
(대화를 듣고 빈칸을 스페인어로 채워보세요)

Cecilia: Buenos días.

Empleado: Buenos días. Me permite su boleto, por favor.
¿Prefiere______________________________?

Cecilia: Un asiento en ventanilla, por favor.

Empleado: ¿Va a documentar algún equipaje?

Cecilia: Sí, tengo tres maletas y un maletín.

Empleado: Lo siento, solo puede______________________que no excedan los___kilos.
El exceso de equipaje se___________.

Cecilia: Entendido. Entonces, solo_________las dos maletas grandes.
¿Puedo llevar la maleta pequeña y___________________?

Empleado: ¿Cuáles son?

Cecilia: La maleta__________y el maletín negro.

Empleado: Sí, no hay problema, señorita. Aquí tiene los comprobantes del
equipaje y___________________. El vuelo sale a________________.
Usted debe estar en la____________una hora antes.

Cecilia: Gracias. Muy amable.

Empleado: ¡Señorita,___________!

Cecilia: ¿Si, dígame?

Empleado: Aquí hay un___________...

Cecilia: ________, los comprobantes de mi equipaje están aquí.

Diálogo de hoy

(Cecilia는 공항에서 출국 수속을 하고 있다.)

Cecilia: Buenos días.

Empleado: Buenos días. Me permite su boleto, por favor.
¿Prefiere un asiento en ventanilla o en pasillo?

Cecilia: Un asiento en ventanilla, por favor.

Empleado: ¿Va a documentar algún equipaje?

Cecilia: Sí, tengo tres maletas y un maletín.

Empleado: Lo siento, solo puede documentar dos maletas que no excedan los 30 kilos.
El exceso de equipaje se cobra extra.

Cecilia: Entendido. Entonces, solo documente las dos maletas grandes.
¿Puedo llevar la (maleta) pequeña y el maletín en la mano?

Empleado: ¿Cuáles son?

Cecilia: La maleta pequeña roja y el maletín negro.

Empleado: Sí, no hay problema, señorita. Aquí tiene los comprobantes del equipaje y la tarjeta de embarque. El vuelo sale a las tres y media.
Usted debe estar en la puerta cinco una hora antes.

Cecilia: Gracias. Muy amable.

Empleado: ¡Señorita, olvida algo!

Cecilia: ¿Si, dígame?

Empleado: Aquí hay un comprobante...

Cecilia: No es mío, los comprobantes de mi equipaje están aquí.

세실리아: 안녕하세요.

직원: 안녕하세요. 비행기표를 보여주세요.
창가 쪽 좌석을 원하십니까 아니면 복도 쪽 좌석을 원하십니까?

세실리아: 창가 쪽으로 부탁합니다.

직원: 짐을 부치실 겁니까?

세실리아: 네, 큰 가방 3개와 작은 가방 한 개요.

직원: 죄송합니다만 30킬로가 초과하지 않는 가방 두 개만 부치실 수 있습니다.
초과하는 짐은 별도로 요금을 부과합니다.

세실리아: 알았습니다. 그럼 큰 가방 두 개만 부쳐주세요.
작은 가방과 이 핸드백은 들고 가도 되죠?

직원: 어떤 건데요?

세실리아: 빨간색 작은 가방과 검은 핸드백이요.

직원: 네, 아가씨, 아무 문제 없습니다. 여기에 화물 영수증과 탑승권 있습니다.

항공기는 3시 반에 출발하구요, 5번 출구에 한 시간 전에 계셔야 합니다.
세실리아: 감사합니다. 친절하시군요.
직원: 아가씨, 뭔가를 잊으셨네요!
세실리아: 네, 말씀하세요?
직원: 여기 표가 있는데…….
세실리아: 제 것이 아니예요. 제 화물표는 여기에 있는걸요.

Gramática y expresiones

1. En el mostrador para documentar.

mostrador는 창구를 나타내며, documentar는 '출국 수속을 하다', '공항에서 체크인하다'의 뜻이다. 나라에 따라 명칭이 다를 수 있는데 스페인에서는 'el mostrador de facturación'이라고 한다. 'documentar'는 'facturar el equipaje'(스페인), 'chequear el equipaje'(중남미)와 같은 표현을 쓸 수도 있다.

2. ¿Prefiere un asiento en ventanilla o en pasillo?

un asiento en ventanilla는 창가 좌석, un asiento en pasillo는 복도자리, 같은 문장은 다음과 같이 표현할 수도 있다.

¿Prefiere un asiento junto a la ventanilla o al pasillo?

3. equipaje, maletas, maletín.

equipaje는 구체적 가방을 뜻하지는 않고, 짐 전체를 뜻하며 단수형으로만 쓰인다. maleta는 여행용 큰 가방이며, maletín은 작은 여행용 가방.

cf) portafolios 서류가방, (=cartera)

neceser 세면도구, 화장품 등 개인용품을 넣는 가방

vocabulario

permite v. permitir 허락하다, 허가하다. boleto m. 표, 입장권, 승차권(=billete) prefiere v. preferir 선호하다, 더 좋아하다. asiento m. 좌석, 자리 ventanilla f. 창구, 작은 창문 pasillo m. 복도 documentar v. 서류작성하다, (비행기나 배를 통해) 화물로 부치다(=facturar) equipaje m. 짐, 수하물 maletín m. 작은 가방 excedan v. exceder 초과하다 exceso m. 초과 cobra v. cobrar 수취하다, 받다. extra adv. 특별히, 추가적으로. comprobante m. 영수증, 증거물 tarjeta f. 카드, 명함, 증명서 embarque m. 탑승, 출하, 승선 vuelo m. 비행 olvida v. olvidar 망각하다, 잊다. dígame v. decir (+me) 말하다

4. Lo siento, solo puede documentar dos maletas que no excedan los 30 kilos. El exceso de equipaje se cobra extra.

excedan은 접속법으로 가정적 의미로 쓰였다. documentar는 facturar나 chequear, enviar로 대신할 수도 있다. kilo는 kilogramo를 줄여서 쓰는 것으로, 거리를 나타내는 kilómetro는 kilo라고 하지 않는다.

무게가 나가다는 뜻의 동사인 'pesar'를 써서 같은 내용을 표현하면 다음과 같다:

Solo se pueden facturar dos maletas que pesen menos de 30 kilos.

/que pesen 30 como máximo.

5. El exceso de equipaje se cobra extra.

se는 수동의 용법. 주어는 el exceso de equipaje, extra는 부사어.

6. Aquí tiene los comprobantes del equipaje y su tarjeta de embarque.

por supuesto는 '물론'을 뜻하며 'Claro que sí'라고도 할 수 있다. comprobantes del equipaje는 '짐표'를 뜻한다. tarjeta de embarque는 탑승권을 뜻하며, 다른 말로는 'pase de abordar'라고도 할 수 있다.

Ejercicios

¡Vamos a conversar!

(본문 대화에 대한 다음 질문에 대답해 보세요.)

1. ¿Cuántas maletas tiene Cecilia?
2. ¿Cuántas maletas puede documentar?
3. ¿Qué sucede si Cecilia desea documentar las tres maletas?
4. ¿A qué hora sale el vuelo?
5. ¿Adónde va Cecilia?
6. ¿Quién acompaña a Cecilia?

Pregunta a tus compañeros

1. ¿Prefieres un asiento en pasillo o en ventanilla?
2. Cuando viajas, ¿acostumbras/sueles llevar mucho equipaje?
3. ¿Cómo vas de la escuela a tu casa, en autobús, en metro o caminando?
4. ¿Guardas todos los comprobantes que recibes?
5. ¿Cuáles comprobantes guardas?

¡Vamos a practicar!

I. Debe/deberá~: ~해야 할 거예요.

1. ______________ 1시간 전에 게이트로 와 있어야 해요. (estar en la puerta)
2. ______________ 10분 전에 회의에 와 있어야 해요. (estar en la reunión diez minutos antes)
3. ______________ 이 시계들에 대한 세금을 내야 해요. (pagar el impuesto por estos relojes)
4. ______________ 짐 초과료를 내야 해요. (pagar el exceso de equipaje)
5. ______________ 노스웨스트 407편으로 갈아타셔야 해요. (transbordar al vuelo North West 407)
6. ______________ 비행기를 놓치지 않으려면 서두르셔야 해요. (darse prisa para no perder el vuelo)

II. ¿Prefiere ~? 어느 것을 드릴까요?

1. ¿______________________________? 커피 아니면 차? (tomar café o té)
2. ¿______________________________? 밥 아니면 스파게티? (arroz o espagueti)
3. ¿______________________________? 콜라 아니면 오렌지주스? (Cocacola o zumo/jugo de naranja)

4. ¿________________________________? 백포도주 아니면 적포도주? (vino tinto o blanco)
5. ¿________________________________? 닭고기 아니면 생선? (pollo o pescado)

III. ¿Puedo llevar este maletín en la mano? ~해도 됩니까?

1. ¿________________________________? 기내에 사진기를 가지고 가도 됩니까? (la cámara)
2. ¿________________________________? 기내에 노트북을 가지고 가도 됩니까? (el/la portátil)
3. ¿________________________________? 기내에 핸드폰을 가지고 가도 됩니까? (el móvil/ el celular)
4. ¿________________________________? 기내에 내 강아지를 데려가도 됩니까? (mi perrito)
5. ¿________________________________? 기내에 제 다이어트식을 가져가도 됩니까? (comida dietética)
6. ¿________________________________? 기내에 음료를 가져가도 됩니까? (refresco)

Gramática

artículos

I. Completar las frases con el artículo que convenga (un, el, una, la, unos, los, unas, las)

1. Mañana llegará _______ amigo de mi papá que no conocemos.
2. _______ perro de mi hermano es grande y blanco, se llama Lobo.
3. Encontramos a _______ compañeros de primaria, ya no recordábamos sus nombres.
4. Aquí hay _______ comprobante, ¿de quién es?
5. Tú lleva _______ maleta grande y llevo _______ maletín.
6. _______ mejor amiga de mi hermana se llama Clara.
7. Hace _______ años no había teléfonos celulares/móviles.
8. ¿Dónde están _______ llaves de mi coche?
9. Debo esperar _______ avión en _______ puerta 5-A.
10. Estoy buscando _______ apartamento cerca de mi escuela.

II. Escribe B(bien) si el enunciado está bien o M(mal) si está mal/incorrecto

1. (   ) Vi el perro grande y feo que no tenía dueño.
2. (   ) Un amigo de Ana que no conocemos va a venir a mi fiesta.
3. (   ) Voy a recoger el diploma de mi amigo.
4. (   ) ¿Dónde hay el banco por aquí?
5. (   ) Te espero en la puerta tres.
6. (   ) Aquí está el libro de matemáticas de Juan.

7. (　　) ¿Dónde está un coche? No lo veo.
8. (　　) Te presento a mi hermana, es una menor de todos.
9. (　　) Ayer comí las papas fritas.
10.(　　) Pues yo comí una pizza.

Redacción libre

Escribe con el tema: "De mi casa a la universidad"

* Debes usar las siguientes palabras:

metro	autobús	tomo	hacia	ruta
estación	me bajo	camino	primero	luego

Para ir a la universidad ______________________________

____

____

____

Para ir a mi casa ______________________________

____

____

Lección 9
¡Feliz cumpleaños!
생일 축하해!

Diálogo de hoy
(대화를 듣고 빈칸을 스페인어로 채워보세요)

Francisco: ¡Hola! ¡Felicidades!
Alicia: Gracias, Paco. Pasa, por favor.
Francisco: ¡_______________! Tengo un regalo para ti.
Alicia: Hummm... Muchas gracias. No hacía falta .
A ver, a ver, ¿qué es? ¡Un oso de peluche!
Francisco: ¿Te gusta?
Alicia: ¡__________los muñecos de peluche! Muchas gracias, Paco.
Francisco: ¿Soy el primero________? ¿Dónde están todos?
Alicia: Están acá. Mira, te voy a presentar a unos amigos. Ella es mi prima Bety.
Francisco: Mucho gusto. Francisco Ramírez.
Bertha: Bertha Suárez. Mucho gusto.
Alicia: __________________. Voy a la cocina con los muchachos que están preparando unos canapés.
Francisco: Me puedes llamar Paco, mis amigos me dicen Paco. ¿Vamos a____________?
¡Ah! Allá está Cristina, es compañera de Alicia y también es amiga mía.
Bertha: ¿La rubia?
Francisco: No, ella es Paulina, la novia de Pepe. Pepe es el de la chamarra café que está cantando. Cristina es la del vestido azul que está sonriendo.
¿Te puedo llamar Bety?
Bertha: Sí, claro. Ven, Paco, vamos por nuestra copa.
Francisco: ______________... ¡Salud!
Bertha: ¡Salud!

Diálogo de hoy

(Francisco는 Alicia의 생일 축하 파티에 초대 되었다.)

Francisco: ¡Hola! ¡Felicidades!

Alicia: Gracias, Paco. Pasa, por favor.

Francisco: ¡Feliz cumpleaños! Tengo un regalo para ti.

Alicia: Hummm... Muchas gracias. No hacía falta regalarme algo. A ver, a ver, ¿qué es? ¡Un oso de peluche!

Francisco: ¿Te gusta?

Alicia: ¡Me encantan los muñecos de peluche! Muchas gracias, Paco.

Francisco: ¿Soy el primero en llegar? ¿Dónde están todos?

Alicia: Están acá. Mira, te voy a presentar a unos amigos. Ella es mi prima Bety.

Francisco: Mucho gusto. Francisco Ramírez.

Bertha: Bertha Suárez. Mucho gusto.

Alicia: Los dejo un momento. Voy a la cocina con los muchachos que están preparando unos canapés.

Francisco: Me puedes llamar Paco, mis amigos me dicen Paco. ¿Vamos a tomar una copa? ¡Ah! Allá está Cristina, es compañera de Alicia y también es amiga mía.

Bertha: ¿La rubia?

Francisco: No, ella es Paulina, la novia de Pepe. Pepe es el de la chamarra café que está cantando. Cristina es la del vestido azul que está sonriendo. ¿Te puedo llamar Bety?

Bertha: Sí, claro. Ven, Paco, vamos por nuestra copa.

Francisco: Vamos a brindar... ¡Salud!

Bertha: ¡Salud!

프란시스꼬: 안녕! 축하해!

알리시아: 고마워, 빠꼬. 들어와.

프란시스꼬: 생일 축하한다! 네게 선물을 가져왔어.

알리시아: 음……. 진짜 고마워. 이러지 않아도 되는데. 어디 보자, 어디 보자, 뭐지? 테디베어!

프란시스꼬: 맘에 들어?

알리시아: 테디베어 정말 좋아해! 고맙다, 빠꼬야.

프란시스꼬: 내가 제일 먼저 도착했나? 다들 어디 있니?

알리시아: 여기에 있어. 자, 네게 친구들을 소개시켜줄게. 저 아이는 사촌 베티야.

프란시스꼬: 반갑다. 나는 프란시스꼬 라미레즈야.

베르따: 나는 베르따 수아레즈야. 반가워.

알리시아:	잠깐 부엌에 다녀올게. 애들이 카나페를 만들고 있는 중이거든.
프란시스꼬:	빠꼬라 불러도 돼. 친구들이 날 빠꼬라 부르거든. 한 잔 할래? 아! 저기에 끄리스띠나가 있네. 알리시아 친구이자 내 친구이기도 하지.
베르따:	금발 여자애?
프란시스꼬:	아니, 그녀는 뻬뻬의 애인인 빠울리나야. 뻬뻬는 고동색 점퍼 차림의 노래하고 있는 사람이야. 끄리스띠나는 파란 옷을 입고 웃고 있는 사람이고. 너를 베티라고 불러도 되겠니?
베르따:	그럼, 물론이지. 빠꼬, 이리와, 한잔하러 가야지.
프란시스꼬:	건배하자……. 건배!
베르따:	건배!

Gramática y expresiones

1. ¡Felicidades! : 축하의 표현. 축하를 위해 쓸 수 있는 다른 표현들.

예) Enhorabuena.

Que pases tu día muy feliz.

2. ¡Hola! Gracias, Paco.

Paco는 Francisco의 애칭이다. 스페인어는 본래 이름을 애교스럽게 부르는 애칭(sobrenombres 혹은 diminutivos)들이 있다.

José: Pepe	Francisca: Paca, Paquita
Bertha: Bety	Enrique: Quique
Dolores: Lola, Lolita	Carlos: Carlitos
José María: Chema	Ignacio: Nacho
Roberto, Humberto: Beto	Isabel: Chabela
Sergio: Checo	María: Mary
Antonio: Toni, Toño	Nauzet: Nau
María Esther: Teté	Jonathan: Yoni
Guadalupe: Lupe	Alfonso: Poncho
María Elena: Malena	Teresa: Tere
Francisco: Paco, Paquito, Pancho	

pasa v. pasar 통과하다, 지나다 peluche m. 빌로드, 부드러운 천, 흔히 oso와 함께 테디베어 canapé m. 카나페, 작은 빵이나 비스켓 위에 연어, 치즈 등으로 장식한 음식 chamarra f. 점퍼 vestido m. 옷, 정장, 드레스 brindar v. 건배하다

3. ¡Feliz cumpleaños! Tengo un regalo para ti.

"생일 축하해!" 의 표현. regalo는 선물이므로, "너에게 줄 작은 선물이 있어." 의 뜻. 이때 "선물 받아." 라고 말하고 싶으면 "Toma, esto es para ti, un pequeño regalo." 라고 하면 된다.

4. No hacía falta regalarme algo.

"이러지 않아도 되는데." 와 같이 선물을 받으면서 겸손하게 답하는 표현이다. 이와 유사한 표현은 다음과 같은 것들이 있다.

예) No hacía falta esto. 이럴 필요 없었는데.
No debías haberte preocupado por el regalo. 선물 걱정할 필요 없었는데.
No debías haberte molestado. 번거롭게 할 필요 없었는데.
No deberías haberte molestado. 번거롭게 할 필요 없었을텐데.

5. A ver,

'어디 보자' 의 뜻이며, 무엇인지 보자는 뜻이다. Un oso de peluche는 테디베어를 뜻한다.

생일 선물로 흔하게 할 수 있는 것: peluche (oso de peluche), una botella de champán, una botella de un buen vino, un ramo de rosas, unos pendientes, un collar, un llavero, un disco, chocolates, perfume, flores, etc.

6. ¿Te gusta? Me encanta.

gustar보다 좋아하는 정도가 더 크다면, encantar동사를 쓰면 된다. 이는 'gustar mucho/ muchísimo' 보다도 더 좋다는 뜻이다.

※ Me encantan estos zapatos. 나는 이 신발이 정말 좋아.
Me encanta tu regalo. 나는 네 선물이 정말 좋아.

스페인어 gustar, encantar(좋아하다) 유형의 동사는 한국어의 '1(사람)이 2를 좋아하다' 를 표현할 때에 좋아하는 당사자(1)가 주어가 아닌 간접목적어로 표현되고, 좋아하는 대상(2)가 주어로 표현된다. 따라서 "나는 영화가 좋다." 는 "Me gusta el cine." 이며, 이 문장의 주어는 el cine이다. 또한 "나는 꽃을 좋아한다" 의 경우에도 꽃(flores)가 복수이면 동사는 gustan(복수형)이 되고 좋아하는 사람은 간접목적어로 온다. "Juan이 꽃을 좋아한다" 고 하면 A Juan le gustan las flores. 로 표현한다. 간접목적격 대명사는 반드시 써야 한다.

<table>
<tr><td rowspan="2">me
te
le
nos
os
les</td><td>gusta</td><td>el cine</td><td rowspan="2">a mí
a ti
a él/ a ella/ a Ud.
a nosotros
a vosotros
a ellos/ a ellas/ a Uds.</td></tr>
<tr><td>gustan</td><td>las flores</td></tr>
</table>

7. Está acá vs. aquí, allá vs. allí

스페인어로 '여기' 는 aquí/acá로 aquí는 스페인에서 acá는 중남미에서 주로 쓰인다. 마찬가지로 '저기' 는 'allí/allá' 로 각각 스페인/중남미에서 쓰이는 표현이다.

8. ¿Vamos a tomar una copa?

¿vamos a + 동사원형? 은 청유문으로 '~할까?' 의 뜻이다. 다음과 같이 표현할 수도 있다.

예) ¿Quieres tomar un poco de vino?

¿Quieres probar~

¿Te gustaría tomar ~

¿Te apetece~

¿Tomamos una copa de vino?

9. Vamos a brindar... ¡Salud!:

brindar는 '건배하다' 이므로 '건배합시다' 의 표현이 된다. salud는 '건강' 으로 '건강을 기원한다' 는 의미로 건배할 때 흔히 할 수 있는 말이다. 본래는 'Salud, dinero y amor' (건강, 돈, 사랑). 그밖에도 건배할 때에 말할 수 있는 스페인어 표현은 다음과 같다.

예) Vamos a brindar por Juan. 후안을 위해 건배하자.

A tu salud. 너의 건강을 위해 건배.

Por nuestro éxito. 우리의 성공을 위해 건배.

☛ 그밖에 생일과 관련된 단어와 표현을 살펴보면 다음과 같다.

생일 케이크 : tarta/pastel de cumpleaños

생일 케이크의 촛불을 켜다/끄다: encender las velas/soplar las velas de la tarta/ apagar las velas del pastel

몇 번째 생일이니? : ¿Cuántos años cumples? 이 표현은 여자에게 물어본다면 실례가 되므로 되도록이면 안 물어 보는 것이 좋다.

Ejercicios

¡Vamos a conversar!

(본문 대화에 대한 다음 질문에 대답해 보세요.)

1. ¿De quién es el cumpleaños?
2. ¿Qué le regala Paco?
3. ¿Por qué le dicen "Paco" a Francisco?
4. ¿Quién es Bertha?
5. Hay unos novios en la fiesta, ¿cómo se llaman?/¿quiénes son?
6. ¿Adónde va Alicia?

Pregunta a tus compañeros

1. ¿Qué te gusta más, dar una fiesta o asistir a una fiesta?
2. ¿Conoces cómo son las fiestas de otro país?
3. ¿Qué piensas que es lo más importante en una fiesta?
4. ¿Qué cosas preparas cuando vas a dar una fiesta?
5. ¿A cuántas personas acostumbras/sueles invitar a tus fiestas?

¡Vamos a practicar!

I. Vamos a ~: ~ 하자

1. ______________________ 파티를 즐기자 (disfrutar la fiesta)
2. ______________________ 와인 한 잔 하자 (tomar una copa de vino)
3. ______________________ 건배하자 (brindar)
4. ______________________ 아나의 생일파티에 가자 (ir a la fiesta de cumpleaños)

II. ¿Vamos a tomar una copa de vino? 청유형의 문장

1. ¿______________________? 우리 이번 주말에 만날까? (vernos)
2. ¿______________________? 우리 이번 토요일에 영화관에 갈까? (ir al cine)
3. ¿______________________? 무엇 좀 마실까? (tomar algo)
4. ¿______________________? 후안을 초대할 까? (invitar a Juan)

III. 현재 진행형 연습

1. ¿Qué está haciendo José?
   ______________________. (운동을 하고 있다: hacer ejercicio)
2. ¿______________________?(tú)
   ______________________. (나는 책을 읽고 있다: leer un libro)
3. ¿______________________? (ellos)
   ______________________. (시장에서 장을 보고 있다: hacer la compra en el mercado)
4. ¿______________________?(ustedes)
   ______________________. (우리는 텔레비전을 보고 있다: ver/mirar la televisión)

Gramática

관사 뒤의 명사 생략

I. Completa según el modelo

A: ¿quién es Sergio? (alto) B: Sergio es el alto. / El alto.

1. ¿Quién es Ana? (rubia)
   ____
2. ¿Quién es tu compañero? (gordo)
   ____
3. ¿Quién es el jefe? (moreno)
   ____
4. ¿Quién es tu hermana? (pequeña)
   ____
5. ¿Quién es tu novio/a? (alto/a y delgado/a)
   ____

II. Completa según el modelo

A: ¿Quién es Diego? (chamarra azul) B: Diego es el de la chamarra azul. El de la chamarra azul.

1. ¿Quién es tu amigo? (bigote)
   ____
2. ¿Quién es el mexicano? (camisa verde)
   ____

3. ¿Quién es tu papá? (corbata roja)

4. ¿Quién es la mamá de la niña? (vestido blanco)

5. ¿Quién es la festejada? (zapatillas doradas)

III. Completa según el modelo

A: ¿Quién es Diego? (chamarra azul-triste)
B: Diego es el de la chamarra azul que está triste.
El de la chamarra azul que está triste.

1. ¿Quién es Juan? (traje gris-cansado)

2. ¿Quién es el dueño del coche? (suéter negro-fumar)

3. ¿Quién es la dueña de la casa? (vestido largo-sonreír)

4. ¿Quién es el campeón? (camisa rayada-brindar)

5. ¿Quién es tu hermana? (sombrero-bailar)

6. ¿Quién es tu papá? (enojado)

Redacción libre

Haz una tarjeta de felicitación para tu mejor amigo/a.-

* Debes usar las siguientes palabras:

feliz cumpleaños	amigo/a	sinceridad	regalo	flores
corazón	deseo	siempre	fiesta	disfrutar

Tarjeta de felicitación

♬ 생일축하 노래 부르기 ♬

: 우리가 아는 생일축하 노래는 같은 리듬에 나라에 따라 조금씩 다른 가사를 사용한다.

1. **España**
Cumpleaños feliz, cumpleaños feliz,
te deseamos todos, cumpleaños feliz...

2. **México**
Feliz cumpleaños a ti, feliz cumpleaños a ti,
te deseamos contentos, un cumpleaños feliz.

3. **Sudámerica**
Cumpleaños feliz. Te deseamos a ti
Cumpleaños felices. Te deseamos a ti

그 밖에도 다양한 생일 축하 노래가 있는데, 몇 가지 가사를 보면 다음과 같다.

1. Feliz, feliz en tu día, amiguito que Dios te bendiga, que reine la paz en tu día y que cumplas muchos más.

2. Estas son las mañanitas que cantaba el rey David.
Hoy por ser día de tu Santo te las cantamos aquí.
Despierta, mi bien, despierta; mira que ya amaneció.
Ya los pajarillos cantan; la luna ya se metió.
Qué linda está la mañana en que vengo a saludarte.
Venimos todos con gusto y placer a felicitarte
El día en que tú naciste nacieron todas las flores
y en la pila del bautizo cantaron los ruiseñores.
Ya viene amaneciendo ya la luz del día nos dio
Levántate de mañana mira que ya amaneció
De las estrellas del cielo tengo que bajarte dos, una para saludarte y otra para decirte adiós

Lección 10

En el avión
비행기에서

Diálogo de hoy
(대화를 듣고 빈칸을 스페인어로 채워보세요)

Azafata: Señoras y señores, en nombre del capitán Víctor Andrade y de______________, les damos________________________. Dentro de unos momentos_________el despegue. Hagan el favor de_______________de seguridad. Les recordamos que está prohibido_______ durante todo el vuelo. Asimismo, está prohibido encender aparatos electrónicos _________________. Les deseamos que_________su viaje. Muchas gracias.

Lilia: Joven, ¿sabe usted_____________el vuelo?

Auxiliar de vuelo: Dura unas_______horas.

Lilia: ¿Van a pasar alguna película?

Auxiliar de vuelo: Van a pasar dos,_______________________después de la cena.
Puede ver la_________en su guía de viaje. ¿Qué desea__________?
Tenemos filete de ternera y____________.

Lilia: Pescado, por favor.

Auxiliar de vuelo: ¿Qué le sirvo_________?

Lilia: Vino blanco, por favor.

Auxiliar de vuelo: Aquí tiene. ¿Necesita algo más?

Lilia: Nada más. Gracias. ¡Ah, sí, un momento! ¿Me puede dar______________para el mareo? Siempre me siento un poco mareada______hay turbulencia.

Auxiliar de vuelo: Sí, claro. Enseguida________. (Un poco después.) Aquí tiene, señora.

Lilia: Muchas gracias. Oiga, joven, ¿me podría________________los formularios de ________? Yo no sé francés...

Auxiliar de vuelo: Con mucho gusto.
Vendré para ayudarle cuando___________los formularios.

Diálogo de hoy

(Lilia는 Paris 행 비행기에 탑승하고 여행 중이다.)

Azafata: Señoras y señores, en nombre del capitán Víctor Andrade y de toda la tripulación, les damos la más cordial bienvenida. Dentro de unos momentos iniciaremos el despegue. Hagan el favor de abrocharse el cinturón de seguridad. Les recordamos que está prohibido fumar durante todo el vuelo. Asimismo, está prohibido encender aparatos electrónicos durante el trayecto. Les deseamos que disfruten su viaje. Muchas gracias.

Lilia: Joven, ¿sabe usted cuánto tiempo dura el vuelo?

Auxiliar de vuelo: Dura unas quince horas.

Lilia: ¿Van a pasar alguna película?

Auxiliar de vuelo: Van a pasar dos, una después de la comida y otra después de la cena. Puede ver la programación en su guía de viaje. ¿Qué desea para comer? Tenemos filete de ternera y pescado con arroz.

Lilia: Pescado, por favor.

Auxiliar de vuelo: ¿Qué le sirvo de tomar?

Lilia: Vino blanco, por favor.

Auxiliar de vuelo: Aquí tiene. ¿Necesita algo más?

Lilia: Nada más. Gracias. ¡Ah, sí, un momento! ¿Me puede dar una pastilla para el mareo? Siempre me siento un poco mareada cuando hay turbulencia.

Auxiliar de vuelo: Sí, claro. Enseguida se la traigo. (Un poco después.) Aquí tiene, señora.

Lilia: Muchas gracias. Oiga, joven, ¿me podría ayudar a llenar los formularios de migración? Yo no sé francés...

Auxiliar de vuelo: Con mucho gusto.
Vendré para ayudarle cuando distribuyan los formularios.

승무원: 신사 숙녀 여러분, 기장 빅또르 안드라데를 비롯한 전 승무원의 이름으로 여러분을 진심으로 환영합니다. 잠시 후 이륙할 예정이오니 안전벨트를 매주시기 바랍니다. 비행 동안 흡연이 금지되어 있으며 마찬가지로 전자제품의 사용도 금지되어 있음을 알려드립니다. 즐거운 여행이 되시길 빌며 감사합니다.

릴리아: 여보세요, 비행시간이 얼마나 걸리는지 아세요?

승무원: 약 열 다섯 시간 걸립니다.

릴리아: 영화를 틀어주나요?

승무원: 점심식사 전에 한 편, 저녁식사 후 한 편, 이렇게 두 편을 상영할 겁니다. 비행일정표에서 프로그램을 볼 수 있습니다. 식사는 무엇으로 하시겠습니까? 비프 스테이

크와 생선을 곁들인 밥이 있습니다.

릴리아: 생선으로 할게요.

승무원: 음료로는 뭘 드릴까요?

릴리아: 화이트 와인 부탁합니다.

승무원: 여기 있습니다. 그밖에 필요하신 것은?

릴리아: 없어요. 감사합니다. 아, 잠깐만요! 멀미약을 갖다 주실래요? 비행기가 흔들리면 좀 어지럽거든요.

승무원: 네, 물론이죠. 곧 갖다 드리겠습니다. (잠시 후) 여기 있습니다.

릴리아: 고맙습니다. 여보세요, 출입국 카드를 작성하는 걸 도와주실 수 있겠습니까? 불어를 몰라서…….

승무원: 기꺼이 도와드리죠. 용지를 나누어 줄 때 도와드리러 오겠습니다.

Gramática y expresiones

1. 비행기 승무원을 가르키는 말들

la azafata : 여승무원
el/la auxiliar de vuelo
aeromozo/a
tripulación: 승무원 전체
el capitán/piloto: 기장, 조종사

2. Señoras y señores, en nombre del capitán Víctor Andrade y de toda la tripulación, les damos la más cordial bienvenida.

vocabulario

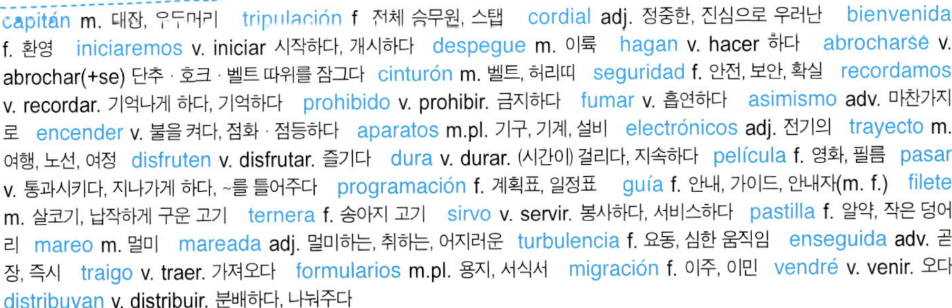
capitán m. 대장, 우두머리 tripulación f 전체 승무원, 스탭 cordial adj. 정중한, 진심으로 우러난 bienvenida f. 환영 iniciaremos v. iniciar 시작하다, 개시하다 despegue m. 이륙 hagan v. hacer 하다 abrocharse v. abrochar(+se) 단추 · 호크 · 벨트 따위를 잠그다 cinturón m. 벨트, 허리띠 seguridad f. 안전, 보안, 확실 recordamos v. recordar. 기억나게 하다, 기억하다 prohibido v. prohibir. 금지하다 fumar v. 흡연하다 asimismo adv. 마찬가지로 encender v. 불을 켜다, 점화 · 점등하다 aparatos m.pl. 기구, 기계, 설비 electrónicos adj. 전기의 trayecto m. 여행, 노선, 여정 disfruten v. disfrutar. 즐기다 dura v. durar. (시간이) 걸리다, 지속하다 película f. 영화, 필름 pasar v. 통과시키다, 지나가게 하다, ~를 틀어주다 programación f. 계획표, 일정표 guía f. 안내, 가이드, 안내자(m. f.) filete m. 살코기, 납작하게 구운 고기 ternera f. 송아지 고기 sirvo v. servir. 봉사하다, 서비스하다 pastilla f. 알약, 작은 덩어리 mareo m. 멀미 mareada adj. 멀미하는, 취하는, 어지러운 turbulencia f. 요동, 심한 움직임 enseguida adv. 곧장, 즉시 traigo v. traer. 가져오다 formularios m.pl. 용지, 서식서 migración f. 이주, 이민 vendré v. venir. 오다 distribuyan v. distribuir. 분배하다, 나눠주다

en nombre de+: ~의 이름으로, ~를 대신하여
dar bienvenida a 사람: ~를 환영하다
la más cordial bienvenida: 마음에서 우러나는, 진심의 환영

3. Dentro de unos momentos iniciaremos el despegue.

iniciar el despegue 이륙을 시작하다
despegar-이륙하다, aterrizar- 착륙하다

4. Hagan el favor de abrocharse el cinturón de seguridad. Les recordamos que está prohibido fumar durante todo el vuelo.

'hacer el favor de + 동사' 는 '~라는 부탁을 들어주다' 의 표현으로 명령형으로 쓰여 '~해 주실 것을 부탁드립니다.' 의 뜻이다.

abrocharse el cinturón de seguridad: 안전띠를 매다

Está prohibido: 금지가 되어 있다. 주어는 fumar 즉, 비행시간 중에는 담배 피는 것이 금지되어 있다. 동사원형 fumar가 부정사 주어로 쓰인 경우이다.

Les recordamos que 절: 당신들에게 ~라는 사실들을 상기시켜 드립니다.

5. ¿Sabe usted cuánto tiempo dura el vuelo?

'saber+ 의문사로 시작되는 의문문' 은 '~인지 아세요?' 형태의 간접의문문이 된다. 따라서 이러한 질문에 대한 대답은 Sí/No로 시작하여야 한다. 그러나 같은 내용을 다음과 같이 표현할 수도 있는데, 이때 대답은 'sí' 없이 직접 "Unas quince horas." 라고 하면 된다.

¿Cuánto va a tardar en llegar?
¿Cuánto tiempo se tarda hasta Panamá?
¿Cuánto tiempo volaremos/vamos a volar?

6. ¿Van a pasar alguna película?

'영화를 틀다' 는 'poner/presentar la película' 로 표현할 수도 있고, 제공하다의 의미인 'ofrecer' 를 쓸 수도 있다.

7. Tenemos filete de ternera y pescado con arroz. ¿Qué desea?

filete de ternera는 어린 소로 만든 스테이크 pescado con arroz는 밥을 곁들인 생선요리이다.

그 밖에 비행기에서 주로 나오는 서양식 메뉴는 다음과 같은 것들이 있다.
: filete de vaca/res(비프스테이크), espagueti(스파게티), pollo asado(닭구이), pollo a la

plancha(철판구이 닭), salmón(연어), pasta(파스타), ensalada de gambas(새우 샐러드), etc.

8. ¿Qué le sirvo de tomar?

무엇을 마시길 원하세요? 음료는 무얼으로 드릴까요? 유사한 표현은 다음과 같다.

¿Qué le ofrezco para beber?

¿Algo para tomar?

¿Alguna bebida?

9. Vino blanco, por favor.

보통 음료 종류는 병, 잔과 같은 단위와 함께 온다. 그러나 흔히 쓰는 표현의 경우에는 생략도 가능하다.

음료의 종류와 단위

Una botella de vino tinto/ vino blanco/ vino rosado/ jerez/ cava

Una copa de vino/ *whisky*/ coñac (con hielo)

Una (lata de) cerveza/ Cocacola/ Sprite/ Seven up/ Fanta de naranja

Una taza de café/té/ manzanilla

Un vaso de agua/leche

10. ¿Necesita algo más?

더 필요한 것 있으세요? 그밖에 승무원이 승객의 안위를 묻는 표현에는 다음과 같이 다양한 표현들이 있다.

¿Quiere algo más?

¿No se encuentra bien?

¿Qué le pasa, señor?

¿Le ayudo en algo?

¿Necesita/Requiere ayuda?

¿Se siente bien?

11. Me siento un poco mareada por la turbulencia.

유사한 표현으로는

Me estoy mareando. = Tengo náuseas.

※그 밖에 비행기 안에서 문제가 생겼을 때에 사용할 수 있는 표현이다.

머리가 아플 때 Tengo dolor de cabeza. ¿Tiene aspirina?

구토가 날 때 Quiero vomitar. ¿Tiene alguna bolsa higiénica/bolsa de mareo?

배가 아플 때 Tengo dolor de estómago. ¿Tiene pastillas digestivas?
잠이 안올 때 No puedo dormir. ¿Me podría traer unas anteojeras?
아파서 의사가 필요할 때 Estoy enfermo/a. ¿Hay algún médico en este avión?
추워서 담요가 필요할 때 Tengo mucho frío. ¿Me puede traer otra manta, por favor?

12. Enseguida se la traigo.

enseguida는 '지금 당장' 의 의미로 ahora mismo와 동일.

13. ayudar a llenar

ayudar a 동사원형. ~하는 것을 돕다. "me podría ayudar a llenar…." 가능법 podría와 함께 써서 "도와 주세요" 라는 공손한 표현.

Ejercicios

¡Vamos a conversar!

(본문 대화에 대한 다음 질문에 대답해 보세요.)

1. ¿Cómo se llama el capitán del avión?
2. ¿Además de fumar, qué está prohibido durante el vuelo?
3. ¿Qué le sucede a Lilia cuando hay turbulencia?
4. ¿Lilia prefiere carne de res o pescado?
5. ¿Qué problema tiene Lilia por no saber francés?
6. ¿A qué hora van a pasar las películas?
7. ¿Qué pide de tomar Lilia para acompañar la comida?

Pregunta a tus compañeros

1. ¿Qué comida prefieres, pescado, carne o pollo?
2. ¿Algunas veces te sientes mareado/a?
3. ¿Qué idiomas sabes hablar?
4. ¿Cuál es el viaje más largo que has hecho? ¿Cuánto duró el viaje?
5. ¿Te gusta conversar con las personas que van cerca de ti en el viaje?

¡Vamos a practicar!

I. . Vamos a 동사원형: 우리는 ~할 것이다.

1. ______________________ 10분 후에 이륙하겠습니다. (despegar dentro de 10 minutos)
2. ______________________ 5분 후에 착륙하겠습니다. (aterrizar dentro de 5 minutos)
3. ______________________ 잠시 후에 영화 상영하겠습니다.
   (ofrecer una película dentro de poco)
4. ______________________ 아침/간식을 제공해 드리겠습니다.
   (servirles el desayuno/ una merienda)
5. ______________________ 기내의 불을 끄겠습니다.(apagar la luz del interior)

II. Van a 동사원형: (그들이) ~할 것이다.

1. ______________________ 면세품을 팔 것이다.
   (vender (los) artículos de *Duty-free*/ libres de impuestos)

2. ______________________________ 젖은 수건을 가져올 것이다. (traer (las) toallas mojadas)
3. ______________________________ 헤드폰을 나눠줄 것이다. (repartir (los) auriculares/ audífonos)
4. ______________________________ 헤드폰을 거둘 것이다. (recoger (los) auriculares/ audífonos)
5. ______________________________ 담요를 가져다 줄 것이다. (traer (las) mantas/ frazadas)

III. ¿Desea tomar + 음료? : ~마시겠어요?
¿Desea + 명사? : ~드릴까요? ~원하세요?

1. ______________________________ (물)
2. ______________________________ (커피)
3. ______________________________ (어떤 쥬스)
4. ______________________________ (와인 한 잔)
5. ______________________________ (적포도주 한 병)
6. ______________________________ (맥주)

IV. ¿Sabe/Sabes 의문문 : ~인지 아세요? (간접 의문문)

1. ¿ ______________________________ ? 비행시간이 얼마나 되는지 아세요?
2. ¿ ______________________________ ? 회의가 얼마나 걸리는지 아세요?
3. ¿ ______________________________ ? 언제 저녁식사를 제공할지 아세요?
4. ¿ ______________________________ ? 리마에서 오는 392편 비행기가 언제 도착하는지 아세요?
5. ¿ ______________________________ ? 부에노스아이레스에서는 몇 시인지 아세요?
6. ¿ ______________________________ ? 우리가 몇 시에 도착할지 아세요?

Gramática

Oraciones con 'cuando'

en el presente	*cuando + presente de indicativo*
Yo trabajo mucho	cuando estoy en Corea.
en el pasado	*cuando + pretérito o imperfecto*
Yo trabajé mucho	cuando estuve en Corea.
Yo trabajaba mucho	cuando estaba en Corea.
en el futuro	*cuando + presente de subjuntivo*
Yo trabajaré mucho	cuando esté en Corea.

I. Completa adecuadamente.

1. Los chicos duermen mucho cuando __________ enfermos o muy cansados. (estar)
2. Cuando estuve en el extranjero __________ a bailar salsa. (aprender)
3. Viajaré por todo el mundo cuando __________ dinero suficiente. (tener)
4. Pensaba en mis padres cuando __________ lejos de ellos. (vivir)

5. Cuando me gradúe __________ en una empresa internacional. (trabajar)
6. Siempre siento melancolía cuando __________ (llover) o cuando __________ (nevar).
7. Vendremos para ayudarle cuando __________ de su viaje. (regresar)
8. Jugaba y pescaba en el río cuando __________ pequeño. (ser)
9. Cuando leas esta carta yo __________ muy lejos de ti. (estar)
10. Cuando hay turbulencia yo __________ mareada. (sentirse)

II. Escribe la pregunta que se debe hacer (utiliza la fórmula "Me puede···")

Me siento mareado. — ¿Me puede traer una pastilla (para el mareo), por favor?

1. Quiero tomar un café. ______________________________
2. No sé dónde está el banco. ______________________________
3. La caja está muy pesada, necesito ayuda. ______________________________
4. Necesito saber la hora del examen. ______________________________
5. Tengo sed. ______________________________
6. Quiero cortarme el pelo/cabello. ______________________________
7. Las servilletas están lejos de mí y necesito una. ______________________________
8. Necesito algunas monedas y solo tengo billetes. ______________________________
9. Tengo dolor de cabeza. Quiero una aspirina. ______________________________

Redacción libre

Escribe algunas oraciones encadenadas con el tema: "Cuando estoy··· / Cuando tengo··· me gusta / prefiero···"

* Debes usar las siguientes palabras:

sed feliz triste cansado/a solo enfermo/a aburrido/a preocupado
hambre frío calor

Cuando estoy ______________________________
____
____
____
Cuando tengo ______________________________
____
____

Lección 11
En el hotel Playa Azul
플라야 아술 호텔에서

Diálogo de hoy
(대화를 듣고 빈칸을 스페인어로 채워보세요)

Recepcionista: Buenas tardes, a_________.

Carlos: Buenas tardes. Desearía una habitación para__________para este fin de semana.¿_____________________?

Recepcionista: Un momentito, por favor... ¿Querría usted una habitación doble?

Carlos: Sí, así es, con____________si es posible.

Recepcionista: ¿________una cama matrimonial o dos individuales?

Carlos: Preferimos una cama matrimonial. ¿Cuánto cobra por noche?

Recepcionista: _____euros por noche y 25 euros extra por cada persona adicional. Aunque con___________cuesta un poco más. ¿No habría inconveniente para usted? Serían____euros por noche.

Carlos: ¿______________incluida?

Recepcionista: No, señor. Este precio solo incluye__________, pero no considera los servicios_____________.

Carlos: Está bien. ¿Acepta tarjetas_________y cheques de viajero?

Recepcionista: Sí, señor.

Carlos: Bueno,____________aquí.

Recepcionista: Por favor, llene este formulario y______el registro. Aquí tiene la llave. El mozo_____________su equipaje.

Carlos: ¿Podría enviar___________________a la habitación?

Recepcionista: ______________. Podríamos enviar al jefe de camareros para que______su cena.

Carlos: No es necesario que vaya a nuestra habitación.____________________. Solamente le pediría que también_____un gran ramo de____________, por favor.

Diálogo de hoy

Recepcionista: Buenas tardes, a sus órdenes.

Carlos: Buenas tardes. Desearía una habitación para dos personas para este fin de semana. ¿Tiene habitaciones libres?

Recepcionista: Un momentito, por favor... ¿Querría usted una habitación doble?

Carlos: Sí, así es, con vista al mar si es posible.

Recepcionista: ¿Prefiere una cama matrimonial o dos individuales?

Carlos: Preferimos una cama matrimonial. ¿Cuánto cobra por noche?

Recepcionista: 135 euros por noche y 25 euros extra por cada persona adicional. Aunque con vista al mar cuesta un poco más. ¿No habría inconveniente para usted? Serían 145 euros por noche.

Carlos: ¿Pensión completa incluida?

Recepcionista: No, señor. Este precio solo incluye el desayuno, pero no considera los servicios ni los impuestos.

Carlos: Está bien. ¿Acepta tarjetas de crédito y cheques de viajero?

Recepcionista: Sí, señor.

Carlos: Bueno, nos quedaremos aquí.

Recepcionista: Por favor, llene este formulario y firme el registro. Aquí tiene la llave. El mozo les llevará su equipaje.

Carlos: ¿Podría enviar una botella de champán a la habitación?

Recepcionista: Con mucho gusto. Podríamos enviar al jefe de camareros para que ordene su cena.

Carlos: No es necesario que vaya a nuestra habitación. Bajaremos al restaurante. Solamente le pediría que también lleven un gran ramo de rosas rojas, por favor.

안내인: 안녕하세요, 무엇을 도와 드릴까요?

까를로스: 안녕하세요. 이번 주말 2인용 방이 필요한데요. 빈 방이 있습니까?

안내인: 잠시만요……. 2인용 객실을 원하십니까?

까를로스: 네, 그렇습니다. 가능하면 바다 쪽 전망으로요.

안내인: 부부용 침대를 원하세요, 아니면 트윈 침대를 원하세요?

까를로스: 더블 침대로 주세요. 하룻 밤에 얼마죠?

안내인: 135유로구요, 추가 인원에 따라서 25유로가 추가됩니다. 바다 쪽 전망이어서 좀 더 비싼데 괜찮으시겠어요? 가격은 하룻 밤에 145유로가 될겁니다.

까를로스: 식사도 모두 포함된 금액인가요?

안내인: 아닙니다, 손님. 이 가격에는 아침식사만 포함되어 있구요, 봉사료나 세금은 제외된 금액입니다.

까를로스: 좋아요. 신용카드나 여행자 수표를 받나요?

안내인: 네, 손님.

까를로스: 그럼, 여기서 묵겠습니다.

안내인: 실례합니다만, 이 용지를 작성해주시고 서명해 주세요. 여기 열쇠가 있습니다. 벨보이가 짐을 옮겨드릴겁니다.

까를로스: 샴페인 한 병을 방으로 보내주시겠어요?

안내인: 그러죠. 저녁식사를 주문하실 수 있도록 매니저를 보내드릴수도 있습니다.

까를로스: 저희들 방으로 오실 것까지는 없어요. 우리가 식당으로 내려가지요. 빨간 장미 한 다발도 갖다 주시길 부탁드립니다.

Gramática y expresiones

1. A sus órdenes

주로 공적인 장소와 상황에서 "무엇을 도와 드릴까요?", "무엇이든 분부만 내리세요" 라는 의미. "¿En qué le puedo servir?" 와 같은 표현.

2. Desearía una habitación para dos personas para este fin de semana. ¿Tiene habitaciones libres?

Desearía + 동사원형/ 명사: ~를 원하는데요. ~를 하고자 하는데요. Desearía ~ =Me gustaría ~ =Querría ~

3. habitaciones libres: 빈 방

반대로 예약이 다 되어 빈 방이 없을 경우에는 'estar ocupado/completo/ lleno' 등의 표현을 쓴다.

4. 호텔 방의 종류에 대하여 알아보자

vocabulario

órdenes f. pl. orden. 명령, 지시. cf) m. 차례, 순서, 정돈 vista f. 시각, 시력, 전망 matrimonial adj. 결혼의, 부부의 cobra v. cobrar. 돈을 받다 adicional adj. 부가적인 cuesta v. costar. (값이)~이다, 비용이 들다 inconveniente adj. 불편한 pensión f. (호텔에서) 투숙이나 음식에 대해서 내는 비용 incluida v. incluir. 포함하다 desayuno m. 아침식사 considera v. considerar. 고려하다, 감안하다 impuestos m. 세금 crédito m. 신용 registro m. 서류 mozo m. 급사, 짐꾼, 벨보이(=el botones)

Una habitación individual/sencilla 1인용 객실
Una habitación doble 2인용 객실
Una habitación con 2 camas individuales. 2개의 작은 침대가 놓인 객실
Una habitación con una cama matrimonial 부부침대 하나가 놓인 객실
Una habitación triple/para 3 personas/ con 3 camas 3인실
Una habitación con vista al mar/al jardín/a la piscina. 바다/정원/수영장 쪽 전망이 있는 방
Una habitación que dé a la calle 길 쪽으로 창이 있는 방
Una habitación que dé al sur 남향인 방

5. Hotel 예약시 알아야 할 정보들

주소, 호텔체인, 객실 수, 사용가능 신용카드, 예약취소 조건, 도착시간, 나가는 시간, 등급, 위치, 등

Dirección (주소) : Consell de Cent, 444, Barcelona
Cadena Hotelera (호텔 체인): Apsis hoteles
Número de habitaciones (방 번호): 84
Tarjetas de crédito (신용카드) : American Express, Visa, Euro/Mastercard/ Diners Club
Cancelaciones (예약취소): 24 horas antes de la fecha de llegada (cancelaciones con menos de 24 horas tendrán un cargo por el precio de una noche de estancia en el hotel)
Hora de llegada (체크인 시간): 12 horas
Hora de salida (체크아웃 시간): 12 horas
Categoría (호텔 등급): ★★★★
Ubicación (위치): ver mapa
ofertas especiales, facilidades del hotel, información general de las habitaciones, los alrededores, cómo llegar, fotos

6. Sí, así es, con vista al mar si es posible.

Así es. 는 바로 그것이에요. = Exactamente, exacto, correcto.
con vista a~: ~쪽 전망을 가진
si es posible : 가능하다면

7. Preferimos una cama matrimonial. ¿Cuánto cobran por noche?

preferir-무엇을 선호하다. cobrar-돈을 받다, 요금을 받다. 하룻밤에 요금이 얼마입니까? noche대신 día를 쓸 수도 있다. cobrar대신 costar(cuesta/cuestan) 동사(~의 값이 나가다)를 써서 표현할 수도 있다.
¿Cuánto cuesta por noche?

8. 135 euros por noche y 25 euros extra por cada persona adicional.

하룻밤에 135유로이고 사람이 1인 추가될 때마다 25유로를 추가로 지불한다는 뜻.

9. ¿Pensión completa incluida?

Pensión completa는 식사가 모두 포함된 것을 의미한다. 여기서 incluida는 incluir 동사의 과거분사형으로 형용사구처럼 쓰였다. 같은 의미를 다음과 같이 표현할 수도 있다.

= ¿Incluye pensión completa en el precio?

10. No, este precio solo incluye desayuno, pero no considera los servicios ni los impuestos.

이 가격은 아침식사만 포함한 것입니다. servicios봉사료, impuestos/impuesto는 세금. ni는 부정문과 부정을 연결하는 접속사이다.

따라서, 봉사료도 포함하지 않고, 세금도 포함하지 않는다는 뜻이다.

No quiero irme ni quiero quedarme. 가기도 싫고 남아 있기도 싫다.

No tengo hermano ni hermana. 나는 남자형제도 여자형제도 없다.

Nos quedaremos aquí. : quedarse는 '머무르다' 를 뜻하며, 미래의 의미로 여기에 머무르겠다는 의미. 미래형 대신 현재로 표현할 수도 있다.

=Nos quedamos aquí.

11. Por favor, llene este formulario y firme el registro. Aquí tiene la llave. El mozo les llevará su equipaje.

llenar/rellenar는 빈칸을 글씨로 채우다

El mozo는 호텔에서 일하는 사람, 벨보이(el botones)를 가르킨다.

숙박을 할 수 있는 다양한 시설들 (tipos de alojamiento)

hotel : 호텔

hostal : 여관

parador: 스페인에서 수도원, 고성들을 개조하여 만든 국립 숙박업소

pensión: 민박

campamento: 캠핑

facilidades del hotel (호텔의 여러 시설과 서비스)

General: restaurante(식당), recepción 24 horas(24시간 접수), prensa diaria(일간지),

ascensor(엘리베이터), bar(바), habitaciones para no fumadores(금연실), habitaciones para minusválidos(장애인실), habitaciones insonorizadas(방음실)

Actividades: piscina(수영장), gimnasio(헬스장), centro de bienestar(휴게실), balneario(온천), sauna(사우나)

Servicios: servicios de lavandería(세탁서비스), desayuno en la habitación(아침식사 룸서비스), servicio de planchado(다림질 서비스), servicios de Internet(인터넷 서비스), limpia zapatos(구두닦기), alquiler de coches(렌터카), fax/fotocopiadora(팩스/복사기), instalaciones para reuniones(회의실), banquetes(연회장)

Ubicación: playa(해변), centro de la ciudad(도심), zona de museos(박물관지역), proximidad a la estación(역 근처), proximidad a la autopista(고속도로 근처), proximidad al aeropuerto(공항 근처)

Ejercicios

¡Vamos a conversar!

(본문 대화에 대한 다음 질문에 대답해 보세요.)

1. ¿Qué tipo de habitación desea Carlos?
2. ¿Cuánto va a pagar Carlos por noche en el hotel?
3. ¿Quién les llevará el equipaje?
4. ¿Qué desea Carlos, además de las flores?
5. ¿Cómo piensa pagar el hotel?
6. ¿Quién podría ser el acompañante de Carlos?
7. ¿En dónde está el hotel Playa Azul?

Pregunta a tus compañeros

1. Cuando viajas, ¿en dónde te hospedas, generalmente?
2. ¿Has estado alguna vez en un hotel de lujo?
3. ¿Qué tipo de flores te gustaría que te regalaran?
4. ¿Has recibido flores como regalo alguna vez?
5. ¿Qué tipo de bebida prefieres para brindar con tus amigos?

¡Vamos a practicar!

I. 호텔의 이용과 관련한 다양한 표현을 연습해 봅시다.

1. ______________________________ 예약하셨어요?
2. ______________________________ 인터넷으로 2인실을 예약했는데요.
3. ______________________________ 방을 좀 볼 수 있을까요?
4. ______________________________ 방까지 짐을 가져다 주시겠어요?
5. ______________________________ 몇 시까지 방을 비워야 하시요?
6. ______________________________ 열쇠를 잃어버렸어요.
7. ______________________________ 여기는 308호 인데요. 난방/에어콘이 작동하지 않아요.
8. ______________________________ 수건 좀 더 가져다 주시겠어요?
9. ______________________________ 세시까지 짐보관소에 가방을 좀 맡겨도 될까요?
10. ______________________________ 체크아웃할 준비가 되었는데요.

II. Querría/ Desearía/ Me gustaría 동사/명사: ~하고 싶은데요. ~를 원하는데요.

1. Querría ______________________ 25일 방을 예약하고 싶은데요.
2. Desearía ______________________ 내 예약을 취소하고 싶은데요.
3. Me gustaría ______________________ 샴페인 한 병 주문하고 싶은데요.
4. Querría ______________________ 산 쪽 전망이 있는 방을 원하는데요.
5. Desearía ______________________ 공항에 갈 택시를 원하는데요.
6. Me gustaría ______________________ 커피 한 잔을 원하는데요.

Gramática

condicional 가능법의 용법

I. Transforma la petición para usar una forma con más cortesía.

Dame agua. Desearía tomar agua. / ¿Podría darme agua, por favor?

1) Una de funciones expresa un hecho futuro en una perspectiva pasada. Por ejemplo: "María dijo que vendría el lunes."
2) Otra función considera una probabilidad que puede referirse a un momento futuro. Por ejemplo: "Sentiría que llegaras tarde". "Podríamos venir mañana."
3) En el habla, el español ha usado esta forma para dirigir una petición con más cortesía. Elimina la presencia del imperativo y del tono de orden, y se suaviza la petición. Por ejemplo: (tú), dame agua > (usted), deme agua > deseo tomar agua > desearía tomar agua

1. Dame un jugo. ______________________
2. Cierre la puerta. ______________________
3. Quiero una habitación doble. ______________________
4. Abre la ventana. ______________________
5. Guarda silencio. ______________________
6. Quiero más *kimchi*. ______________________
7. Deme sus llaves. ______________________
8. Recoge tus cosas. ______________________

II. Completa según el modelo

MODELO: ¿Podría ir al aeropuerto? → No es necesario que vayas al aeropuerto.

1. ______________________ → No hay necesidad de que vengas mañana.
2. ______________________ → No es necesario que bajen ahora.
3. ______________________ → No hay necesidad de que pidas permiso.
4. ______________________ → No hay necesidad de que nos ayudes un poco más.
5. ______________________ → No es necesario que cambies mi regalo.
6. ______________________ → No es necesario que cuides a los niños.
7. ______________________ → No hay necesidad de que te vayas pronto.
8. ______________________ → No es necesario que te cambies de clase.

Redacción libre

Escribe una carta a tu compañero/a de cuarto. Imagina que hace muchas cosas que no te gustan y le pides, con mucha cortesía, que deje de hacer lo que te molesta.

* Debes usar las siguientes palabras:

televisión	música	ropa	libros
silencio	limpiar	basura	amigos

Hola, ________:

____

____

____

____

____

____

____

Lección 12

Alquilando un apartamento
집을 임대하면서

Diálogo de hoy
(대화를 듣고 빈칸을 스페인어로 채워보세요)

Dueña: ¿Quién toca?

Luis: Buenos días.___________el piso. ¿Podría verlo ahora?

Dueña: Sí,_______, por favor. Mire,______son__________. Les________________por la mañana.

Luis: ¿Cuántos_________hay?

Dueña: _____. Aquí, al lado, están____________. Podrá ver que está_________.

Luis: ¡___________! Yo no tengo muchos_______. He vivido______________en apartamentos amueblados. Y, ¿__________el cuarto de baño?

Dueña: Sí, por supuesto. Está allí,______________________. Hay agua caliente y fría. También hay una ducha y_______________para hidromasaje.

Luis: ¡Qué bien! ¿Hay calefacción?____________siempre_________________por las noches.

Dueña: Naturalmente.

Luis: ¿Cuánto_____________?

Dueña: En principio, deberá_________________de___euros, y________________por adelantado_______________. Cada mes tendrá que pagar 450 euros, _____________.

Luis: ________. Entonces,_______mañana por la mañana para hacer el_____________.

Dueña: Muy bien. Llamaré a mi abogado para que_______________.

Diálogo de hoy

(Luis은 셋집을 구하기 위하여 한 아파트를 찾는다.)

Dueña: ¿Quién toca?

Luis: Buenos días. Venía a ver el piso. ¿Podría verlo ahora?

Dueña: Sí, adelante, por favor. Mire, estas son las habitaciones. Les entra mucho sol por la mañana.

Luis: ¿Cuántos dormitorios hay?

Dueña: Dos. Aquí, al lado, están el salón y la cocina. Podrá ver que está totalmente amueblado.

Luis: ¡Menos mal! Yo no tengo muchos muebles. He vivido por tres años en apartamentos amueblados. Y, ¿podría ver el cuarto de baño?

Dueña: Sí, por supuesto. Está allí, por el pasillo a la izquierda. Hay agua caliente y fría. También hay una ducha y una bañera grande para hidromasaje.

Luis: ¡Qué bien! ¿Hay calefacción? En invierno siempre baja la temperatura por las noches.

Dueña: Naturalmente.

Luis: ¿Cuánto cuesta el alquiler?

Dueña: En principio, deberá hacer un depósito de 500 euros, y deberá pagar por adelantado dos mensualidades. Cada mes tendrá que pagar 450 euros, gastos aparte.

Luis: Entendido. Entonces, vendré mañana por la mañana para hacer el depósito a su cuenta.

Dueña: Muy bien. Llamaré a mi abogado para que prepare el contrato.

집주인: 누구세요?

루이스: 안녕하세요. 집을 보러 왔습니다. 지금 좀 봐도 될까요?

집주인: 어서 들어오세요. 보세요, 이건 방이구요, 아침으로 해가 잘 들지요.

루이스: 침실이 몇 개 있나요?

집주인: 두 개요. 여기 옆쪽으로 거실과 부엌이 있어요. 가구가 완벽하게 갖추어져 있죠.

루이스: 잘됐군요! 제겐 가구가 많이 없어요. 가구가 갖추어진 아파트에서 삼년 동안 살았거든요. 그런데 화장실 좀 볼 수 있을까요?

집주인: 물론이죠. 저기, 왼쪽 복도에 있어요. 냉수 온수 다 나오고 샤워와 마사지가 가능한 큰 욕조도 있습니다.

루이스: 좋네요! 난방은 되나요? 겨울철은 밤에 기온이 항상 떨어지잖아요.

집주인: 당연하죠.

루이스: 집세가 얼마입니까?

집주인: 처음에 보증금 500 유로를 내고 두 달치 집세를 선불해야 합니다. 매달 450 유로에 수도 · 전기요금은 따로 냅니다.
루이스: 알았습니다. 그럼 내일 오전에 보증금을 내러 올게요.
집주인: 좋아요. 나는 변호사에게 전화해서 계약을 준비하도록 하죠.

Gramática y expresiones

1. ¿Quién toca?

누군가가 초인종을 눌렀을 때에 '누구세요?' 라고 물어보는 말 "¿Si?/¿Qué desea?" 혹은 "¿Quién es?" 라고 할 수도 있다.
집주인은 공식적인 말로는 propietario/a de la casa라고 할 수 있다.

2. Venía a ver el piso.

'집을 보러 왔다'. 아파트는 piso 이외에도 departamento, apartamento라고도 표현할 수 있다. '집을 보러 왔다' 고 말할 때 쓸 수 있는 다른 표현들은 다음과 같다.
Venimos por lo del anuncio de alquiler del piso.
Estábamos(/estamos) interesados por/en el piso del anuncio.
anuncio de alquiler de piso: 아파트 세놓음 광고, anuncio대신 aviso를 써도 된다.

3. Sí, adelante, por favor.

adelante는 부사로 들어오라는 표현으로 쓰인다. pasar나 entrar동사의 명령형을 사용하여 Pase. Entre, por favor.라고 할 수도 있다.

4. habitación은 침실, 방을 뜻한다. dormitorios(주로 스페인에서), recámaras(중남미에서)라고 도 말할 수 있다.

vocabulario

toca v. tocar 만지다. 당첨되다 piso m. 아파트 adelante adv. 앞으로. 들어와요. 어서 dormitorios m.pl. 침실 amueblado adj. 가구가 있는, 가구로 갖추어진 muebles m.pl. 가구 apartamentos m.pl. 아파트. 스튜디오 supuesto m. 가정. 가설. por supuesto 분명히, 물론 pasillo m. 복도. 회랑 bañera f. 목욕통. 욕조 hidromasaje m. 기포나 수압을 이용한 마사지 calefacción f. 온열. 난방장치 baja v. bajar 내려가다 temperatura f. 기온. 온도 cuesta v. costar 비용이 들다. 필요하다 alquiler m. 임대. 임차 depósito m. 기탁. 보관. 예금 adelantado m. 앞섬. 선불금. por adelantado 미리 mensualidades f.pl. 월급 gastos m.pl. 경비. 비용. (수도나 전기) 요금 aparte adv. 따로. 별도로 entendido v. entender 이해하다 vendré v. venir 오다(1인칭 단수 미래형) prepare v. preparar 준비하다(3인칭 단수 접속법 현재형)

집의 각 부분 (Partes de la casa)을 스페인어로 알아보자.

Mi casa tiene 3 habitaciones/recámaras, un garaje(차고), un balcón(발코니), una terraza(테라스), una azotea(옥상), un jardín(정원) y un patio(뜰, 마당).

En mi casa, hay un baño(욕실), una ducha(샤워실), una cocina(부엌), un comedor(식당), un estudio(작업실, 서재) y un salón(거실).

그 밖의 집과 관련된 시설들 otras facilidades de la casa:

Mi apartamento no tiene ascensor (elevador)엘리베이터.

Tenemos que subir por la escalera (계단).

5. ¿Cuántos dormitorios hay?

hay대신 tiene를 써도 된다. cuánto 다음에 명사가 오면 성, 수 일치를 해야 하고 '몇개의 ~' 의 뜻을 가진다.

6. amueblado는 가구를 갖추었다는 뜻, 반대는 '비어 있다' 의 뜻인 'vacío'

Está amueblado/ vacío.

그 밖에 집의 특징과 관련된 다양한 표현들을 알아보면 다음과 같다.

Está bien comunicado(교통이 좋은)/ en el centro(시내에 있는)/ cerca del centro(시내에서 가까운) / lejos del centro(시내에서 먼).

Es tranquilo(조용한)/ nuevo(새것인)/ bonito(예쁜)/ exterior(길쪽으로 창이 있는)/ interior(건물 내부에 있는)/ moderno(현대적인)/ antiguo(오래된).

Da a una calle muy ancha(큰 길쪽을 향하여 있는)/ a la plaza(광장)/ al sur(남쪽) / al norte(북쪽)...

Entra el sol al apartamento. /Tiene mucha luz./ Es luminoso. 해가 잘 드는, 밝은

7. ¡Menos mal!

menos mal은 직역하면 '덜 나쁘다' 로 '그나마 다행이다, 잘 되었다.' 라는 뜻을 가진다. 대신 다음과 같은 표현을 쓸 수도 있다.

Muy bien.

¡Qué bien!

Más cómodo para mí.

Me parece cómodo.

¡Qué buena suerte!

가구의 종류 muebles:

el sofá (소파), la silla (의자), el sillón (안락의자), la mesa (탁자, 식탁), el armario (옷장), los cajones (서랍장), la lámpara (램프), la mesilla (보조탁자), la estantería/ el librero (책장), la cama (침대), espejo (거울) etc.

가전제품의 종류 electro domésticos

nevera (refrigerador, frigorífico) (냉장고), calefacción (난방), radiador (난방기), aire acondicionado (에어콘), lavadora (세탁기), lavavajillas (lavaplatos) (식기세척기), televisor (텔레비전), microondas (전자렌지).

¡ qué+ 형용사/부사/명사 ! 감탄문이 된다.

¡Qué mal! 안됐구나!
¡Qué raro! 이상하기도 하지!
¡Qué interesante! 재미 있구나!
¡Qué horroroso! 끔직하기도 해라!

11. Naturalmente.

당연하지요. 물론이지요. 유사한 다른 표현은 다음과 같다.
Claro que sí. /Por supuesto que sí.

12. ¿Cuánto cuesta el alquiler?

유사한 표현으로 다음과 같은 것이 있다.
¿Cuánto debo pagar mensualmente por este piso/ por el alquiler?
매달 얼마 내야 합니까?
alquiler는 집세로 내는 돈, 임대의 뜻을 가진다. 관련된 단어로 동사 alquilar가 있다.
cf.) alquilar 빌리다 = rentar
　Se alquilan pisos.
　Se alquila este piso.

13. En principio: deberá hacer un depósito...:

en principio- 원래는, 원칙적으로는
depósito: 보증금 =fianza라고도 함
deber는 ~을 해야만 한다는 의무의 조동사, 미래형으로 쓰면 추측의 의미를 더하야 '~을 해야 할 거다'의 뜻이 되어 조금 부드러운 표현이 된다.

tener que+ 동사원형: ~을 해야 한다. 이를 미래형으로 표현하여 좀더 겸손한 표현이 되었다.
por adelantado- 미리, 선불로

14. Entendido.
Comprendido.

Ejercicios

¡Vamos a conversar!

(본문 대화에 대한 다음 질문에 대답해 보세요.)

1. ¿Cuántos dormitorios hay en este apartamento?
2. ¿Cuánto pagará Luis por el alquiler cada mes?
3. ¿Qué hay en el cuarto de baño?
4. ¿Por qué no tiene muebles Luis?
5. ¿El apartamento tiene aire acondicionado o calefacción?
6. ¿Quién preparará el contrato para el alquiler?
7. ¿Además de las mensualidades, qué más deberá pagar Luis?

Pregunta a tus compañeros

1. ¿Prefieres bañarte en la bañera o en la ducha?
2. ¿Cuántas habitaciones hay en la casa de tus padres?
3. ¿Has alquilado alguna vez un apartamento?
4. ¿Qué harás después de graduarte?
5. ¿Adónde irás después de esta clase?

¡Vamos a practicar!

I. ¿Podría ver ~ : ~ 를 봐도 될까요?

1. ¿ ______________________? 침실
2. ¿ ______________________? 거실
3. ¿ ______________________? 차고
4. ¿ ______________________? 부엌
5. ¿ ______________________? 욕실

II. Deberá + 동사원형: ~해야 할 것이다.

1. ______________________ 운동을 해야 할 거야. (hacer los ejercicios)
2. ______________________ 계약서에 서명해야 할 거야. (firmar el contrato)
3. ______________________ 벌금을 물어야 할 거야. (pagar la multa)
4. ______________________ 서류를 건네주어야 할 거야. (entregar los papeles/documentos)

III. Tendrá que + 동사원형: ~해야 할 거야.

1. ______________________ 공과금을 내야 할 거야. (pagar los gastos)
2. ______________________ 내 사무실로 와야 할 거야. (venir a mi oficina/despacho)
3. ______________________ 경찰에 전화해야 할 거야. (llamar a la policía)
4. ______________________ 일찍 돌아와야 할 거야. (volver temprano/pronto)

Gramática

Futuro en verbos irregulares

caber - cabré	poner - pondré	decir - diré
haber - habré	salir - saldré	hacer - haré
poder - podré	tener - tendré	
querer - querré	valer - valdré	
saber - sabré	venir - vendré	

I. Escribe el verbo en tiempo futuro.

1. Mi hermana _________ mañana para ayudarnos. (venir)
2. ¿A qué hora _________ tus amigos? (llegar)
3. El pronóstico dice que el domingo _________ todo el día y que _________ mucho frío. (llover-hacer)
4. ¡Hoy _________ la verdad! (saber, yo)
5. Estás equivocado, ¡no te _________ la verdad nunca! (decir, yo)
6. Nosotros _________ temprano y _________ en el camino. (salir-desayunar)
7. Dame tus libros, los _________ sobre la mesa. (poner, yo)
8. Mi padre se _________ en dos años. (jubilar)
9. Nos _________ y _________ tres hijos. (casar, tener)
10. Somos muchos, ¿ _________ en tu coche? (caber)

II. Escribe la preposición que convenga: "a", "por", "para"

1. –La tarea es _________ el lunes, ¿me ayudas _________ favor?
2. –Yo voy _________ la biblioteca todos los días _________ la tarde _________ hacer la tarea. Podríamos ir juntas.
3. –¡Estupendo! Llamaré _________ Sofía _________ invitarla también. Mira, ¡qué blusa tan bonita!, y la compré _________ solamente 4 euros.
4. –¿ _________ quién es?
5. –Es _________ mi hermana, pero me gustaría comprar una _________ mí también. Podríamos ir _________ la tienda _________ la noche, después de terminar la tarea.

6. –Buena idea, tal vez compre una blusa _________ mi mamá también.
7. –Tengo que devolver este libro, lo pedí ____________ una semana, pero ya pasaron dos. Vamos _________ el pasillo, así podremos comprar un café.

Redacción libre

Escribe una composición con el tema: "Los planes para mi futuro".

* Debes usar las siguientes palabras:

estudiar (o) estudios	viajar (o) viaje	Latinoamérica
especialidad	trabajo	descansar
dinero	novio/a	vivir

"Los planes para mi futuro"

Después de ____

____

____

También ____

____

____

Lección 13

En la oficina de alquiler de coches
렌트카 사무실에서

Diálogo de hoy
(대화를 듣고 빈칸을 스페인어로 채워보세요)

Alfonso: ________rentar un____.

Empleada: Sí, señor. ¿Qué tipo de auto_______?

Alfonso: Me gustaría un___________de____________.

Empleada: Como_____________de cuatro puertas tenemos el Opel Corsa y el Century Clío. Los dos tienen___________y_____________.

Alfonso: ¿Son__________?

Empleada: Los tenemos con_________automática y también________.

Alfonso: ¿Cuál es la_____?, para ver cuál__________... ¿Cobran por kilometraje?

Empleada: _______. Si lo alquila__________, sí;_____________por cada 10 kilómetros.

Alfonso: Muy bien. Me__________el Opel Corsa automático.

Empleada: ¿Le incluyo el seguro__________?

Alfonso: Sí, claro, incluya el seguro contra_________. Es mejor sentirse_______.

Empleada: Por favor, llene este formulario._______su licencia de______.

Alfonso: Nosotros somos________________. ¿Necesitamos un permiso especial para conducir en España?

Empleada: No, señor. Su licencia_____para conducir es_________.

Alfonso: Disculpe, señorita, aquí en España cuando se saludan_________________, ¿verdad?

Empleada: Así, es. Es una__________muy general entre___________y________. ¿En México, no?

Alfonso: Sí, pero solo nos saludamos_________o nos damos un beso,_________.

Alfonso: Quisiéramos rentar un auto.

Empleada: Sí, señor. ¿Qué tipo de auto desearía?

Alfonso: Me gustaría un carro compacto de cuatro puertas.

Empleada: Como modelo compacto de cuatro puertas tenemos el Opel Corsa y el Century Clío. Los dos tienen cuatro asientos y aire acondicionado.

Alfonso: ¿Son automáticos?

Empleada: Los tenemos con transmisión automática y también manual.

Alfonso: ¿Cuál es la tarifa?, para ver cuál nos conviene... ¿Cobran por kilometraje?

Empleada: Depende. Si lo alquila por un día, sí; cobramos 5 euros por cada 10 kilómetros.

Alfonso: Muy bien. Me quedo con el Opel Corsa automático.

Empleada: ¿Le incluyo el seguro en la factura?

Alfonso: Sí, claro, incluya el seguro contra todo riesgo. Es mejor sentirse protegido.

Empleada: Por favor, llene este formulario. Permítame su licencia de conducir.

Alfonso: Nosotros somos ciudadanos mexicanos. ¿Necesitamos un permiso especial para conducir en España?

Empleada: No, señor. Su licencia local para conducir es suficiente.

Alfonso: Disculpe, señorita, aquí en España cuando se saludan se dan dos besos, ¿verdad?

Empleada: Así, es. Es una costumbre muy general entre los amigos y familiares. ¿En México, no?

Alfonso: Sí, pero solo nos saludamos de mano o nos damos un beso, nada más.

알폰소: 차를 한 대 빌리고 싶습니다.

직원: 네. 어떤 유형의 차를 원하십니까?

알폰소: 문이 네 개인 소형차를 원합니다.

직원: 문이 네 개인 소형차로는 오펠 코르사나 센투리 클리오 있습니다. 좌석 네 개에 에어컨이 구비되어 있습니다.

알폰소: 자동변속기인가요?

직원: 자동변속기도 있고 수동변속기도 있어요.

알폰소: 요금은 어떻게 되죠? 어떤게 우리에게 적합할지……. 킬로당 요금을 받습니까?

직원: 경우에 따라 다르죠. 하루당 빌린다면 그렇습니다. 10킬로미터당 5 유로를 받습니다.

알폰소: 좋아요. 자동 변속기가 있는 오펠 코르사로 하겠습니다.

직원: 보험을 계산서에 포함할까요?

알폰소: 네, 물론이죠, 모든 손해에 대한 보험을 넣어주세요. (위험으로부터) 보호받고 있다고 느끼는게 좋겠어요.

직원: 이 용지를 채워주시고, 운전면허증 좀 주십시오.

알폰소: 우리는 멕시코 사인데 스페인에서 운전하자면 특별 허가증이 필요합니까?

직원: 아뇨. 손님의 면허증으로 충분해요.

알폰소: 실례하지만 아가씨, 여기 스페인에서는 인사할 때 입맞춤을 두번 하던데 맞나요?

직원: 그래요. 친구나 친한 사람들 사이에 아주 일반적인 풍속이죠. 멕시코에서는 안 그런가요?

알폰소: 그래요. 하지만 우리는 악수를 하든지 아니면 입맞춤을 단 한 번만 하죠.

Gramática y expresiones

1. '자동차'에 대한 표현

자동차를 뜻하는 단어는 coche, carro, vehículo, automóvil, auto 등이 있는데 지역에 따라 쓰임이 다르다.

스페인: coche(승용차), autobús(버스), camión(트럭), furgoneta(승합차)

중남미: carro, auto (승용차), camión, autobús, omnibus, colectivo(버스), vagón(트럭) furgoneta(승합차)

rentar는 빌리다, 대여하다, 스페인에서는 'alquilar' 동사를 쓴다.

coche compacto는 작은 승용차를 뜻한다. 보통 트렁크 문과 양쪽에 문이 한 개씩 있는 소형차를 가리킨다.

vocabulario 

quisiéramos v. querer 원하다. 사랑하다 rentar v. 빌리다. 임대하다 auto m. 자동차 desearía v. desear 원하다. 희망하다 carro m. 자동차. 수레 compacto adj. 치밀한. 밀집한 asientos m.pl. 좌석. 의자 acondicionado adj. 조절된. 조건에 맞는 transmisión f. 전동. 전이. 변속 tarifa f. 요금. 가격표 conviene v. convenir 적당하다 cobran v. cobrar 돈을 받다. 획득하다 kilometraje m. 킬로수. 주행거리 depende v. depender 의지하다 alquila v. alquilar 빌리다. 임대하다 kilómetros m.pl. 킬로미터 quedo v. quedar 남다. 머무르다 incluyo v. incluir 포함하다 seguro m. 보험. 보증서 factura f. 송장. 매입증서 incluya v. incluir 포함하다 contra prep. ~에 반대로. 반하여 riesgo m. 위험 sentirse v. sentir+se 느끼다 protegido v. proteger. 보호하다 llene v. llenar 채우다 formulario m. 양식. 서식 permítame v. permitir+me. 용서하다. 허락하다 licencia f. 허가. 허가증 conducir v. 안내하다. 운전하다 ciudadanos m.pl. 시민. 시민의. 시의 permiso m. 허가. 허락 local adj. 지역의. 지방의 suficiente adj. 충분한 disculpe v. disculpar 용서하다 saludan v. saludar 인사하다 costumbre f. 풍습. 풍속 familiares adj. 친숙한. 친척

2. Los dos tienen cuatro asientos y aire acondicionado.

asientos는 좌석을 뜻하며, plazas라고 할 수도 있다. aire acondicionado는 에어콘. transmisión automática는 자동변속기, transmisión manual은 수동변속기

예) Tenemos los dos modelos con transmisión automática y también manual.

3. ¿Cobran por kilometraje?

por kilometraje= por kilómetro에서 por는 단위를 의미하는 전치사로 쓰였다. "킬로미터, 즉 주행거리당 돈을 받습니까?" 를 의미한다.

4. Depende.

Depende.는 경우에 따라서 다르다는 뜻이다.

예) ¿Te gusta la cocina coreana? -Pues, depende.

한국음식 좋아하니? -종류에 따라 다르지

¿Son guapos los hombres mexicanos? -Bueno, depende.

멕시코 남자들은 잘생겼나요? 글쎄요. 사람에 따라 다르지요.

¿Son inteligentes sus alumnos? -Depende.

5. Si lo alquila por un día, sí; cobramos 5 euros por cada 10 kilómetros.

'alquilar por día는 하루 단위로 빌린다는 뜻이다. por가 단위의 의미로 쓰이는 경우에 하루, 한 주, 한 달, 일년 등은 por+ día/semana/mes/año로 쓰면 된다. 그러나 구체적 숫자가 함께 오는 경우에는 por cada 2 semanas (2주일 에/당)처럼 cada를 por 뒤에 써 주어야 한다. 유사한 다른 예문을 보자.

Si lo alquila por una semana, cobramos 98 euros por día, el impuesto y la gasolina están incluidos en el precio. (한 주 단위로 빌리면 하루에 98유로를 받습니다. 세금과 기름 포함해서요.)

※빌리는 곳과 반환하는 곳이 서로 다른 경우 할 수 있는 말

Si se devuelve el vehículo en otro lugar diferente al destino inicial deberá pagar una tasa (una tarifa) adicional. "다른 곳에서 차를 반환하시는 경우에는 추가 요금을 내셔야 합니다"

※특별한 가격 세일(descuentos, ofertas, promociones)이 있는지 알아보려면

¿No hay ofertas para el fin de semana?

¿No tiene otras ofertas?

6. Me quedo con el Opel Corsa automático.

자동변속기가 있는 R.C.를 하겠다는 뜻. quedarse con~는 '~를 가지다, ~를 하다, ~와 함께 있다' 의 뜻으로 물건을 여러 개 고르다가 최종적으로 하나를 고를 때에 쓸 수있다.

cf. 누군가와 함께 있다는 뜻으로도 쓰인다.
Me quedo con usted. 당신과 함께 있을게요.
Me quedo con la rubia. 저는 저 금발여자와 있을게.

7. ¿Le incluyo el seguro?

seguro는 보험을 뜻한다. 계산서에 보험을 포함하겠냐는 뜻으로
¿Va a sacar el seguro? / ¿Quiere el seguro?로 표현할 수도 있다.
tipos de seguro: 보험의 종류에는 다음과 같은 것들이 있으며 렌트카를 할 경우 선택할 수 있다.
Exención parcial de responsabilidad por daños a la integridad del vehículo-CDW =a todo riesgo 모든 위험에 대한 보험
Exención parcial de responsabilidad por robo o disminución del vehículo (TP)-도난과 관련
Seguros de ocupantes (PAI / Super PAI) 보험을 든 차에 탄 사람들과 관련.
Seguro de responsabilidad civil: 사고를 낼 경우 피해를 당한 사람에 대한 것
A terceras personas: 제 3자에 대한 보험. 즉 보행자 위주.

8. Sí, contra todo riesgo.

사고, 도난 등 모든 손해에 대한 보험

9. Por favor, llene este formulario. Permítame su licencia de conducir.

formulario는 papel, documento 등으로 표현하기도 한다. llenar동사 대신 스페인에서는 rellenar동사를 쓰기도 한다.

10. Nosotros somos ciudadanos mexicanos. ¿Necesitamos un permiso especial para conducir en España?

necesitamos 대신 necesitaríamos/ Se necesita/ se necesitaría를 써도 된다.
permiso/licencia는 면허증
국제면허증은 permiso internacional de conducir/manejar
'차를 운전하다' 동사는 스페인에서는 'conducir el coche'로 라틴아메리카에서는 'manejar el carro'로 표현한다.

11. Su licencia local para conducir es suficiente.

지역 면허, 즉 자국 면허로 충분하다는 뜻.

※ 차의 각 부분의 명칭에 대하여 알아봅시다.

volante 핸들 parabrisas 앞유리 limpiaparabrisas 와이퍼 cuentakilómetros 주행기

velocímetro 속도기 el claxon 경적 el embrague/el cloche 클러치
el freno de pie 브레이크 el freno de mano 핸드브레이크 el acelerador 엑셀레이터
el parachoques 범퍼 la placa/ la matrícula 번호판 la luz, el faro(헤드라이트) 전조등
el intermitente, la direccional 깜박등, 방향등 los neumáticos 타이어 maletero 트렁크

12. Sí, pero solo nos saludamos de mano o nos damos un beso, nada más.
saludarse de mano 손으로 인사하다, 즉 악수하다(=darse las manos)
키스하다(darse un beso)

Ejercicios

¡Vamos a conversar!

(본문 대화 내용에 대한 다음 질문에 답해보세요.)

1. ¿Qué tipo de auto quiere rentar/alquilar Alfonso?
2. ¿Para cuántas personas es el Opel Corsa?
3. ¿Cuánto cobran por cada 10 kilómetros?
4. ¿Qué coche alquila, finalmente, Alfonso?
5. ¿De dónde es originario Alfonso?
6. ¿Cómo acostumbran saludar en México?
7. ¿Cómo es la costumbre para saludar en España?

Pregunta a tus compañeros

1. ¿Te gusta levantarte temprano o tarde?
2. ¿Te lavas el pelo todos los días?
3. ¿Quién te prepara el desayuno?
4. ¿A qué hora te acuestas a dormir?
5. ¿Cuánto tiempo necesitas para arreglarte?

¡Vamos a practicar!

I. ¿Cobran ustedes por ~? : ~당 돈을 받습니까?

1. ¿ ______________________? 킬로미터 당 돈을 받습니까?
2. ¿ ______________________? 하루 단위로 돈을 받습니까?
3. ¿ ______________________? 일주일 단위로 돈을 받습니까?
4. ¿ ______________________? 한 달 단위로 돈을 받습니까?
5. ¿ ______________________? 학기 단위로 돈을 받습니까?

II. Cobramos ~ por (cada) ~ : 각 ~당 ~를 받습니다.

1. ______________________________ 이틀에 100유로를 받습니다.
2. ______________________________ 10일에 400유로를 받습니다.
3. ______________________________ 3주에 1000유로를 받습니다.
4. ______________________________ 일주일에 500유로를 받습니다.
5. ______________________________ 한 달에 1500유로를 받습니다.

III. Me quedo con ~ : 나는~를 가질게. ~를 할게.

1. ______________________ 나는 이것을 가질게, 너는 저것을 가져. (este, ese)
2. ______________________ 내가 하얀색 차를 할게. (coche/carro blanco)
3. ______________________ 난 이 빨간 원피스를 가질게. (este vestido rojo)
4. ______________________ 난 까만 가방을 가질게. (bolso negro)
5. ______________________ 내가 네 것을 가질게. 네가 내 것을 가져. (el tuyo, el mío)

IV. ¿Qué tipos de ~ tienen? : 어떤 종류의 ~가 있나요?

1. ¿ ______________________ ? 어떤 종류의 컴퓨터 (computadora/ ordenador)
2. ¿ ______________________ ? 어떤 종류의 포도주 (vino)
3. ¿ ______________________ ? 어떤 종류의 방 (habitación)
4. ¿ ______________________ ? 어떤 종류의 요금 (tarifa)
5. ¿ ______________________ ? 어떤 종류의 프린터 (impresora)

Gramática : Verbos pronominales

I. Completa adecuadamente.

1. Los novios ____________ y luego ____________. (abrazarse, besarse)
2. ____________ mañana en la fiesta. ¡No faltes! (verse)
3. Don Ernesto y don Luis ______________ enseguida y __________ la mano. (reconocerse, darse)
4. Janny, la famosa cantante, ____________ hace un mes pero ya ____________. (casarse, divorciarse)
5. Mi novio/a y yo ____________ mucho. (quererse)
6. Tu padre y mi tío ____________ desde hace muchos años. (conocerse)
7. Mi amiga y yo ____________ con frecuencia. (escribirse)
8. Los Tigres del Norte ____________ de sus admiradores. (despedirse)

II. Escoge y escribe el verbo que convenga: quedarse, lavarse, irse, peinarse, ponerse, acostarse, quitarse, levantarse, bañarse.

1. Los niños ____________ los dientes 3 veces al día.
2. Por la mañana, ____________ solos y rápidamente cuando timbra el reloj despertador.
3. Luego, (ellos) ____________ su ropa y ____________ su cabello.
4. Al regresar de la escuela, ____________ la ropa y la acomodan en su lugar.
5. Cuando su mamá tiene que ir al mercado, ____________ haciendo su tarea.
6. Por la tarde, ____________ solos al gimnasio y al regresar ____________ con agua tibia.
7. Después de cenar, ____________ a dormir tranquilamente. ¡Qué maravilla de niños!

Redacción libre

Escribe tu rutina diaria.

* Debes usar las siguientes palabras:

primero luego después más tarde
siempre enseguida por último nunca a veces

"Mi rutina"

Todas las mañanas ______________________________

____

____

____

____

____

____

Lección 14
Conversación telefónica
전화 대화

Diálogo de hoy
(대화를 듣고 빈칸을 스페인어로 채워보세요)

Señora: ¿Diga?
Estela: Hola, buenos días. ¿___________con Andrea, por favor?
Señora: ¿Con quién? Creo que usted se___________. Aquí no vive ninguna Andrea.
Estela: Ay, he_______otro número,_______.

____

Tío Luis: ¿Si, diga?
Estela: Perdone, ¿_______hablar con Andrea, por favor?
Tío Luis: En_____________no está. ¿De parte________?
Estela: De Estela, su___________de trabajo.
Tío Luis: ¿Es_________? ¿Desea dejar_____________?
Estela: Sí, por favor. Se trata de_________de la________. Necesito avisarle de un cambio antes de que_______________.
Tío Luis: Espere un momento. Voy por________para______. Ahora sí.
Estela: Por favor, le dice que en vez de ser la reunión la semana próxima, será mañana,_______, a las__________.
Tío Luis: ...mañana, miércoles, 6 de la tarde, facultad... ¿Algo más?
Estela: Nada más, gracias. De___________, volveré a llamarle para________.
Tío Luis: Como quieras. Andrea_______más o menos a la hora de comer. Tan pronto __________, le daré__________.
Estela: Muy bien, señor. Disculpe, ¿con quién tengo el_____de______?
Tío Luis: Con el tío de Andrea, soy su tío Luis.
Estela: Muchas gracias, don Luis. Volveré a llamar más tarde cuando ______de__________.

Diálogo de hoy

Señora: ¿Diga?
Estela: Hola, buenos días. ¿Podría hablar con Andrea, por favor?
Señora: ¿Con quién? Creo que usted se ha equivocado. Aquí no vive ninguna Andrea.
Estela: Ay, he marcado otro número, disculpe.

Tío Luis: ¿Si, diga?
Estela: Perdone, ¿podría hablar con Andrea, por favor?
Tío Luis: En este momento no está. ¿De parte de quién?
Estela: De Estela, su compañera de trabajo.
Tío Luis: ¿Es algo urgente? ¿Desea dejar algún recado?
Estela: Sí, por favor. Se trata de una reunión de la facultad. Necesito avisarle de un cambio antes de que haga otro compromiso.
Tío Luis: Espere un momento. Voy por el bolígrafo para anotar. Ahora sí.
Estela: Por favor, le dice que en vez de ser la reunión la semana próxima, será mañana, miércoles, a las 6 de la tarde.
Tío Luis: ...mañana, miércoles, 6 de la tarde, facultad... ¿Algo más?
Estela: Nada más, gracias. De todas formas, volveré a llamarle para confirmar.
Tío Luis: Como quieras. Andrea regresará más o menos a la hora de comer. Tan pronto como vuelva, le daré tu mensaje.
Estela: Muy bien, señor. Disculpe, ¿con quién tengo el gusto de hablar?
Tío Luis: Con el tío de Andrea, soy su tío Luis.
Estela: Muchas gracias, don Luis. Volveré a llamar más tarde cuando salga de la oficina.

여자: 여보세요?
에스뗄라: 안녕하세요. 안드레아와 통화할 수 있을까요?
여자: 누구라고요? 전화 잘못거신 것 같네요. 여기에는 안드레아라는 사람이 살지 않아요.
에스뗄라: 아, 다른 번호를 눌렀어요, 죄송합니다.

삼촌루이스: 네, 여보세요?
에스뗄라: 실례합니다만 안드레아와 통화할 수 있을까요?
삼촌루이스: 지금은 없어요. 누구시죠?
에스뗄라: 직장동료 에스뗄라예요.

삼촌루이스: 급한 일인가요? 전할 말이 있나요?
에스뗄라: 네. 대학 회의에 관한 것인데요. (그녀가) 다른 약속을 잡기 전에 변경사항을 알려야 하거든요.
삼촌루이스: 잠깐만 기다려요. 메모할 볼펜을 가져올게요. 이제 됐어요.
에스뗄라: 회의가 다음 주가 아니라 내일 수요일 오후 6시라고 전해 주세요.
삼촌루이스: ……내일, 수요일, 오후 6시, 대학교라……. 또 있나요?
에스뗄라: 아뇨. 감사합니다. 아무튼 내일 확인차 다시 전화할게요.
삼촌루이스: 좋을대로. 안드레아는 점심시간 쯤에 올거예요. 돌아오는 즉시 전하죠.
에스뗄라: 네. 그런데 실례지만 저와 말씀하시는 분은 누구세요?
삼촌루이스: 안드레아의 삼촌인 루이스.
에스뗄라: 정말 고맙습니다, 루이스씨. 이따가 퇴근할 때 다시 전화할게요.

Gramática y expresiones

1. ¿Diga?

전화를 받을 때에 쓰는 '여보세요' 와 같은 표현. 전화를 받을 때에는 다음과 같은 다양한 표현이 쓰일 수 있다.

예) ¿Diga? ¿Dígame? ¿Bueno? ¿Si? ¿Hola?

2. ¿Podría hablar con Andrea, por favor?

전화를 걸어서 누군가를 바꾸어 달라고 부탁할 때에 쓰이는 표현이다. 다음과 같은 다양한 표현을 쓸 수도 있다.

예) ¿Está Andrea , por favor?
¿Puedo/Podría hablar con Andrea?
¿Puedo/ podría comunicarme con Andrea?
¿Podría ponerme con Andrea?
Quisiera hablar con Andrea.
Deseo/Desearía hablar con Andrea.

vocabulario

podría v. poder ~할 수 있다 equivocado v. equivocar 착각하다 marcado v. marcar 다이얼 돌리다 urgente adj. 긴급한 recado m. 전언, 전갈 reunión f. 모임, 회의 facultad f. 대학교, 단과대학 compromiso m. 약속 bolígrafo m. 볼펜 anotar v. 기록하다 salga v. salir 나가다

3. ¿Con quién? Creo que usted se ha equivocado. Aquí no vive ninguna Andrea.

전화를 잘 못 걸었다고 말할 때에도 다양한 표현을 쓸 수 있다.

예) -몇 번에 거셨어요?

¿A qué número ha marcado?

¿Qué número marcó usted?

-잘못 거셨는데요.

Perdón. Se ha equivocado.

Usted ha marcado un número equivocado.

Se ha equivocado de número.

Se ha confundido de número.

4. En este momento no está. ¿De parte de quién? De Estela, su compañera de trabajo.

전화를 건 사람이 누구인가를 물어볼 때에는 ¿De parte de quién?이라고 한다. 이때에 대답은 'De + 이름' 식으로 한다. 그밖에도 다음과 같은 다양한 표현들을 사용할 수 있다. 모든 경우에 질문에 맞는 대답양식을 취한다.

¿Con quién hablo? -- Con José.

¿Quién habla? -- Habla José.

¿De parte de quién, por favor? -- De José.

Por favor. Dígale que ha llamado José. (호세가 전화했다고 전해주세요.)

5. ¿Es algo urgente? ¿Desea dejar algún recado?

algo는 '무엇, 어떤 것' 의 뜻을 가진 대명사로서 수식하는 형용사는 반드시 그 뒤에 온다. algún은 '어떤' 의 뜻의 형용사로서 명사의 성, 수에 따라 다음과 같이 변화한다.

algún recado : 어떤 전할 말

alguna nota : 어떤 메모

algunos libros : 몇몇의 책들

algunas alumnas : 몇 명의 여학생들

6. Se trata de una reunión de la facultad. Necesito avisarle de un cambio antes de que haga otro compromiso.

Se trata de ~는 '~을 다루다' 라는 뜻이나, '~과 관련되어 있다' , '~에 대한 일이다' 의 뜻이다.

7. Espere un momento. Voy por el bolígrafo para anotar. Ahora sí.

Espere는 esperar동사의 usted에 대한 명령형으로 '기다리세요' 의 의미. un momento는 '잠깐만' 뜻으로 'un segundo, un momentito' 라고 말하기도 한다. 'Voy por ~' 를 가지러 간다는 뜻이다. 볼펜을 가져온다는 표현은 다음과 같은 것들도 있다.

Traigo un boli/ una pluma.

Voy a traer un boli (y tomaré nota.) 볼펜을 가져와서 적을게요.

"Ahora, sí" 는 이제 됐다. 는 뜻으로 "Ya está." 라고 해도 된다.

8. Por favor, le dice que en vez de ser la reunión la semana próxima, será mañana, miércoles, a las 6 de la tarde.

'en vez de ~' 는 숙어로 '~대신에' 라는 뜻. 'en lugar de~' 와 같은 뜻이다. 다음 주 회의 대신에 이번 수요일이라는 뜻.

9. De todas formas, volveré a llamarle para confirmar.

De todas formas는 '어쨌든' 의 뜻으로 주로 문장 처음에 쓰인다. Volver a + 동사원형은 '다시~을 하다' 의 숙어이다. 확인을 위해 다시 전화를 걸겠다는 뜻이다.

10. Andrea regresará más o menos a la hora de comer.

más o menos는 '대략' 의 뜻이다. hora de comer는 식사시간.

Ejercicios

¡Vamos a conversar!

(본문 대화에 대한 다음 질문에 답해 보세요)

1. ¿Qué pasó en la primera llamada de Estela?
2. ¿A quién busca Estela?
3. ¿Quién contesta en la segunda llamada?
4. ¿Cuándo será la reunión?
5. ¿A qué hora volverá Andrea?
6. ¿A qué tipo de reunión tienen que ir Estela y Andrea?
7. ¿Qué hace el tío de Andrea para no olvidar el mensaje?

Pregunta a tus compañeros

1. En cuanto regreses a tu casa, ¿qué harás?
2. ¿Qué harás cuando terminen tus clases?
3. ¿Qué harás cuando comiencen las vacaciones?
4. ¿Cuándo piensas casarte?
5. ¿Qué harás hoy antes de acostarte a dormir?

¡Vamos a practicar!

I. 전화대화와 관련된 다양한 표현을 배워봅시다.

1. 통화중인데요.
   La línea está ocupada.
   Está comunicando.
2. 전화를 받지 않네요.
   No contesta.
3. 잠시만 기다려 주세요. 바꿔드릴게요.
   Espere un momento/momentito/rato/ratito.
   Ahora se pone.
   Ahora se lo cambio./ pongo.
   Ahora se lo paso.
4. 다시 걸겠습니다.
   Vuelvo a llamarlo/la.

Llamaré otra vez/ de nuevo.
Volveré a llamarle más tarde.

5. 남기실 말씀 있으세요?
¿Quiere dejar un recado?
¿Desea dejar algún recado/ mensaje/ nota?
-No, gracias.

6. 잘 안들리는데요. 크게 말씀해 주세요.
No le oigo bien.
Perdón, no oigo bien.
¿Podría hablar más alto, por favor?

7. 끊지 마세요.
No cuelgue, por favor./ No corte la llamada.
끊어 주세요.
Cuelgue, por favor.

Gramática : Subordinadas adverbiales

I. Completa adecuadamente, siguiendo el modelo.

Modelo: Tan pronto como vuelva del concierto, me acostaré a dormir. (volver)

1. Te llamaré tan pronto como ___________. (poder)
2. Amanda y Belinda irán al cine después de que ___________ su tarea. (acabar)
3. Voy a ver las noticias cuando ___________ (terminar)
4. Hay que comprar un coche antes de que ___________ de precio. (subir)
5. Hasta que el niño ___________ su madre descansará tranquila. (regresar)
6. Cuando ___________ te llamaré. (volver)
7. Te dejaré ver televisión en cuanto ___________ tu cuarto. (arreglar)
8. Guardaré el carro antes de que ___________. (llover)

II. Conjuga los verbos según convenga.

1. Mi padre ___________ cuando ___________ 65 años. (jubilarse-cumplir)
2. Toda la familia ___________ una gran fiesta después de que yo ___________ (dar-graduarse)
3. Raúl ___________ a sus padres cuando ___________ sus clases. (llamar-terminar)
4. Antes de que ___________ mi suegra, (yo) ___________ la casa. (llegar-arreglar)
5. Te ___________ con tu tarea en cuanto ___________ a mi casa. (ayudar-llegar)
6. Le (yo) ___________ tu recado tan pronto como Laura ___________ del trabajo. (dar-regresar)
7. En cuanto nos ___________ el total, nosotros le ___________ su coche. (pagar-entregar)

8. No ___________ televisión hasta que ___________ tu tarea. (ver-hacer)

Redacción libre

Escribe una carta a tus padres o a algún amigo que tengas mucho tiempo de no ver.

Querido/a ____

____

____

____

____

____

____

Lección 15
Estrenando teléfono celular
휴대전화 개통

Diálogo de hoy
(대화를 듣고 빈칸을 스페인어로 채워보세요)

Estela: ¿Sabías que hemos quedado__________para cenar_______________por la noche?

Antonio: ¿Si? Pues, no, no lo sabía.

Estela: ¿_____________?

Antonio: No tengo nada que hacer mañana... Me_________ir.

Estela: ¡Ah! También___________________a Lorena... Le llamaré ahora mismo... Está _________pero... no contesta.

Antonio: Ayer cuando la llamé estaba__________________, y era a esta hora.

Estela: Sí,_______por eso no________.

[voz de grabación] El celular al que ha llamado no se encuentra_________. Si desea dejar un mensaje,________; si desea dejar solo el número de teléfono, marque 2. [señal]

Estela: Hola, Lorena. Soy Estela. Hemos quedado con los compañeros de_____________, miércoles, ¿te gustaría asistir? Te mandaré un_____________por el celular con los ___________y la hora exacta, en cuanto los_______________, ¿de acuerdo? Hasta luego.

Antonio: ¿Te has comprado un_________? Parece un_______muy________.

Estela: Sí, lo es. Estaba_______cuando lo compré. Y el precio no estaba tan mal porque tiene______digital_______ y pantalla_______________________. Además, puedo pagarlo en_______________.

Antonio: ¡Genial! El que tenías era muy bueno también, ¿no?

Estela: Sí, pero me daba un poco de_________________.

Antonio: Te_______por el______. Entonces, nos veremos mañana. Chao.

Diálogo de hoy

Estela: ¿Sabías que hemos quedado los de la clase para cenar este miércoles por la noche?
Antonio: ¿Si? Pues, no, no lo sabía.
Estela: ¿Quisieras venir?
Antonio: No tengo nada que hacer mañana... Me encantaría ir.
Estela: ¡Ah! También tenía que avisarle a Lorena... Le llamaré ahora mismo... Está timbrando pero... no contesta.
Antonio: Ayer cuando la llamé estaba practicando aeróbicos, y era a esta hora.
Estela: Sí, tal vez por eso no contesta.

[voz de grabación] El celular al que ha llamado no se encuentra disponible. Si desea dejar un mensaje, marque 1; si desea dejar solo el número de teléfono, marque 2. [señal]

Estela: Hola, Lorena. Soy Estela. Hemos quedado con los compañeros de vernos mañana, miércoles, ¿te gustaría asistir? Te mandaré un mensaje por el celular con los datos del lugar y la hora exacta, en cuanto los tengamos decididos, ¿de acuerdo? Hasta luego.
Antonio: ¿Te has comprado un celular nuevo? Parece un modelo muy moderno.
Estela: Sí, lo es. Estaba en oferta cuando lo compré. Y el precio no estaba tan mal porque tiene cámara digital integrada y la pantalla grande. Además, puedo pagarlo en 36 mensualidades.
Antonio: ¡Genial! El que tenías era muy bueno también, ¿no?
Estela: Sí, pero me daba un poco de problemas la batería.
Antonio: Te felicito por el estreno. Entonces, nos veremos mañana. Chao.

에스뗄라: 우리 반 아이들이 이번 수요일 밤에 저녁식사하기로 한 것 알고 있니?
안또니오: 그래? 아니, 몰랐어.
에스뗄라: 올거야?
안또니오: 내일 일이 없으니…… 가고 싶다.
에스뗄라: 아! 로레나에게도 전화했어야 하는데…… 지금 당장 전화해야지…… 벨은 울리는데 응답이 없네.
안또니오: 어제 전화했더니 에어로빅을 하고 있었어. 이 시간이었어.
에스뗄라: 그래, 아마 그래서 전화를 안 받나보다.

[녹음음성] 지금 상대방 전화로 연결할 수 없으니 메시지를 남기고 싶으면 1번을 눌러주시

고 전화번호만을 남기고 싶으면 2번을 눌러 주세요. [신호음]

에스뗄라: 안녕, 로레나. 나 에스뗄라야. 우리 내일 수요일에 반 친구들과 만나기로 했어. 너도 참석하고 싶으니? 정확한 시간과 장소를 결정하자마자 문자 보낼게. 알았지? 그럼, 안녕.

안또니오: 휴대폰 새로 샀니? 최신 모델 같은데.

에스뗄라: 그래. 이걸 구입할 때 할인 중이었어. 디지털 카메라와 큰 사이즈 화면까지 갖추어져 있기 때문에 가격이 그리 비싼 것 같지는 않아. 게다가 36개월 할부로 지불할 수 있어.

안또니오: 대단한데! 네가 전에 갖고 있던 것도 아주 좋은 거였잖아. 그치?

에스뗄라: 응, 하지만 밧데리에 문제가 좀 있었어.

안또니오: (휴대폰)개통을 축하한다. 그럼, 내일 보자, 안녕.

Gramática y expresiones

1. ¿Sabías que hemos quedado los de la clase para cenar este miércoles por la noche?

sabías que 절? 은 '~라는 것 알았니?' 라는 뜻이다. quedar는 여기에서 '만나기로 약속하다' 의 뜻. 문장의 주어는 los de la clase (반 아이들) 말하는 사람도 포함되므로 'nosotros' 에 해당되는 동사 hemos를 쓴 것이다.

2. ¿Si?, pues no lo sabía.

¿si?는 "그래?" , pues는 '글쎄' 와 유사한 표현

3. ¿Quisieras venir?

무엇을 권유할 때에 쓸 수 있는 표현으로 다음과 같은 유사 표현들이 있다.

vocabulario

miércoles m. 수요일 quisieras v. querer 원하다 encantaría v. encantar 매혹하다 timbrando v. timbrar 벨이 울리다 practicando v. practicar 실행하다 aeróbicos m.pl. 에어로빅 grabación f. 녹음 celular m. 휴대전화 disponible adj. 대기중인, 준비중인 mensaje m. 메시지 marque v. marcar 누르다. 명령형 datos m.pl. 자료 exacta adj. exacto 정확한 cuanto conj. ~하자마자. 보통 en과 함께 사용 decididos v. decidir 결정하다. 과거분사형 형용사 oferta f. 할인, 판매 precio m. 가격 cámara f. 카메라 digital adj. 디지털 integrada adj. 통합된 pantalla f. 화면 giratoria adj. 회전의 mensualidades f.pl. 월납부액 genial adj. 기발한, 대단한 batería f. 밧데리 felicito v. felicitar 축하하다 estreno m. 개시, 개통

예) ¿Te apetece venir?
¿Te gustaría venir?

4. No tengo nada que hacer mañana.

'nada que+ 동사원형' 은 '~할 아무것도' 의 뜻이다. 나는 금요일에 할 것이 아무것도 없다.

5. Me encantaría ir.

encantar는 gustar와 같이 사람이 me, te, le, nos, os, les와 같은 간접목적어로 오고 뒤에 명사나 동사원형을 취한다. 뜻은 '아주 좋아하다' . 여기서 encantaría는 가능법으로 '~할텐데' 의 의미.

6. Está timbrando. Pero...no contesta.

timbrar는 '벨이 울리다' , 즉 신호가 간다는 뜻.
No contesta.=No lo coge. 수화기를 들지 않네.

7. El celular al que ha llamado no se encuentra disponible. Si desea dejar un mensaje marque 1; si desea dejar solo el número de teléfono, marque 2. [señal]

휴대폰은 스페인어로 celular(라틴아메리카) 혹은 móvil(스페인)이라고 한다.
No se encuentra disponible. 는 연결이 되지 않는 다는 의미.
전화기가 꺼져 있는 경우에는 "Está apagado en este momento."
dejar un mensaje: 메시지를 남기다
dejar el número de teléfono: 전화번호를 남기다
marcar el número: 전화 번호를 누르다 pulsar(누르다)를 써서, pulse el número 2.라고 해도 된다.

☛ 자동응답기에 다음과 같은 내용을 녹음할 수 있다

-Usted ha llamado al número 928 2737. En este momento no puedo atender su llamada. Si quiere deje su mensaje después de la señal./Después de la señal deje su número. Gracias.
-Ha llamado al 928-29-7898. En estos momentos no podemos atender su llamada. Deje su mensaje después de la señal. Gracias.

8. Te mandaré un mensaje por el celular con los datos del lugar y la hora exacta, en cuanto los tengamos decididos, ¿de acuerdo?

mandar/enviar un mensaje: 핸드폰 문자를 보내다
en cuanto 접속법: ~하자마자
tener 목적어 과거분사는 완료의 의미를 가지며, '목적어가 ~되었을 때에' , 즉 '시간과 장소가 결정되었을 때에' 의 뜻이다.

9. Sí, lo es. Estaba en oferta, cuando lo compré.

여기서 lo는 modelo moderno를 뜻한다. oferta는 promoción, descuento, rebaja 등으로 바꾸어 쓸 수도 있는데, 가격 할인 행사를 뜻한다.

10. Y el precio no estaba tan mal porque tiene cámara digital integrada y la pantalla grande.

No estar mal은 '나쁘지 않다'는 의미의 동사구, 여기에 tan을 붙이면 '그렇게'의 의미가 추가된다. "가격이 그렇게 나쁘지 않았어."

cámara digital - 디지털 카메라, integrada - 합쳐진, 즉 카메라 기능도 포함하고 있다는 뜻.

pantalla - TV 화면, 영화관의 스크린, 핸드폰의 화면

11. Además, puedo pagarlo en 36 mensualidades.

36개월 할부로 지불하다. 다른 표현을 쓰면 다음과 같다.

Y hasta puedo pagarlo en plazos de 36 meses.

☛ 핸드폰과 관련된 표현들

tonos monofónicos /polifónicos 모노음, 다중화음 벨소리
melodía de móvil 휴대전화 벨소리
juegos de móvil 핸드폰 게임
fondos a color 칼라 배경화면
logos/ postales 배경그림
tono de llamada 통화 신호음 소리
bajar aplicación móvil 핸드폰 어플을 다운받다

Ejercicios

¡Vamos a conversar!

(본문 대화에 대한 다음 질문에 답해 보세요)

1. ¿A quiénes invita Estela a la reunión?
2. ¿Cómo es el nuevo celular de Estela?
3. ¿Qué acostumbra practicar Lorena?
4. ¿Le costó muy caro el celular a Estela?
5. ¿En cuánto tiempo podrá pagarlo?
6. ¿Qué problema tenía su celular antiguo?
7. Estela invita personalmente a Antonio, y ¿cómo invita a Lorena?

Pregunta a tus compañeros

1. ¿Te gusta enviar mensajes por celular?
2. ¿Cómo es tu celular?
3. ¿Qué actividad te gustaba practicar cuando eras niño/a?
4. ¿Qué pensabas cuando entraste a la universidad?
5. ¿Qué querías ser cuando eras pequeño/a?

¡Vamos a practicar!

I. No tengo nada que ~ : 나는 ~할 것이 아무것도 없어요.

1. ______________________ 오늘 할 일이 없다.
2. ______________________ 지금 할 말이 없다.
3. ______________________ 오늘 살 것이 없다.
4. ______________________ 지금은 언급할 것이 없다.
5. ______________________ 질문할 것이 없다.

II. ¿Te apetece venir? / ¿Te gustaría venir?/ ¿Quisieras venir? : 너 ~ 할래?

1. ______________________ 우리와 함께 갈래? (acompañarnos)
2. ______________________ 한국식당에서 식사 하겠니? (comer en un restaurante coreano)
3. ______________________ 내 생일 파티에 오겠니? (venir a la fiesta de mi cumpleaños)

4. ______________________________ 재즈 음악회에 가겠니? (ir a un concierto de *jazz*)
5. ______________________________ 전시회를 보겠니? (ver una exposición)

III. 핸드폰 사용과 관련된 유용한 표현들을 익혀봅시다.

1. Te voy a mandar un mensaje. 문자 메시지를 보내다.
2. Voy a dejar mi número de teléfono en el buzón. 호출하다
3. Voy a dejar un mensaje en el buzón de voz. 음성 메시지를 남기다.
4. Voy a almacenar tu número de teléfono en el móvil/celular. 핸드폰에 전화번호를 저장하다
5. Voy a almacenar la hora de nuestra cita en el móvil. 핸드폰으로 약속시간을 저장하다
6. Voy a cambiar de tono. 벨소리를 바꾸다
7. Voy a mandar/enviarte una foto por el móvil.사진을 전송하다.

Gramática : Pretérito imperfecto

I. Completa adecuadamente.

1. ¿Qué hacías cuando llegué? (leer un libro)
   (Cuando llegaste) ______________________________
2. ¿Qué hacían los niños cuando llamé? (ver televisión)
   ____
3. ¿Qué hacía Luis cuando empezó a llover? (lavar el coche)
   ____
4. ¿Qué estabas haciendo cuando te encontré? (perder el tiempo)
   ____
5. ¿Qué estaban haciendo ustedes cuando llegó tu papá? (no hacer nada)
   ____
6. ¿Qué hicieron mientras esperaban a Juan? (tomar un jugo)
   ____
7. ¿Qué hiciste mientras arreglábamos el coche? (limpiar la casa)
   ____
8. ¿Qué hizo mientras llegó la novia? (esperar con paciencia)
   ____

II. Escribe los verbos en pretérito imperfecto.

Antes de entrar a la universidad no ____________ 1. (saber) qué carrera me ____________ 2. (convenir) más. Mis compañeros y yo no ____________ 3. (pensar) muy seriamente las cosas y todo nos ____________ 4. (parecer) un juego. Cuando nos ____________ 5. (reunir) para estudiar, siempre ____________ 6. (terminar) por irnos al cine o al bar para cantar. Mi padre ____________ 7. (recordar) sus tiempos de estudiante y me ____________ 8. (decir) que ____________ 9. (soñar) con volver al pasado. Entonces no lo __________ 10. (comprender) pero ahora sí, ya que mis hijos están por entrar a la universidad...

Redacción libre

Escribe una composición sobre tu infancia.

Debes usar las siguientes frases:

a) Cuando yo era niño/a, mi mejor amigo/a...

b) Me gustaba que él/ella...

c) A veces a los/las dos nos molestaba que otros...

ch) Nos gustaba mucho...

Cuando yo era niñ ___

____

____

____

____

____

____

____

Lección 16

Llamada al servicio de información
전화번호 안내 받기

Diálogo de hoy
(대화를 듣고 빈칸을 스페인어로 채워보세요)

Operadora: ________, buenas tardes.

Yunjo: Buenas tardes. Me han________la________. Por eso, necesito el número de teléfono de la__________________ y el número de la tarjeta VISA.

Operadora: Un momento, por favor... (pausa)________. El teléfono de la tarjeta VISA es el____________________________________. Y el de la embajada de Corea es... Espere un segundo, ahora mismo se lo digo... El número de teléfono de la embajada de Corea es____________________________________, cero uno.

Yunjo: Muchísimas gracias. Otra cosa. ¿Cómo puedo hacer una llamada a Corea? He intentado pero no_______________.

Operadora: Marque el__ y después___, enseguida marque el______de la______.

Yunjo: ¿Y para llamar a____________?

Operadora: Dígame el número y su nombre, por favor.

Yunjo: La clave de Seúl es el 2, el número de casa es_________ y mi nombre es Kim Yunjo.

Operadora: ¿Con quién desea hablar?

Yunjo: Con____________.

Operadora: Muy bien,________ y espere un momento.

Yunjo: De acuerdo. Gracias.

Diálogo de hoy

Operadora: Información, buenas tardes.

Yunjo: Buenas tardes. Me han robado la maleta. Por eso, necesito el número de teléfono de la embajada de Corea y el número de la tarjeta VISA.

Operadora: Un momento, por favor... (pausa) Tome nota. El teléfono de la tarjeta VISA es el cero ocho, cero, ocho, treinta y nueve, once. Y el de la embajada de Corea es... Espere un segundo, ahora mismo se lo digo... El número de teléfono de la embajada de Corea es cincuenta y cuatro, veintidós, cuarenta y cinco, cero uno.

Yunjo: Muchísimas gracias. Otra cosa. ¿Cómo puedo hacer una llamada a Corea? He intentado pero no pude comunicarme.

Operadora: Marque el 07 y después 82, enseguida marque el código de la ciudad.

Yunjo: ¿Y para llamar a cobro revertido?

Operadora: Dígame el número y su nombre, por favor.

Yunjo: La clave de Seúl es el 2, el número de casa es 387-1780 y mi nombre es Kim Yunjo.

Operadora: ¿Con quién desea hablar?

Yunjo: Con quien conteste.

Operadora: Muy bien, cuelgue y espere un momento.

Yunjo: De acuerdo. Gracias.

교환원: 안녕하십니까, 안내입니다.

윤호: 안녕하세요. 제 가방을 도난당했는데 한국대사관과 비자카드사 전화번호를 알고 싶습니다.

교환원: 잠깐만 기다리세요……. (잠시 후) 적으십시오. 비자카드사 전화번호는 0808 3911이고 한국대사관은…… 잠깐만요, 금방 알려드릴게요……. 한국대사관 번호는 54224501입니다.

윤호: 감사합니다. 한 가지만 더요. 한국으로 전화를 걸려면 어떡해야 하죠? 걸려고 했지만 통화를 할 수 없었어요.

교환원: 07번을 누른 다음 82번을 누르시고요, 곧이어 도시 코드번호를 누르세요.

윤호: 수신자 부담으로 걸려면요?

교환원: 전화번호와 성함을 말씀해 주세요.

윤호: 서울 번호는 2번, 집 전화번호는 387-1780이고 제 이름은 김윤호입니다.

교환원: 어느 분과 통화하길 원하세요?

윤호: 전화받는 사람 누구든 괜찮아요.

교환원: 네, 수화기를 내려놓으시고 잠시만 기다려 주세요.
윤호: 알았어요. 감사합니다.

Gramática y expresiones

1. Información, buenos días.
안내 전화의 전형적 답변이다.

2. Me han robado la maleta. Por eso, necesito el número de teléfono de la embajada de Corea y el número de la tarjeta VISA.
robar -도둑질하다, 훔치다, 보통 도둑 맞았다는 표현은 스페인어로 3인칭 복수형주어로 표현한다. 도둑 맞은 사람은 간접목적어로, 도난당한 물건은 정관사 + 명사로 표현한다.
※ Me han robado mi maleta. 는 틀린 표현

3. Otra cosa. ¿Cómo puedo hacer una llamada a Corea?
다른 질문이 있는데요. Otra pregunta.
llamar동사는 전화거는 상대방을 반드시 표현하여 llamar a alguien의 형식으로 쓰인다. 자동사로 '전화걸다' 는 'hacer la llamada' 로 표현한다.

4. Marque el 07 y después el 82 con el código de la ciudad.
marque는 marcar (표시하다) 동사의 usted 명령형

5. ¿Y para llamar a cobro revertido?
a cobro revertido/por cobrar는 수신자 부담전화를 뜻한다.

6. La clave de Seúl es el 2. Y el número de casa es el 387-1780.
지역번호나 국가 번호는 clave 혹은 código라고 하며, 전화번호 앞에 붙이므로 prefijo(접두사)라고도 한다.

operadora f. (여자)전화 교환원, 조작하는 사람 información f. 정보 robado v. robar 훔치다. 과거분사형 tarjeta f. 카드 tome v. tomar 취하다, 잡다. 명령형 nota f. 필기, 노트 comunicarme v. comunicar(+ me) 소통하다, 연락하다 marque v. marcar 누르다. 명령형 código m. 부호, 코드번호 cobro m. 수취, 징수 revertido adj. 거꾸로의 clave f. 코드, 열쇠 cuelgue v. colgar 매달다. 명령형

7. ¿Con quién desea hablar? -Con quien conteste.

수신자 부담의 전화인 경우에는 상대방의 이름을 지정하여야 하는데, 아무나 통화하고자 한다면 Cualquiera. 혹은 Con quien conteste.라고 하면 된다.

8. Muy bien. Cuelgue y espere un momento.

전화를 끊는 것은 colgar(매달다) 동사를 쓴다.

응급 번호와 안내 번호

¿Cuáles son los números de urgencia en su país?
Teléfonos de urgencias en España
화재신고 bomberos 091
범죄신고 policía nacional urgencias 092
앰뷸런스(ambulancias) emergencias sanitarias 061

전화번호 안내 책자는 Páginas amarillas (상호, 개인 번호)와 Páginas blancas (관공서 번호)가 있다.

Ejercicios

¡Vamos a conversar!

(본문 대화에 대한 다음 질문에 답해 보세요)

1. ¿Qué le ha pasado a Yunjo?
2. ¿Adónde necesita llamar Yunjo?
3. ¿Cuál es el número de la embajada de Corea?
4. ¿Cuál es el código/la clave de Seúl?
5. ¿Quién paga cuando llamas a cobro revertido?
6. ¿Por qué quiere llamar a la tarjeta VISA?
7. ¿Cuál es el apellido de Yunjo?

Pregunta a tus compañeros

1. ¿Te han robado alguna vez?
2. ¿Cuál es el número de información o de emergencias en Seúl?
3. ¿Alguna vez has llamado a cobro revertido? ¿A quién?
4. ¿Tienes tarjeta de crédito? ¿En dónde la usas?
5. ¿Has llamado al extranjero? ¿A quién?

¡Vamos a practicar!

I. Se lo digo. : ~에게 ~를 하다

1. ______________________ 호세에게 그것을 말할 것입니다. (decir)
2. ______________________ 당신에게 제가 그곳을 가리켜 주겠습니다. (indicar)
3. ______________________ 제가 그에게 그것을 언급하도록 하겠습니다. (comentar)
4. ______________________ 당신/그에게 그것을 내일 주겠습니다. (dar)

II. ¿Cómo puedo ~? : ~하려면 어떻게 해야하나요?

1. ¿ ______________________ ? 한국에 전화하려면 (llamar a Corea)
2. ¿ ______________________ ? 국립박물관에 가려면 (ir al museo nacional)
3. ¿ ______________________ ? 기차표를 사려면 (comprar el billete/boleto de tren)
4. ¿ ______________________ ? 집 밖에서 전화를 받으려면 (recibir llamada fuera de casa)
5. ¿ ______________________ ? 아르헨티나 비자를 받으려면 (conseguir la visa/el visado para Argentina)

III. Me han robado ~ : 나는 ~를 도둑 맞았어요.

1. ______________________ 나, 여행 가방 (maleta)
2. ______________________ 나, 자동차 (coche/carro)
3. ______________________ 너, 오토바이 (moto)
4. ______________________ 너, 지갑 (billetera)
5. ______________________ 그 사람, 가방 (bolso)
6. ______________________ 그 사람, 노트북 컴퓨터 (computadora portátil)

Gramática : Pretérito perfecto

I. Completa adecuadamente.

MODELO: La mejor noticia del día es que la guerra ha terminado.

1. Ya nos vamos y todavía no __________ preparado tus cosas. (preparar)
2. Esta mañana __________ tanto que se inundaron las calles de mi zona. (llover)
3. Todos __________ tres horas y no nos llamaste, ¿qué pasó? (esperar)
4. (Yo) __________ hoy a tu tío y lo vi muy bien de salud. (visitar)
5. Tu papá y Juan te __________ por todas partes, ¿dónde estabas? (buscar)
6. Tenemos más de tres horas de conocernos y aún no me __________ tu nombre. (decir)
7. Me __________ la maleta y necesito llamar a la policía. (robar)
8. ¡Estoy feliz! Por fin __________ a la mujer/al hombre de mis sueños. (encontrar)

II. Completa siguiendo el modelo.

MODELO: Quisiera conocer a tu novio. → Te lo presentaré.

1. Quisiera conocer a su madre. →______________________________
2. Quisiera conocer a tus hijos. →______________________________
3. Quisiera conocer a su director. →______________________________
4. Quisiéramos conocer a tu prometido. →______________________________
5. Quisiéramos conocer a tus amigas. →______________________________

III. Escribe la forma abreviada de los siguientes enunciados.

MODELO: Enseguida le digo a usted el número > Enseguida se lo digo. se lo

1. Mi hermana compró una blusa para mí. > ______________________
2. Alicia va a llevar el mensaje a los estudiantes. > ______________________
3. Luis entregó la tarea a la profesora. > ______________________
4. Mi abuelo mandó estos regalos para ustedes. > ______________________
5. El director dejó este aviso para nosotros. > ______________________
6. Voy a presentarte a mi novio/a. > ______________________
7. Aquel muchacho mandó estas flores para ti. > ______________________

Redacción libre

Escribe una composición sobre tu familia.

* Debes usar las siguientes frases:

a) En mi familia somos...

b) Nosotros siempre hemos...

c) Nosotros nunca hemos...

ch) ...ha trabajado en...

Mi familia

____
____
____
____
____
____
____

Lección 17

De compras
쇼핑

Diálogo de hoy
(대화를 듣고 빈칸을 스페인어로 채워보세요)

Empleado: Buenas tardes. ¿Le__________? ¿Qué desea?

Irma: Estoy viendo__________.

Empleado: ¿__________necesita? ¿Cómo lo________?

Irma: Pues... uno de________y____, pero______________brilloso que___________, y que también sea de seda.

Empleado: ¿Qué______le doy?

Irma: La______________.

Empleado: Mmmm... Mire,____estos modelos. ¿Le______________?

Irma: Este. Me gusta este. ¿______________?

Empleado: Por supuesto. El_________está_________, a la izquierda. La__________. (Un poco después.) ¿Qué tal_________?

Irma: Me______un poco________. ¿No tiene_________en una talla más___________ esta?

Empleado: No, lo siento. Pero tenemos este otro______de color verde, también_________. Es un poco más caro que ese, pero es_________que el que se_________. Es de ______italiana. Y este modelo es la____________.

Irma: A ver, me lo voy a probar... Sí, lo siento bien. ¿Y el precio? Me dijo que______________que el otro.

Empleado: No tanto. Costaba____euros, pero como ahora estamos_________, cuesta solamente_____euros. Es___________.

Irma: Bien. Me lo llevo. Necesito ahora unos______tan__________como el vestido.

Empleado: Muy bien. ¿__________número?

Irma: Del número_____.

Empleado: ¿Qué____________estos?

Irma: Me quedan bien. Me gustan... Me los llevo.

Empleado: ______a_______, por favor. ¿Cómo va a pagar?

Irma: ____________.

Diálogo de hoy

Empleado: Buenas tardes. ¿Le puedo ayudar? ¿Qué desea?
Irma: Estoy viendo los vestidos.
Empleado: ¿Qué modelo necesita? ¿Cómo lo prefiere?
Irma: Pues... uno de color luminoso y alegre, pero un poco menos brilloso que ese azul, y que también sea de seda.
Empleado: ¿Qué talla le doy?
Irma: La treinta y seis.
Empleado: Mmmm... Mire, tenemos estos modelos. ¿Le gusta alguno?
Irma: Este. Me gusta este. ¿Puedo probármelo?
Empleado: Por supuesto. El probador está al fondo, a la izquierda. La acompaño. (Un poco después.) ¿Qué tal le queda?
Irma: Me queda un poco apretado. ¿No tiene otro igual en una talla más grande que esta?
Empleado: No, lo siento. Pero tenemos este otro vestido de color verde, también de seda. Es un poco más caro que ese, pero es mucho mejor que el que se probó. Es de marca italiana. Y este modelo es la última moda.
Irma: A ver, me lo voy a probar... Sí, lo siento bien. ¿Y el precio? Me dijo que era más caro que el otro.
Empleado: No tanto. Costaba 120 euros, pero como ahora estamos en rebajas, cuesta solamente 79 euros. Es una ganga.
Irma: Bien. Me lo llevo. Necesito ahora unos zapatos tan elegantes como el vestido.
Empleado: Muy bien. ¿En qué número?
Irma: Del número 24.
Empleado: ¿Qué le parecen estos?
Irma: Me quedan bien. Me gustan... Me los llevo.
Empleado: Pase a la caja, por favor. ¿Cómo va a pagar?
Irma: Con tarjeta.

직원: 안녕하세요, 도와 드릴까요? 원하는게 무엇이죠?
이르마: 원피스를 좀 보고 있어요.
접수원: 어떤 모델을 원하시죠? 어떤 걸 좋아하세요?
이르마: 음…… 화려하고 밝은 색으로, 하지만 저 청색보다는 덜 번들거리는 실크로요.
직원: 무슨 칫수를 입으세요?
이르마: 36이요.

직원: 음…… 보세요, 이 모델들이 있어요. 마음에 드시는게 있습니까?

이르마: 이거요. 이게 좋군요. 입어봐도 될까요?

직원: 물론이죠. 안쪽 좌측에 탈의실이 있습니다. 모셔다 드리지요.(잠시 후) 옷이 잘 맞나요?

이르마: 조금 끼네요. 이것과 같은 것으로 한 칫수 큰 게 있나요?

직원: 죄송합니다만 없어요. 대신 녹색 실크로 된 이 원피스가 있는데 가격이 조금 더 비싸답니다. 그러나 손님이 입어 보셨던 원피스보다는 훨씬 좋은거죠. 이태리 제품인데다 이 모델은 최신이거든요.

이르마: 어디 보자, 입어볼게요……. 그러네, 딱 맞네. 그런데 가격은요? 아까 것보다 훨씬 비싸다고 하셨잖아요.

직원: 그렇게 많이 비싼 것은 아니고요. 120 유로였는데 요즘 할인 기간이라 79 유로예요. 엄청 싸죠.

이르마: 좋아요. 이걸 사도록 하죠. 이제 원피스처럼 우아한 구두를 사야 하는데.

직원: 네, 어떤 치수로요?

이르마: 24로.

직원: 이건 어떻습니까?

이르마: 어울리네요. 맘에 들어요. 이걸 사도록 하죠.

직원: 계산대로 가시죠. 계산은 어떻게 하시겠습니까?

이르마: 신용카드로 할게요.

Gramática y expresiones

1. Buenas tardes. ¿Le puedo ayudar? ¿Qué desea?

안녕하세요. 무엇을 원하십니까? 상점에서 점원이 고객에게 하는 말로 ¿En qué puedo servirle, señorita?라고 할 수도 있다.

2. Estoy viendo los vestidos.

vestidos m.pl. 정장, 원피스 modelo m. 본보기, 모델, 원형 luminoso adj. 번쩍이는, 화려한 alegre adj. 경쾌한, 밝은 brilloso adj. 빛이 나는 seda f. 비단, 실크 talla f. 칫수, (키의) 크기 probármelo v. probar(+me, lo) 시험하다, 시도해보다 probador m. 시험해보는 사람, 장소 fondo m. 안쪽, 바닥, 복도의 끝 acompaño v. acompañar 동반하다 queda v. quedar 남다, (어떤 상태로) 되다 apretado adj. 조여지는, 밀착하는 marca f. 상표 moda f. 유행 costaba v. costar 비용이 들다 ganga f. 헐값

Estaba viendo los vestidos.
처럼 과거 진행형으로 표현하여 '원피스를 보고 있었는데요.' 라고 표현할 수도 있다. 그 밖에도 옷가게에서 처음으로 할 수 있는 표현은 다음과 같다.

예) Desearía (comprar) un vestido para mí. 원피스를 사고 싶은데요.
¿Podría enseñarme unos vestidos? 원피스 좀 보여 주세요.

옷의 종류

ropa 옷 el pijama 잠옷 el bañador 수영복 la camisa 셔츠 la blusa 블라우스
el jersey 니트 la chaqueta 자켓 el pantalón 바지 el tejano/ el vaquero 청바지
la falda 치마 el vestido 원피스, 드레스 el traje 양복 한 벌, 여성 투피스

3. ¿Cómo lo prefiere?

lo는 el vestido를 가르킨다. "어떤 원피스를 원하세요?" 를 뜻한다. "¿Cómo lo quiere?" 라고도 할 수 있다.

4. Pues, uno de color luminoso y alegre, pero un poco menos brilloso que ese azul, que sea también de seda.

color luminoso/ brilloso/ claro/ encendido는 밝은 색, alegre는 경쾌한, 화려하다는 뜻이다. 화려하고 밝은 색의 옷을 가르킨다. Un vestido de gran colorido y de seda.라고도 표현할 수 있다. sea는 ser 동사의 접속법현재로 소망을 나타낸다. seda는 실크이다. ser de 재료는 '~로 되어 있다' 를 의미. "실크로 된 것이면 좋겠어요." 의 뜻이다.

옷감의 종류 seda(실크), algodón(면), lana(모), lino(마)

옷을 묘사하는 다양한 방법

정장용 자켓 Desearía una chaqueta formal
캐주얼 자켓 una chaqueta informal / chaqueta de estilo informal
스포티한 바지, 편리한 바지 pantalones deportivos/ pantalones cómodos.
정장용 바지 pantalones de vestir / pantalones formales
파티용 드레스 un vestido de fiesta
밝은 색/ 어두운 색/ 화려한 색의 옷 ropa de color alegre (luminoso) /oscuro/de gran colorido
줄무늬 옷 un vestido a rayas
체크무늬 옷 una camisa a cuadros

5. ¿Qué talla le doy?

몇 사이즈를 드릴까요? "¿Qué talla tiene?" 라고도 물을 수 있다. 더 정중하게 말한다면 ¿Me dice su talla, por favor?라고도 할 수 있다. 우리말 사이즈/크기에 해당하는 스페인어는 talla와 tamaño 두 가지가 있다. 옷이나 신발의 규격화된 사이즈를 말할 때에는 talla를 쓰고, 사물, 사람의 전반적, 객관적 크기를 나타내는 것은 tamaño를 쓴다.

6. La treinta y seis.

각 나라마다 사이즈 기준이 다르다.

☛ 여성복 사이즈 비교표

옷 사이즈 비교

유럽	34 36 38 40 42 44
미국	6 8 10 12 14 16
한국	55 66 77 88, etc.
멕시코	5 7 9 11 13
	chica-mediana-grande-extra
페루	*small- medium- large-X-large*

☛ 외국에 가서 그 나라에서 어떤 사이즈를 사용하는지 모를 때에 할 수 있는 말.

No sé cómo son las tallas aquí. ¿Podría medirme la talla?

7. Mmmmm... Mire, tenemos estos modelos. ¿Le gusta alguno?

우리는 이러한 모델들이 있어요. 당신에게 이중 어떤 것이 마음에 드시나요? alguno는 이 원피스들 중 어떤 것을 뜻한다. 같은 상황에서 쓸 수 있는 표현으로 ¿Qué tal le parecen? 가 있다.

8. Este. Me gusta este. ¿Puedo probármelo?

probar동사는 무엇을 시험 삼아 사용해 보거나, 시도해 본다는 뜻을 가지고 있다. 목적어가 음식인 경우에는 "¿Puedo probar esta tarta?" (이 케익 먹어 보아도 되나요?), 목적어가 자동차인 경우에는 "¿Puedo probar este coche? (이 차 좀 타봐도 되나요?)" 와 같은 문장이 된다. 목적어가 옷인 경우에는 재귀형을 써서 목적어로 재귀대명사 (me, te, se, nos, os, se)를 같이 사용한다. 이는 스페인어에서 옷을 입다(ponerse), 벗다(quitarse) 동사가 모두 재귀형으로 쓰이기 때문이다.

9. Por supuesto. El probador está al fondo, a la izquierda.

La acompaño... ¿Qué tal le queda? probador는 탈의실. 제일 끝의 왼쪽에 옷 갈아입는 곳이 있다는 뜻.

☛ vestuario 수영장의 탈의실, camerino 극장의 분장실.

주어(옷) 간접목적어 + queda 형용사는 '옷이 ~에게 ~하게 맞는다' 의 뜻. ser 동사보다는 quedar 동사를 사용한다는 것에 주의

10. Me queda un poco apretado. ¿No tiene otro igual en una talla más grande que esta?

옷이 작다고 표현할 때에는 apretado/ pequeño / chico 등의 형용사를 사용한다. 반대로 클 때에는

grande/ ancho 를 사용. más grande는 더 크다는 뜻이므로, "같은 모양으로 더 큰 사이즈는 없나요?" 의미.

11. Es de marca italiana. Este modelo es la última moda.

marca는 상표, "이태리 상표에요" (= Está hecho en Italia.)

estar de moda는 유행이다

ser de la última moda는 최신 유행이다

modelo = estilo.

이러한 스타일의 청바지가 젊은이들 사이에 유행이다.

Este estilo/modelo de vaqueros está de moda entre los jóvenes.

이 스타일은 유행이 지났다. Este modelo/estilo está pasado de moda.

12. Sí, lo siento muy bien. ¿Y el precio?

좋다는 표현은 Me gusta. / Me queda bien.으로도 할 수 있다. 보편적으로 가격을 묻는 표현은 ¿Cuánto cuesta? / ¿Cuánto vale? 를 사용

13. Costaba 120 euros, pero como ahora estamos en rebajas, cuesta solamente 79 euros. Es una ganga.

estar en rebajas는 세일 중이다. 전에는 120유로였으나, 지금은 세일 중이므로 79유로이다. Es una ganga.는 아주 싸다는 표현 (= Es un buen precio. Es una oportunidad. Es una oferta.)

*sale*과 관련된 단어

rebaja / oferta / descuento

liquidación (por cierre) : 폐업처분

liquidación/ venta de saldos.: 재고정리, 마지막 세일

Rebajas de locura del Corte Inglés

Grandes ofertas y descuentos en todas las secciones	
Moda/complementos: hasta -50% Bebés, hasta -40% Juguetes, hasta -50% Terraza y jardín, hasta -30% Fotografía, hasta -33% Perfumería, -10% Vinos: Ofertas especiales Revelado digital, hasta -40%	Vajillas hasta -50% Menaje, hasta -50% Orden en casa, hasta -40% Muebles, hasta -30% Colchones, hasta -30% Textil Hogar, hasta -25% Teléfono Nokia 7250i libre, 249€XBox + 3 juegos, 219,90€

14. Bien, me lo llevo.

llevarse + 목적어 는 '무엇을 사가지고 가다' 의 뜻이 있다. Me quedaré con este.라고 말할 수도 있다.

15. Pase a la caja, por favor. ¿Cómo va a pagar?

계산대로 오세요. 어떻게 지불하시겠어요? 지불방법을 묻는 질문(= ¿Cómo lo quiere pagar?)

지불방법

Con tarjeta(신용카드)/ Con cheque(수표)/ Con cheque de regalo(상품권)/ En efectivo(현금)

그 밖에 옷 가게에서 할 수 있는 간단한 대화들

(가게에서) 더 좀 둘러보고 다시 올게요.
Volvemos después de dar una vuelta.
Volveremos después (más tarde/luego).

좀 생각 좀 해보구요.
Quiero pensarlo/pensármelo. Gracias.
Me gustaría pensarlo/pensármelo un poco más.

10유로짜리 상품권/할인권이 있는데요.
Tengo un cheque de regalo de 10 euros.

그동안 이 옷을 좀 팔지 말아주시겠어요?
¿Podría reservar/apartar este vestido para mí?

Ejercicios

¡Vamos a conversar!

(본문 대화에 대한 다음 질문에 답해 보세요)

1. ¿Qué quiere comprar Irma?
2. ¿Dónde está el probador?
3. ¿Cómo le queda el primer vestido a Irma?
4. ¿Cómo es el vestido que se compra Irma?
5. ¿Qué más se compra Irma?
6. ¿Cuánto cuesta el vestido verde de seda?
7. ¿Cómo va a pagar Irma los zapatos y el vestido?

Pregunta a tus compañeros

1. ¿Qué compraste la última vez que fuiste de compras?
2. ¿Adónde prefieres ir de compras?
3. ¿Qué tipo de ropa te gusta comprar?
4. ¿Por lo general, con quién vas de compras?
5. ¿Qué lugar recomendarías para ir de compras? ¿Por qué?

¡Vamos a practicar!

I. ¿Puedo probar ~ 옷 ? ~을 입어 봐도 될까요?

1. ¿ ________________________________? 이 티셔츠
2. ¿ ________________________________? 이 자켓
3. ¿ ________________________________? 이 청바지
4. ¿ ________________________________? 이 셔츠
5. ¿ ________________________________? 이 바지
6. ¿ ________________________________? 이 스웨터

II. El vestido me queda grande. 이 드레스는 나에게 크다.

1. ________________________________. 바지가 너에게 길다.
2. ________________________________. 블라우스가 당신에게 (품이) 크다.
3. ________________________________. 양복이 그에게 아주 잘 맞는다.

4. ________________________________. 치마가 그녀에게 너무 짧다.
5. ________________________________ 이 드레스는 나에게 잘 안 맞아.

III. Es un poco más caro pero es mejor. 비교급 연습

1. ________________________________ 이 파란 원피스는 그것보다 더 현대적이다.
2. ________________________________ 양복이 자켓보다 더 싸다.
3. ________________________________ 이 바지는 그 청바지보다 더 길다.
4. ________________________________ 이 치마는 네 것 보다 조금 더 짧다.
5. ________________________________ 이 원피스는 정장보다 훨씬 더 편하다.

Gramática : Comparativos

I. Escoge y subraya la palabra que convenga.

1. Ramón es (tanto / tan) alto como Luis.
2. Guillermo es (más / menos) atlético que su hermano. No le gustan los deportes.
3. Belinda recibe (mejores / peores) calificaciones que Lisa, porque Belinda siempre está en la biblioteca estudiando.
4. Andrea no tiene (tanto / tan) tiempo libre como su prima.
5. Tú eres (más / menos) tímido que tu primo. Te encanta bailar y cantar.
6. Ustedes no tienen (tantas / tan) tareas como nosotros.
7. Vivir en el desierto sin agua es (mejor / peor) que vivir en una gran ciudad.
8. La casa de mi abuela es (más / menos) grande que la nuestra. Nosotros vivimos en un pequeño apartamento.

II. Escribe seis combinaciones posibles.

MODELO: Hoy me siento mucho mejor que ayer.

<table>
<tr><td>Hoy</td><td>me siento
te ves
usted se encuentra</td><td>mucho mejor
bastante peor</td><td>que</td><td>ayer.
el domingo.
hace una semana.</td></tr>
</table>

1. ________________________________
2. ________________________________
3. ________________________________
4. ________________________________
5. ________________________________

6. ______________________________

Redacción libre

Imagina y escribe una composición sobre el tema: "El fin de semana pasado".

* Debes usar las siguientes palabras:

cine　iglesia　parque　restaurante　hospital
amigo(a)　hermano(a)　compras　ropa　tenis nuevos

¿Adónde fuiste el fin de semana? ¿Qué hiciste el fin de semana?

____
____
____
____
____
____
____

Lección 18

En el mercado
시장에서

Diálogo de hoy
(대화를 듣고 빈칸을 스페인어로 채워보세요)

Don Pepe: Buenos días, ¿__________, señorita Silvia?
Silvia: Buenos días, don Pepe. ¡_________________hoy! Vuelvo___________.
Don Pepe: No, solo es______de___________ y ahora estoy con usted.____________.
Silvia: Bueno, entonces,_____________. Mientras, voy a ir______________de aquí.
Don Pepe: Bien, ya estoy con usted. ¿Qué______a______hoy?
Silvia: No tengo nada en la_______, acabo de________de vacaciones, así que necesito de todo. ¿A cómo están las_______?
Don Pepe: A_________el kilo. Algunas están____________, pero le voy a____________las más________.
Silvia: Pues, deme_________de patatas,___kilo de__________ y esta____________. ¿_________están buenas hoy?
Don Pepe: Todas, toda la fruta está muy bueno, señorita Silvia. Pero le______________las _______. Están____________. Pruebe una.
Silvia: Hum... Sí, está riquísima. ¿_________está el kilo?
Don Pepe: A___euros.
Silvia: ¡Qué caro! ¿No tiene otra fruta___________?
Don Pepe: Pues... ___________. A___euros. Es____________________ y están muy baratos ahora.
Silvia: _________muy bien. Deme uno.
Don Pepe: ¿Algo más?
Silvia: Nada más. ¿Cuánto es en total?
Don Pepe: Son__________. Y le voy a____________________. Están bien frescas.
Silvia: Aquí tiene,____euros. Y los____de la_______________de la otra vez.
Don Pepe: Muchas gracias._________un muy buen día, señorita Silvia.
Silvia: Igualmente, don Pepe. Gracias.

Diálogo de hoy

Don Pepe: Buenos días, ¿cómo le va, señorita Silvia?
Silvia: Buenos días, don Pepe. ¡Cuánta gente tiene hoy! Vuelvo más tarde.
Don Pepe: No, solo es cuestión de unos minutos y ahora estoy con usted. No se vaya.
Silvia: Bueno, entonces, espero un ratito. Mientras, voy a ir escogiendo algo de aquí.
Don Pepe: Bien, ya estoy con usted. ¿Qué se va a llevar hoy?
Silvia: No tengo nada en la nevera, acabo de regresar de vacaciones, así que necesito de todo. ¿A cómo están las patatas?
Don Pepe: A tres euros el kilo. Algunas están saliendo muy malas, pero le voy a dar de las más buenas.
Silvia: Pues, deme dos kilos de patatas, medio kilo de cebollas y esta otra verdura. ¿Qué frutas están buenas hoy?
Don Pepe: Todas, toda la fruta está muy buena, señorita Silvia. Pero le recomiendo las cerezas. Están bien maduritas. Pruebe una.
Silvia: Hum... Sí, está riquísima. ¿A cuánto está el kilo?
Don Pepe: A 5 euros.
Silvia: ¡Qué caro! ¿No tiene otra fruta más barata?
Don Pepe: Pues... los melones. A 4 euros. Es la fruta de temporada y están muy baratos ahora.
Silvia: Huelen muy bien. Deme uno.
Don Pepe: ¿Algo más?
Silvia: Nada más. ¿Cuánto es en total?
Don Pepe: Son 23 con 34. Y le voy a regalar estas calabacitas. Están bien frescas.
Silvia: Aquí tiene, 35 euros. Y los 10 de la cuenta pendiente de la otra vez.
Don Pepe: Muchas gracias. Que pase un muy buen día, señorita Silvia.
Silvia: Igualmente, don Pepe. Gracias.

돈 뻬뻬: 안녕하세요, 실비아양?
실비아: 안녕하세요. 오늘 사람이 많네요! 나중에 올게요.
돈 뻬뻬: 아뇨, 잠시면 됩니다. 곧 올테니 가지 마세요.
실비아: 알았어요. 그럼 잠깐 기다리죠. 그러는 동안 물건을 고르고 있을게요.
돈 뻬뻬: 자 이제 당신 차례입니다. 오늘은 뭘 사실거죠?
실비아: 휴가에서 막 돌아온 참에 냉장고에 아무것도 없어요. 그래서 전부 필요해요. 감자는 얼만가요?

돈 뻬뻬: 1킬로당 3유로. 어떤 건 아주 나쁜 것도 있지만 아가씨에게는 제일 좋은 것으로 드릴게요.

실비아: 그럼 감자 2킬로, 양파 반 킬로랑 이 야채도 주세요. 오늘은 어떤 과일이 좋죠?

돈 뻬뻬: 모두 좋아요. 과일이 모두 끝내준답니다. 그래도 버찌를 추천할게요. 아주 잘 익었거든요. 하나 먹어봐요.

실비아: 음…… 그렇네요, 아주 맛있어요. 킬로당 얼만데요?

돈 뻬뻬: 5유로예요.

실비아: 너무 비싸요! 좀 더 싼 과일은 없나요?

돈 뻬뻬: 그렇다면…… 멜론이 있죠. 킬로당 4유로구요. 제철이어서 아주 저렴합니다.

실비아: 냄새가 아주 좋군요. 하나 주세요.

돈 뻬뻬: 원하는게 더 있으세요?

실비아: 아니요. 모두 얼마죠?

돈 뻬뻬: 23유로 34센트입니다. 이 호박을 선물로 드릴게요. 아주 싱싱해요.

실비아: 여기 35유로 받으세요. 10유로는 지난번 외상값입니다.

돈 뻬뻬: 감사합니다. 좋은 하루 보내세요, 실비아양.

실비아: 감사합니다. 뻬뻬씨도요.

Gramática y expresiones

1. ¡Cuánta gente tiene hoy! Vuelvo más tarde.

'cuánto + 명사' 로 구성되는 감탄문은 '정말 ~이 많구나' 의 뜻으로 뒤에 오는 명사의 성/수에 따라 cuánto/a/os/as로 변화한다. tarde는 부사로 늦게 más tarde는 더 늦게

2. No, solo es cuestión de unos minutos y ahora estoy con usted.

'-es cuestión de ~' 는 '~과 관련있는 문제이다' 라는 뜻이나 여기에서는 "몇 분이면 됩니다." 라는 뜻이다. 다른 예를 보면 다음과 같다.

vocabulario

vuelvo v. volver 돌아오다 cuestión f. 문제 minutos m.pl. 분, 짧은 시간 vaya v. ir 가다 escogiendo v. escoger 고르다 nevera f. 냉장고(=refrigerador, frigorífico) regresar v. 돌아오다, 돌아가다 saliendo v. salir 나가다 cebollas f.pl. 양파 verdura f. 야채 recomiendo v. recomendar 추천하다 cerezas f.pl. 버찌, 앵두 maduritas adj. maduro/a의 축소사. 잘 익은, 성숙한 pruebe v. probar 시험하다, 시도하다 riquísima adj. rico/a의 최상급. 풍부한, 부자 temporada f. 시기, 계절 huelen v. oler 냄새나다. 시제형에서 h-가 첨가됨 deme v. dar(+me) 주다 calabacitas f.pl. 호박. calabacín의 축소사 cuenta f. 계산, 계산서, 통장 pendiente adj. 계류중인, 미결의

예) La paz no es cuestión de teorías sino consecuencia de un trabajo interior. 평화는 이론의 문제가 아니라 내부에서 노력한 결과이다.

La economía es cuestión de beneficios. 경제는 이익의 문제이다. 즉, 경제는 이익을 얼마나 남기는가가 중요하다.

Estoy con usted. 금방 당신을 도와드릴게요. 라는 미래 의미의 문장을 현재형으로 표현한 것이다. 일반적으로 회화에서는 미래 대신 현재형을 많이 쓴다.

3. Bueno, entonces, espero un ratito.

좋아요. 그러면, 잠시 기다릴게요. 여기에서 espero는 미래형 대신 현재형을 쓴 것이다.

4. Bien, ya estoy con usted. ¿Qué se va a llevar hoy?

"내가 이제 당신에게 왔다. 당신 차례다" 뜻이며, "Aquí estoy."라고도 할 수 있다. "무엇을 드릴까요?" "¿Qué desea?"라고 해도 된다.

5. ¿A cómo están estas patatas?

물건의 값을 물어볼 때에 보통 "¿Cuánto cuesta/cuestan?"을 쓴다. 그러나 시장에서 파는 야채, 과일은 파는 단위에 따라 1kg에 얼마, 100gr.에 얼마 식으로 나타내므로 "감자 가격은 어떻게 되나요?" 즉, 파는 단위와 그에 따른 값을 물어보는 질문이다. estar대신 ir동사를 써서 "¿A cómo van las patatas?"라고 할 수도 있다. patata는 원래 중남미에서는 papa라고 말한다. 그 밖에도 과일이나 채소 생선 종류는 나라에 따라서 명칭이 다른 경우가 많다. 간단하게 살펴보면 다음과 같다.

☛ **스페인과 중남미에서 다르게 부르는 식품 이름**

patatas (España) - papas (América)
plátano -banana
legumbres - 스페인에서는 콩 종류
América에서는 verduras(야채)의 뜻
pimiento - 피망, 고추의 일종. ají, chile
pavo - guajolote, cócono, chompipe, guanajo
especia - especie 양념
aceituna - oliva
gambas - camarones
tomate - jitomate

6. A tres euros el kilo.

킬로그램은 kilogramo라고 하지 않고 kilo라고 말한다. (cf. 킬로미터는 kilómetro) 킬로당 3 유로라는 뜻.

7. Pues, deme dos kilos de patatas, medio kilo de cebollas y esta otra verdura.

¿Qué frutas están buenas, hoy?

과일의 상태는 그때그때 다르므로 estar + bueno로 표현하여 오늘 상태가 어떠하다는 식으로 표현한다. 어떤 과일이 오늘 좋은가 하는 질문

무게를 달아서 파는 식품

200 gramos de queso/ jamón/ carne/ merluza 치즈/햄/고기/생선(대구) 200그램
1000그램은 un kilogramo 가 아니며 kilo라고 말한다.
un kilo de patatas/ manzanas 감자/사과 1킬로
medio kilo de naranjas/ plátanos 오렌지/바나나 500그램
un cuarto (de kilo) de salmón/ cerdo 연어/ 돼지고기 250그램
cf.) libra 파운드, onza 온스

부피로 재는 경우

un litro de leche 우유 1리터
medio litro de aceite 기름 500 밀리리터
un cuarto (de litro) de jugo de manzana 사과주스 250 밀리리터
un galón de agua : 물 1갤론

갯수로 안되는 음식물 양의 표현

un paquete de galletas/ azúcar/ sal/ arroz
비스켓/설탕/소금/ 쌀 한 봉지/상자
una docena de huevos 달걀 12개 (한 줄)
una barra de pan 바게트 빵 한 개
dos latas de atún/ sardinas.. 참치/ 정어리 두 깡통
tres botellas de vino/ aceite de oliva/ leche/ champán
포도주/ 올리브유/우유/샴페인 세 병

8. Están bien maduritas. Pruebe una.

과일이 잘 익은 것은 maduro 반대는 Está verde. 너무 익은 것은 Está pasado.

9. Hum... Sí, está riquísima.

형용사 rico는 estar 동사와 함께 음식이 맛있다는 뜻으로 쓰인다. 형용사의 마지막 모음을 빼고 -ísimo/a/os/as를 붙이면 아주 ~하다는 뜻이 된다. 이때 -co로 끝나는 형용사는 발음상의 이유로 철자가 -císimo가 아닌 -quísimo가 된다는 것을 주의해야 한다. 맛있는: rico, delicioso, sabroso

10. Pues... los melones... A 4 euros. Ahora, es la fruta de temporada.

멜론melón은 복수형이 되면 철자 상 있던 강세가 없어짐
frutas de temporada는 제철 과일

11. Huelen muy bien. Deme uno.

oler의 동사는 '냄새를 맡다, 냄새가 나다' 이므로 "냄새가 아주 좋네요." 의 뜻이다.

12. ¿Cuánto es en total?

전부 얼마인가? 다른 표현으로는

¿Cuánto es? /¿Cuánto le debo? /¿Cuánto es por todo?

13. Son 23 con 34.

여기에서 con은 23.34 처럼 보통 소수점을 붙일 때에 쓰이는데 유로보다 작은 단위인 centavo를 나타나기 위해 쓰인다. 돈 단위는 생략되었다.

14. Aquí tiene, 35 euros. Y los 10 de la cuenta pendiente de la otra vez.

pendiente는 외상값. la otra vez는 지난번

15. Muchas gracias. Que pase un muy buen día.

que + 접속법은 희망, 기원을 나타냄. 좋은 하루 보내시길 바래요.

☛ 시장에서 파는 식품 종류

el ajo 마늘	los pimientos verdes/rojos 피망/고추
las zanahorias 당근	los pepinos 오이
las espinacas 시금치	el maíz/los elotes 옥수수
las cebollas 양파	los plátanos/las bananas 바나나
las peras 배	las manzanas 사과
las toronjas 자몽	las uvas 포도
los aguacates 아보카도	las cerezas 체리
las fresas 딸기	la sandía 수박
la leche 우유	los champiñones 양송이버섯 (los hongos)
las setas 버섯(느타리)	la crema/ la nata 크림
el queso 치즈	la margarina 마가린
los huevos 달걀	el yogur 요구르트
la mantequilla 버터	las gambas/los camarones 새우
los pescados 생선	el jamón 햄
la langosta 바닷가재	la carne de vaca/res 소고기
el cerdo 돼지고기	la sal 소금
el pollo 닭고기	el pan 빵
el azúcar 설탕	las galletas 비스켓
el harina 밀가루	
los churros 츄러스	

Ejercicios

¡Vamos a conversar!

(본문 대화에 대한 다음 질문에 대답해 보세요.)

1. ¿Qué fruta compró Silvia?
2. ¿Cuántas patatas compró Silvia?
3. ¿A cómo están las cerezas?
4. ¿Qué significa "fruta de temporada"?
5. ¿Por qué Silvia no tiene nada en la nevera/en el refrigerador?
6. ¿Quién es don Pepe?
7. ¿Qué le regala don Pepe a Silvia?

Pregunta a tus compañeros

1. ¿Cuál es tu verdura favorita?
2. ¿Cuál es tu fruta favorita?
3. ¿Cuál es la fruta de temporada hoy en día?
4. ¿En dónde acostumbras comprar la fruta y la verdura?
5. ¿Qué frutas de importación has comido en Corea? ¿Cuál te ha gustado más?

¡Vamos a practicar!

I. Es cuestión de~: ~와 관련있는 문제이다

1. ______________________. 죽고 사는 문제 (vida y muerte)
2. ______________________. 돈과 관련된/시간의 문제 (dinero/tiempo)
3. ______________________. 인생은 우선순위의 문제 (prioridades)
4. ______________________. 사랑은 마음/감성에 달린 문제 (corazón)
5. ______________________. 변비(estreñimiento)는 습관의 문제 (hábitos/costumbres)

II. 시장에서 살 물건 말하기 : Deme ~ 주세요

1. Deme ______________________ 감자 500g. 소금 한봉, 빵 하나, 치즈 250g.
2. Deme ______________________ 콜라 2캔, 쌀 1봉, 오렌지 500g, 우유1병
3. Deme ______________________ 우유3병, 달걀12개, 과자 한봉
4. Deme ______________________ 햄 300g. 소고기 500g. 올리브기름 1병, 참치 2캔

III. 감탄문 만들기 : ¡Qué +형용사/ 명사 !

1. ¡ ______________________________! 정말 맛있다. (rico/sabroso)
2. ¡ ______________________________! 정말 비싸다. (caro)
3. ¡ ______________________________! (오래 기다렸을 때에) 정말 참기 어려워. (paciencia)
4. ¡ ______________________________! 정말 예뻐/ 커/ 더러워 (bonito/ grande/ sucio)
5. ¡ ______________________________! 정말 마음이 좋네/ 친절해/ 웃겨/ 재미있어 (generoso/ amable/ gracioso/ interesante)

IV. Cuánto/a/os/as 명사 ~ ! 정말 ~가 많구나

1. ¡ ______________________________! 정말 사람이 많네. (gente)
2. ¡ ______________________________! 정말 치즈 종류가 많네. (tipos de queso)
3. ¡ ______________________________! 가게에 빛이 많네/ 가게가 밝네. (luz)
4. ¡ ______________________________ en la cesta.! 바구니에 사과가 많네. (manzanas en la cesta)
5. ¡ ______________________________, aquí! 여기 재미있는/특이한 물건들이 많네. (artículos interesantes/originales)
6. ¡ ______________________________ Debería limpiarla! 가게에 먼지가 많네요. (polvo)

Gramática : Pronombres indefinidos y la negación

algo	nada
alguien	nadie
algún	ningún
alguno, alguna	ninguno, ninguna
siempre	nunca
también	jamás
tampoco	

I. Escoge del cuadro de arriba para completar adecuadamente.

1. – ¿Tienes _________ en el horno de microondas?
   – No, no tengo _________.
2. – Sonó el timbre. ¿Hay _________ en la puerta?
   – No, no hay _________.
3. – ¿Vamos a la sauna? Yo voy _________ después del tenis.
   – No, gracias. _________ voy porque no me gusta.
4. – ¿Tienen _________ postre sin azúcar?
   – Lo sentimos, señor, no hay _________ postre sin azúcar.

5. – Yo no quiero comer pizza.
   – Yo ________ quiero, comí mucho hace un rato.

II. Completa adecuadamente.

1. – ¿Hay ________ de comer en el refrigerador?
   – No, no hay ________.
2. – ¿Fue ________ al supermercado ayer?
   – No, no fue ________.
3. – ¿ ________ comes en restaurantes?
   – No, ________ como fuera de mi casa.
4. – ¿Quieres ________ de comer?
   – No, gracias, ________ como entre comidas.
5. – ¿Por qué no invitaste a Juan y a Ramón a la fiesta?
   – Los invité, pero ________ de los dos quiso venir.
6. – No me gusta desayunar cereal.
   – A mí ________. No desayuno cereal ________.

Superlativos y diminutivos

Adjetivo superlativo absoluto

1. El que denota el sumo grado de cualidad que con él se expresa; *justísimo, celebérrimo, muy alto.*

Diminutivo

2. Dicho de un sufijo: Que denota disminución de tamaño en el objeto designado, p. ej., *piedrecilla,* o que lo presenta con intención emotiva o apelativa, p. ej., en *¡Qué nochecita más atroz! Una limosnita.* Se usa también con adjetivos y adverbios con significación intensiva; p. ej., *ahorita, cerquita, pequeñín.*

III. Completa usando el superlativo o el diminutivo, según convenga.

1. ¡Tu primo es ________! (alto)
2. El bebé lloró sin parar, ¡vaya ________ que pasamos! (noche)
3. ________ estoy con usted. (ahora)
4. Las colonias marginadas de Nueva York viven en condiciones ________. (pobre)
5. No puedo pagar tanto, ¿tiene algo más ________? (barato)
6. Mi abuela le habla a la verdura siempre con cariño y dice: "A la sopa, hay que ponerle ________, ________ y unos ________." (calabaza, cebolla, chiles)
7. No tardo, mi casa está ________ y yo tengo un reloj ________ que te puede servir. (cerca, chico)

8. Es __________, solo hay que colocar una __________ en el lugar exacto. (sencillo, piedra)

Redacción libre

Completa los cuadros siguientes según tus preferencias.

EN MI CASA SIEMPRE COMEMOS...

NOMBRE	PORQUE...
1.	
2.	
3.	
4.	
5.	

EN MI CASA NUNCA COMEMOS...

NOMBRE	PORQUE...
1.	
2.	
3.	
4.	
5.	

Lección 19

En el restaurante
식당에서

Diálogo de hoy
(대화를 듣고 빈칸을 스페인어로 채워보세요)

(Timbra el teléfono)

Empleado: Restaurante La Vianda, buenos días.

Lorena: Buenos días._______, he_______________hace un momento_______________ la señora Gil y quería hacer un________.

Empleado: Sí, aquí está. A las____, para___________.

Lorena: Me gustaría cambiarla para____________, y 4 personas___________. ¿No hay problema?

Empleado: No hay ningún_______. A las 9 y media, 4 personas. A nombre de la señora Gil.

Camarero: Buenas noches, señores. ¿_________________?

Lorena: Sí, a nombre de la señora Gil.___________una mesa al lado de__________.

Camarero: Muy bien. Por aquí, por favor. ¿Me________sus________?

Teresa: ¡Qué lugar tan________! ¿No será____________?

Lorena: No, no es tan caro.______que les_______.

Camarero: Aquí tienen________y la____________. ¿Les apetece un_______?

Lorena: Sí,_______vermut y jamón serrano.

Teresa: Yo no bebo. Para mí, una sangría, si no_____________molestia.

Lorena: Una sangría para la señora. Y que vayan preparando el especial de___________, para 4 personas, pero que no quede______.

Camarero: Hoy está____con una__________y_______con nata. Les gustará. ¿Y para beber?

Lorena: ______________con gas y tres copas de__________.

Lorena: Camarero, la cuenta, por favor.

Camarero: Aquí la tiene. ¿___________su gusto la cena?

Lorena: ¡Exquisita! ...Perdone. Creo que____________la cuenta. No hemos__________.

Camarero: Les_____que nos disculpen. Ha sido_______de________.

Diálogo de hoy

(Timbra el teléfono)

Empleado: Restaurante La Vianda, buenos días.

Lorena: Buenos días. Disculpe, he reservado una mesa hace un momento a nombre de la señora Gil y quería hacer un cambio.

Empleado: Sí, aquí está. A las 9, para dos personas.

Lorena: Me gustaría cambiarla para las 9 y media, y 4 personas en vez de 2. ¿No hay problema?

Empleado: No hay ningún inconveniente. A las 9 y media, 4 personas. A nombre de la señora Gil.

Camarero: Buenas noches, señores. ¿Tienen reservación?

Lorena: Sí, a nombre de la señora Gil. Nos gustaría una mesa al lado de la ventana.

Camarero: Muy bien. Por aquí, por favor. ¿Me permiten sus abrigos?

Teresa: ¡Qué lugar tan exótico! ¿No será demasiado caro?

Lorena: No, no es tan caro. Espero que les guste.

Camarero: Aquí tienen la carta y la lista de vinos. ¿Les apetece un aperitivo?

Lorena: Sí, tomaremos vermut y jamón serrano.

Teresa: Yo no bebo. Para mí, una sangría, si no fuera mucha molestia.

Lorena: Una sangría para la señora. Y que vayan preparando el especial de merluza a la romana, para 4 personas, pero que no quede salada.

Camarero: Hoy está frita con una salsa muy suave y setas con nata. Les gustará. ¿Y para beber?

Lorena: Agua mineral con gas y tres copas de vino tinto.

Lorena: Camarero, la cuenta, por favor.

Camarero: Aquí la tiene. ¿Ha sido de su gusto la cena?

Lorena: ¡Exquisita!... Perdone. Creo que no está bien la cuenta. No hemos tomado postre.

Camarero: Les ruego que nos disculpen. Ha sido un error de facturación.

(전화벨이 울린다)

직원: 안녕하세요, 라 비안다 레스토랑입니다.

로레나: 안녕하세요. 실례지만 얼마 전 힐 여사 이름으로 예약했는데요, 변경할 수 있을까요?

직원: 네, 여기 있네요. 9시에 두 사람으로 예약되어 있습니다.
로레나: 9시 반에 두 사람 대신 네 사람으로 변경하고 싶은데요. 괜찮을까요?
직원: 아무 문제 없습니다. 9시 반 네 사람, 힐 여사 성함으로.

웨이터: 안녕하세요, 예약하셨습니까?
로레나: 네, 힐 여사 이름으로요. 창가 테이블이면 좋겠어요.
웨이터: 좋아요. 여기로 오세요. 외투를 주시겠어요?
떼레사: 장소가 이국적이네! 너무 비싸지 않을까요?
로레나: 아뇨, 그렇게 비싸지는 않아요. 여러분 마음에 드셨으면 좋겠네요.
웨이터: 메뉴판과 와인 목록입니다. 에피타이저를 드시겠습니까?
로레나: 네, 베르무드와 하몬 세라노로 할게요.
떼레사: 난 안 마실래요. 괜찮다면 상그리아를 갖다 주세요.
로레나: 이 여자분께는 상그리아를 가져다 주시고요. 로마식 특별 대구요리 4인분으로 짜지 않게 준비해 주세요.
웨이터: 오늘 요리는 부드러운 소스에 버섯 생크림을 곁들인 대구튀김입니다. 입에 맞으실겁니다. 음료는?
로레나: 광천수와 적포도주 석 잔.

로레나: 계산서 부탁해요.
웨이터: 여기 있습니다. 저녁식사가 마음에 드셨습니까?
로레나: 너무 맛있었어요! ……실례지만 계산서가 잘못된 것 같네요. 디저트를 먹지 않았는데.
웨이터: 죄송합니다. 계산상 착오가 있었습니다.

vocabulario

disculpe v. disculpar 용서하다 reservado v. reservar 예약하다 cambio m. 변화, 변경 inconveniente m. 방해, 지장 reservación f. 예약 abrigos m.pl. 외투 exótico adj. 이국적인 demasiado adv. 너무, 지나치게 carta f. 편지, 메뉴 lista f. 목록, 리스트 apetece v. apetecer 원하게 만들다, 탐나게 하다 aperitivo m. 애피타이저, 식욕을 돋구기 위한 아페리티브 vermut m. 베르무드주(=vermú) jamón m. 하몬, 건조 · 염장한 돼지 뒷다리살 serrano adj. 산의, 산지의. jamón~ 익히지 않고 그대로 말린 하몬 sangría f. 상그리아주 molestia f. 방해, 훼방 vayan v. ir 가다 preparando v. preparar 준비하다 merluza f. 대구류에 속하는 흰살 생선 romano/a adj. 로마의, 로마식의 quede v. quedar 남다 salado/a adj. 짠, 소금기있는 frito/a adj. 기름에 튀긴 salsa f. 소오스, 양념 setas f.pl. 버섯 nata f. 생크림 mineral adj. 광물의 gas m. 가스 tinto adj. 포도빛의 cuenta f. 계산, 계산서, 통장, 장부 exquisito/a adj. 훌륭한, 절묘한 postre m. 후식, 디저트 ruego v. rogar 간청하다, 부탁하다 error m. 잘못, 오류 facturación f. 송장 작성, 계산서 작성

Gramática y expresiones

1. Buenos días. Disculpe, he reservado una mesa hace un momento a nombre de la señora Gil y quería hacer un cambio.

a nombre de ~ : ~의 이름으로. hacer un cambio: 변경하다

2. Me gustaría cambiarla para las 9 y media, y 4 personas en vez de 2. ¿No hay problema?

Me gustaría+동사원형 '~을 하고 싶은데요'. cambiar algo para ~로 바꾸다. en vez de : ~대신에

기타 표현

¿Le importaría cambiar la reservación? Ahora sería a las 9 y media y para 4 personas.
Pues, hágame el favor de hacer el cambio: 9 y media para 4 personas.
¿Sería tan amable de hacerme unos cambios: en vez de las nueve, nueve y media.
Y cuatro en vez de tres personas.

3. No hay ningún inconveniente.

No hay problema와 같은 뜻으로 아무 불편이 없다는 뜻. 확인을 위해 반복하여 말하고 있다.

4. Buenas noches, señores. ¿Tienen reservación?

예약했는가 하는 질문으로 다음과 같은 표현도 쓸 수 있다.

¿Tienen reserva/reservación?

¿Tiene la mesa reservada? ¿Tienen mesa reservada?

5. Sí, a nombre de la señora Gil. Nos gustaría una mesa al lado de la ventana.

Nos gustaría~ '우리는 ~가 좋은 것 같다'

al lado de ~옆에

6. ¿Me permiten sus abrigos?

외투를 나에게 허락하겠는가 하는 질문은 결국 외투를 자기에게 달라는 뜻. 즉, 외투를 걸어드리겠습니다. 무엇을 달라고 매우 겸손하게 표현할 때 쓰인다.

¿Me permite su pasaporte? : 여권 좀 주시겠어요?

7. Aquí tienen la carta y la lista de vinos. ¿Les apetece un aperitivo?

vino(포도주)와 같은 물질명사가 복수형으로 쓰이면 종류를 나타낸다. 포도주 종류 리스트를 뜻한다.

¿te/le/os/les apetecer (음식 이름)? 은 이 음식을 좀 먹겠는가 하는 뜻이다.

8. Sí, tomaremos vermut y jamón serrano.

'베르무드주' 는 연한 핑크색을 띤 혼합주. 하몬세라노는 돼지 뒷다리를 소금에 절인 햄으로 얇게 썰어 안주나 애피타이저로 먹는 스페인의 대표적 음식이다.

9. Una sangría para la señora. Y que vayan preparando el especial de merluza a la romana, para 4 personas, pero que no quede salada.

'상그리아' 약간의 술과 물, 과일을 섞어서 만든 칵테일의 일종.

a la 지역이름 형용사: ~식으로

예) barbacoa a la coreana: 한국식 바비큐

arroz a la cubana 쿠바식 밥

merluza는 대구이므로 로마식 생선요리를 뜻한다.

10. Hoy está frita con una salsa muy suave y setas con nata. Les gustará. ¿Y para beber?

frito/a는 freír 동사의 과거분사로 기름에 지지거나 튀기는 것을 뜻한다. salsa는 소스. 아주 순한 소스와 함께 나온다는 뜻. seta는 느타리버섯이며, nata는 크림이다. 음식에서 con은 곁들여 나온다는 뜻

11. Agua mineral con gas y tres copas de vino tinto.

생수의 경우 탄산수를 원하는 경우에는 agua mineral con gas, 보통 물을 원하는 경우에는 agua mineral sin gas라고 하면 된다. 물을 잔 단위로 요구할 때에는 un vaso de agua(물 한 잔)라고 하면 되며, 병 단위로 주문할 때에는 una botella de agua(물 한 병)라고 한다. 술을 잔으로 주문할 때는 una copa de vino 식으로 표현하면 된다. 포도주 종류에는 vino tinto 적포도주, vino blanco 백포도주, vino rosado 로즈와인 등이 있다.

12. ¿Ha sido de su gusto la cena?

ser de su gusto 마음에 들다

¿Qué tal les ha parecido la cena? 저녁식사 어떠셨어요?

13. Ha sido un error de facturación.

error de facturación: 계산상의 잘못

Ejercicios

¡Vamos a conversar!

(본문 대화에 대한 다음 질문에 대답해 보세요.)

1. ¿Qué van a tomar como aperitivo?
2. ¿Por qué Teresa prefiere una sangría?
3. ¿Qué van a comer?
4. ¿Cómo es el restaurante?
5. ¿Cómo hizo Lorena la reservación en el restaurante?
6. ¿Qué tomaron de postre?
7. ¿Qué problema hubo al final?

Pregunta a tus compañeros

1. ¿Dónde prefieres comer, en tu casa o en un restaurante?
2. ¿Conoces algún lugar exótico?
3. ¿No quieres ir con tu mejor amigo/a al cine?
4. ¿No tienes hambre?
5. ¿No quieres darme tu número de teléfono?

¡Vamos a practicar!

I. 식당에서 음료를 주문하는 방법을 익혀봅시다.

1. ______________________________ (탄산수 한 병, 적포도주 한 잔)
2. ______________________________ (물 한 주전자, 백포도주 두 잔)
3. ______________________________ (적포도주 한 병, 얼음 넣은 물 한 잔)
4. ______________________________ (콜라 한 캔, 생 오렌지 쥬스)
5. ______________________________ (물 한 병, 샴페인 한 잔)

II. ¿Nos trae más/ otro ~, por favor? -더 가져다 주시겠어요?

1. ¿ ______________________________ ? (빵과 물 한 병 더)
2. ¿ ______________________________ ? (매운 소스 조금 더)
3. ¿ ______________________________ ? (포크 한 개 더)
4. ¿ ______________________________ ? (칼 한 개 더)
5. ¿ ______________________________ ? (수저 한 개 더)

6. ¿ ________________________________ ? (물 더)
7. ¿ ________________________________ ? (물 한 병 더)
8. ¿ ________________________________ ? (물 두 병 더)

III. ¿Les apetece ~ ? ~ 드시겠어요?

1. ¿ ______________________ ? (에피타이저: aperitivo)
2. ¿ ______________________ ? (샴페인 한 병: una botella de champán)
3. ¿ ______________________ ? (커피: café)
4. ¿ ______________________ ? (아이스크림: helado)
5. ¿ ______________________ ? (차: té)
6. ¿ ______________________ ? (포도주: vino)

Gramática : Algunos usos de "no"

no.
1. adv. neg. U. para negar, principalmente respondiendo a una pregunta.
2. adv. neg. Antecede al verbo al que sigue el adverbio 'nada' u otro vocablo que expresa negación. Eso no vale nada. No ha venido nadie. No hay ningún inconveniente.
3. adv. neg. U. en sentido interrogativo, para reclamar o pedir contestación afirmativa. ¿No me obedeces? U. también cuando se supone que la respuesta va a ser afirmativa. ¿No ibas a marcharte? Sí, pero cambié de opinión.
4. adv. neg. U. repetido para dar más fuerza a la negación. No, no lo haré. No lo haré, no.
5. Aunque es adverbio de negación, hay ocasiones en que carece de todo valor negativo. ¡Cuánto no le dolerá!

I. Responde las preguntas como convenga.

1. ¿No habrá algún problema? ______________________
2. ¿No será muy caro? ______________________
3. ¿No estará muy lejos? ______________________
4. ¿No estará muy caliente la sopa? ______________________
5. ¿No te levantas? Ya es muy tarde. ______________________
6. ¿No me das tu dirección? ______________________
7. ¿No me da un pedacito de pastel? ______________________
8. ¿No te importa si fumo? ______________________
9. No hace mucho calor hoy, ¿verdad? ______________________
10. ¿No será mucha molestia? ______________________

II. Escribe cuál es la intención real de la frase.

MODELO: ¡Cuánto no le dolerá la cabeza! Sí le duele mucho la cabeza.

1. Luis, ¿no me das una servilleta? ______________________
2. ¡Cuánto no costará ese anillo! ______________________
3. Anita, ¿no me llevas a mi casa? ______________________
4. Jorge, ¿no me esperas un ratito? ______________________
5. ¡Cuánto no sufrirá la gente en la guerra! ______________________
6. Hijo, ¡cómo no voy a quererte! Soy tu madre. ______________________
7. Silvia, ¿no me ayudas, por favor? ______________________
8. No creas, estoy muy preocupado por los exámenes.

____

Redacción libre

Escribe completando las frases que hay en el cuadro, el tema es "Sí, pero no..."
Debes usar las siguientes palabras: nunca, ningún/a/os/as, nada, tampoco.

"Sí, pero no..."

Yo nací en ______________________, pero ahora no ______________________.
Siempre ____,
pero a veces no ____.
Me gusta ____,
aunque en ocasiones no ____.
Todas las noches ____,
sin embargo, no ____.
Pienso ____,
pero ____.

Lección 20

En el bar
바에서

Diálogo de hoy
(대화를 듣고 빈칸을 스페인어로 채워보세요)

Inés: ¡Hola, Beto! ¡Cuánto me______de______! Oye, ¿no tienes________________ ahora?

Roberto: No, solo estaba______________por aquí.

Inés: Pues, entonces, ¿__________para tomar algo? Conozco un bar__________cerca, en esa________. Te______una copa.

Roberto: De acuerdo. Vamos.

- En el bar -

Camarera: Buenas tardes, ¿qué____________?

Inés: ___________ para mí y un_____de patatas_____para_______________.

Roberto: Yo quiero una________________.

Camarera: ¿Algo más?

Inés: No, gracias. Es todo____________.

____

Inés: ¡Ah,__estoy_______de hambre!_______un bocadillo más. ¿Y tú, Roberto?

Roberto: Estaba________que podemos aprovechar para__________. Pediré yo también _________. Pero yo_________. ¡Camarera!

Camarera: Un momento. Ahora voy... ¿Sí?

Inés: Quiero pedir__________________________.

Roberto: Para mí,___________pero con mucha_______.

Camarera: ______________ahora un______________________de york sabroso. ¿Desean __________?

Inés: Sí, está bien.

Camarera: _________.

Diálogo de hoy

Inés: ¡Hola, Beto! ¡Cuánto me alegro de verte! Oye, ¿no tienes algún compromiso ahora?

Roberto: No, solo estaba dando una vuelta por aquí.

Inés: Pues, entonces, ¿tienes tiempo para tomar algo? Conozco un bar que está cerca, en esa esquina. Te invito una copa.

Roberto: De acuerdo. Vamos.

- En el bar -

Camarera: Buenas tardes, ¿qué desean tomar?

Inés: Una cerveza para mí y un plato de patatas fritas para acompañar.

Roberto: Yo quiero una copa de vino tinto.

Camarera: ¿Algo más?

Inés: No, gracias. Es todo de momento.

Inés: ¡Ah, me estoy muriendo de hambre! Comeré un bocadillo más. ¿Y tú, Roberto?

Roberto: Estaba pensando que podemos aprovechar para merendar. Pediré yo también algo más. Pero yo te invito. ¡Camarera!

Camarera: Un momento. Ahora voy... ¿Si?

Inés: Quiero pedir un bocadillo de jamón y queso.

Roberto: Para mí, otro igual pero con mucha lechuga.

Camarera: Estamos recibiendo ahora un nuevo tipo de jamón de york sabroso. ¿Desean probarlo?

Inés: Sí, está bien.

Camarera: De acuerdo.

이네스: 베또야! 너를 만나다니 정말 반갑다! 그런데 지금 약속 있니?

로베르또: 아니, 그냥 둘러보는 중이었어.

이네스: 그럼 뭘 좀 마실 시간 있어? 저 모퉁이에 가까운 바를 알고 있거든. 내가 한 잔 살게.

로베르또: 그래, 가자.

- 바에서 -

여종업원: 안녕하세요, 무얼 드시겠어요?

이네스: 맥주 한 잔과 안주로 감자튀김 한 접시 주세요.

로베르또: 저는 레드와인 한 잔요.
여종업원: 더 원하시는 것은?
이네스: 아뇨, 일단은 이것으로 됐어요.

이네스: 어휴, 배고파 죽겠네! 샌드위치를 더 먹어야겠다. 로베르또, 너는?
로베르또: 이걸로 간식을 대신할 수 있다고 생각했어. 나도 주문할게. 하지만 내가 산다. 이봐요!
여종업원: 잠시만요. 지금 갑니다……. 네, 주문하세요.
이네스: 하몬과 치즈가 들어간 샌드위치를 부탁해요.
로베르또: 저도 똑 같은 것으로 단 상추를 많이 넣은 것으로 부탁해요.
여종업원: 지금 엄청 맛있는 하몬 요크가 새로 들어왔는데요. 한번 드셔보실래요?
이네스: 네, 좋아요.
여종업원: 알겠습니다.

Gramática y expresiones

1. ¡Hola, Beto! ¡Cuánto me alegro de verte!

'Cuánto + 동사' 로 구성되는 감탄문. '정말 많이 ~ 하는구나!' 의 뜻이다.
¡Cuánto comes! 너 정말 많이 먹는구나! ← Comes mucho
alegrarse de + 동사원형 : ~해서 기쁘다
예) Me alegro mucho de verte.를 감탄문으로 바꾼 것

2. ¿no tienes algún compromiso ahora?

compromiso는 시간 약속, alguna cita라고 해도 된다.

3. Solo estaba dando una vuelta por aquí.

스페인어의 과거 진행형 : estar의 불완료 과거형 + 동사의 현재분사 : '~하는 중이었다'

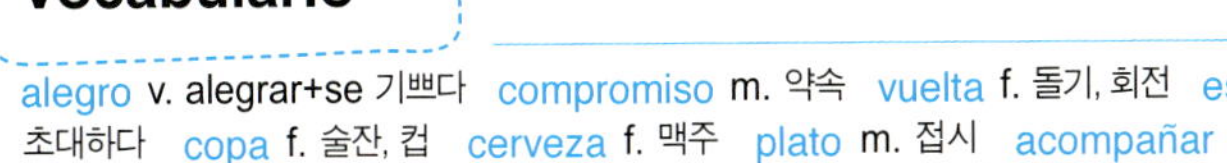

vocabulario

alegro v. alegrar+se 기쁘다 compromiso m. 약속 vuelta f. 돌기, 회전 esquina f. 모퉁이, 코너 invito v. invitar 초대하다 copa f. 술잔, 컵 cerveza f. 맥주 plato m. 접시 acompañar v. 동반하다 tinto adj. 포도주색의, 붉은 muriendo v. morir 현재분사형 bocadillo m. 바게트 사이에 햄, 야채, 치즈 등을 끼워 먹는 샌드위치 종류 aprovechar v. 이용하다 merendar v. 간식을 먹다 pediré v. pedir 요청하다. 미래형 lechuga f. 상추 sabroso adj. 맛 좋은

4. Pues entonces, ¿tienes tiempo para tomar algo?

tener tiempo para ~: ~할 시간이 있다

다음과 같은 표현도 가능하다

¿Qué te parece tomar una cerveza? /¿Qué tal una copa ahora?
/¿Te apetece una copa?

5. Conozco un bar que está cerca, en esa esquina. Te invito una copa.

conocer + 장소: 어느 곳에 가봐서 알다, 가 본 적이 있다.

"저 모퉁이에 있는 바를 가본 적이 있다." 의 뜻.

먹을 것/마실 것을 사겠다는 것은 스페인어로 invitar동사로 표현한다. comprar(사다)로 표현할 수는 없다는 것을 기억할 것.

"내가 너에게 술 한잔 살게" 뜻이다.

Te invito un café. 내가 커피 한잔 살게.

Te invito a comer. 점심 식사에 초대할게.

Te invito a cenar. 저녁 식사에 초대할게.

Te invito a mi casa. 우리 집에 초대할게.

6. ¿qué desean tomar?

tomar 동사의 뜻: 먹다, 마시다, 약을 먹다.

무엇을 드시겠어요?

7. Una cerveza para mí y un plato de patatas fritas para acompañar.

acompañar 대신에 스페인에서는 picar 동사를 많이 쓴다. 본래 picar는 '찌르다' 뜻의 동사로 음식이 맵다고 할 때에서 'picante'(톡 쏘는)를 쓴다. 이는 '입맛을 돋우다, 입을 심심하지 않게 하다' 의 뜻을 가진다.

보통 '안주' 에 해당하는 것은 'Unas botanas para acompañar la bebidas' 라고 할 수 있다. 주로 먹는 안주로는 지역에 따라 다르나 aceitunas (올리브), patatas fritas (감자튀김), jamón serrano (햄), tortilla (또띠야), queso (치즈), croquetas (고로케), calamares fritos (오징어 튀김), tostaditas con frijoles, una panela, un guacamole, unas quesadillas, unas tostadas de ceviche, unas tostadas de cueritos, unos cueritos en vinagre, fruta en vinagre, unas patitas en vinagre 등이 있다.

Bocaditos para picar: ceviche, embutidos, pizza

음료의 종류

술 종류(licores) :

ron, vino, cerveza, coñac, aperitivo (식전에 먹는 술), champán, tequila, coctel, sidra, ginebra, sangría, *whisky*.

음료수 종류(refrescos) :

jugo/zumo, limonada, agua mineral/ con gas, soda (Fanta, Sprite, Cocacola...), horchata , aguas frescas f(agua de limón, de naranja, de sandía, de mango, de jamaica, de guayaba), batido(셰이크) refresco energético/ bebida energética/ bebida deportiva(이온 음료수)

8. ¿Algo más?

더 필요한 것 없으세요?

9. ¡Ah, me estoy muriendo de hambre! Comeré un bocadillo más.

배가 고파서 죽겠다. 배가 몹시 고프다는 뜻.

배가 부르다고 할 때에는 "Estoy lleno/a."라고 할 수 있다.

bocadillo는 바게트 빵 사이에 여러 가지 재료를 넣어서 만드는 샌드위치의 일종으로 들어가는 재료에 따라 다름과 같이 부른다.

bocadillo de jamón y queso: 햄 치즈 샌드위치

un bocadillo vegetal: 야채 샌드위치

10. Estaba pensando que podemos aprovechar para merendar. Pediré yo también algo más.

간식을 위해서 이용할 수 있다고 생각했다. 즉, 음식을 더 시킴으로써 간식을 대신하겠다는 의미.

오전 11~12시, 오후 5~6시 사이에 먹는 가벼운 음식을 merienda라고 하며 동사는 merendar를 사용한다. 보통 샌드위치, 비스켓, 도우넛(bollos) 종류를 커피와 함께 먹는다.

11. Un momento. Ahora voy... ¿Si?

잠시만요. 지금 갑니다. ¿Si?는 말씀하세요. 의 뜻.

12. Para mí, otro igual pero con mucha lechuga.

저를 위해서 똑같은 것 한 개 더, 그러나 상추를 많이 넣어달라.

13. Estamos recibiendo ahora un nuevo tipo de jamón de york muy sabroso. ¿Desean probarlo?

jamón de york는 뉴욕식 햄이라는 뜻으로 양념을 가미하여 조리한 돼지고기로 만든 햄. 뉴욕식 하몬 새 상품이 식당으로 반입되었으니 맛을 보라는 의미.

커피 종류

café solo - 진한 엑스프레소 커피에 아무 것도 안 넣은 것
café descafeinado - 카페인 없는 커피
café cortado - 아주 작은 잔에 진하게 나오는 엑스프레소

café con leche - 우유를 넣은 커피, 카페라테로 보면 된다.
capuchino - 카푸치노
café americano - 엑스프레소 커피에 더운 물을 섞어 묽게 만든 것

커피를 원하지 않는다면 manzanilla, menta와 같은 허브차 종류나, té de jazmín, té verde 등을 주문해도 된다.

Ejercicios

¡Vamos a conversar!

(본문 대화에 대한 다음 질문에 대답해 보세요.)

1. ¿Qué estaba haciendo Roberto?
2. ¿Qué toma Inés?
3. ¿Qué pide Roberto?
4. Los dos tienen mucha hambre, ¿qué deciden hacer?
5. ¿Qué toman de merienda los dos?
6. ¿Qué les recomienda la camarera?
7. ¿Quién va a pagar la cuenta?

Pregunta a tus compañeros

1. ¿Cuántas veces comes al día?
2. ¿Adónde acostumbras ir con tus amigos/as?
3. Cuando tienes hambre a media tarde, ¿qué haces?
4. Cuando sales con tus amigos/as, ¿quién paga la cuenta ?
5. ¿Estás planeando salir con tus amigos/as en estos días?

¡Vamos a practicar!

I. 음료 주문하기 :

Ejemplo: Una cerveza para mí y una copa de vino tinto para mi amigo.

1. ______________________ 나는 꼬냑, 친구는 생오렌지 쥬스 (coñac, jugo/zumo natural de naranja)
2. ______________________ 나는 레모네이드, 내 친구는 콜라 (limonada, cocacola)
3. ______________________ 밀크커피 두 잔, 미국식 커피 한 잔 (cafés con leche, café americano)
4. ______________________ 밀크 티 두 잔, 카모마일 티 한 잔 (té con leche, manzanilla)
5. ______________________ 인삼차 세 잔, 자스민 차 한 잔 (té de gingseng, té de jazmín)
6. ______________________ 민트차 한 잔, 블랙 커피 한 잔 (té de menta-poleo, café solo)
7. ______________________ 녹차 한 잔, 마테차 한 잔 (té verde, mate)

II. ¡Cuánto + 동사 ! 감탄문 정말 많이 ~하는구나!

¡Cuánto me alegro de verte!

1. ______________________ 비가 많이 오네! (llover)
2. ______________________ 아이가 많이 먹네! (comer)
3. ______________________ 이 수박은 무겁네! (pesar)
4. ______________________ ¡Es rápida! 개가 잘 뛰네! (correr) 정말 빠르다!
5. ______________________ Ya lleva más de doce horas en la cama. 정말 많이 자네.(dormir) 침대에 12시간도 더 있네.
6. ______________________. 그녀는 말이 정말 많네.(hablar)

III. ¿Tienes tiempo para 동사원형 ? : ~할 시간 있어?

1. ¿ ______________________? 너 우리와 식사 할 시간 (comer con nosotros)
2. ¿ ______________________? 너 나와 같이 갈 시간 (acompañarme)
3. ¿ ______________________? 당신 잠시 이야기 할 시간 (hablar un rato)
4. ¿ ______________________? 당신 내 숙제를 읽을 시간 (leer mi trabajo)

Gramática

"Estar" + imperfecto"

verbos irregulares

dormir	-	está	durmiendo
leer	-	está	leyendo
ir	-	está	yendo
reír	-	está	riendo
caer	-	está	cayendo
poder	-	está	pudiendo
ser	-	está	siendo
traer	-	está	trayendo
decir	-	está	diciendo
morir	-	está	muriendo
venir	-	está	viniendo
creer	-	está	creyendo
vestirse	-	se está	vistiendo / vistiéndose
morirse	-	se está	muriendo / muriéndose
caerse	-	se está	cayendo / cayéndose

Infinitivo	Gerundio
estar	estando

I. Escribe el verbo con el presente de "estar" + el pretérito imperfecto.

MODELO: estoy creyendo (creer)

1. No hagas mucho ruido, el niño ______________. (dormir)

2. ________________, por favor, espéranos un momento. (comer)
3. Mis flores ________________, no les puse suficiente agua. (morirse)
4. Hoy en día, todos ________________muchos productos de China. (traer)
5. Mi papá, como siempre, ________________el periódico. (leer)
6. Ya casi están listas, ________________arriba, enseguida bajan. (vestirse)
7. Yo sé que tú no me ________________la verdad. (decir)
8. ¡Cuidado, el techo ________________encima del coche! (caerse)
9. Me parece que les gustó la película, todos ________________. (reírse)
10. Creo que Luis ________________ahora, ya no contesta el teléfono de su casa. (venir)

II. Completa con cuidado y escribe el verbo "estar" en presente, pasado o futuro + pretérito imperfecto, según convenga a la frase.

MODELO:	esté pensando estaré pensando estaría pensando estaba pensando

1. Mañana, a estas horas, ________________ tranquilos en Cancún. (desayunar)
2. ¿En qué ________________ cuando hizo esa locura? (pensar)
3. Cuando vuelvas yo ________________, pero me despiertas, por favor. (dormir)
4. El niño ________________ pesadillas y llamaba a su mamá. (soñar)
5. No creo que me ________________ toda la verdad, lo veo en tus ojos. (decir)
6. En un año más, todos ________________ con las máquinas nuevas que nos enviará la compañía. (trabajar)
7. Perdón por llegar tarde, ________________ el autobús pero no pasaba. (esperar)
8. No creo que ________________ lo correcto, ¡ten cuidado con tu comportamiento! (hacer)
9. Ana se fue a las 6, a estas horas, ________________ a su casa. (llegar)

Redacción libre

1. Escribe imaginando una composición con el tema : "¿Qué estaba haciendo mi familia el sábado por la noche?"

* Debes usar la fórmula "estar" + ...ando, ... endo, ...iendo, y las siguientes palabras:

televisión música preparar cena hablar teléfono
abuelo/a hermano/a primo/a mamá papá yo

"¿Qué estaba haciendo mi familia el sábado por la noche?"

El sábado por la noche, ____

____

____

____

____

____

____

____

Lección 21

Comprando el periódico
신문을 사면서

Diálogo de hoy
(대화를 듣고 빈칸을 스페인어로 채워보세요)

Lilia: ¿Tienes________________?

César: No. Lo siento.______________en el quiosco. ¡Mira!______________, ¿por qué no lo compramos ahí?

Lilia: ¡Qué bien! ¿_________el periódico que se____________en México?

César: Pues... La Jornada. Yo lo compro__________. No me__________tanto las noticias, sino____________que son muy buenos. Pero entre semana______________otros.

Lilia: ¿Y cómo puedes leer cada día________________?

César: En realidad, no me________________la______________del periódico, sino____ ______en las que_________________.

Lilia: ¿Y por qué no los lees_____________? Así podrías ver lo que más__________de cada uno de ellos__________, ¿no?

César: Pues sí, a lo mejor tienes razón. Pero no es lo mismo mirar la_______________que del periódico.

Lilia: Es verdad. Pues vamos a ver__________el periódico de hoy.

César: Oye, echa_________al__________meteorológico, a ver qué tiempo vamos a tener este fin de semana.

Lilia: Toma,_____________. Yo voy a__________mientras a mi horóscopo.

César: No me digas que tú crees en los horóscopos...

Lilia: No, no me interesa tanto________________, porque no lo creo, sino las cosas que ______. Me divierten. Y me_______que muchos sí crean.

Diálogo de hoy

Lilia: ¿Tienes el periódico de hoy?

César: No. Lo siento. Podríamos comprarlo en el quiosco. ¡Mira! Ahí hay uno, ¿por qué no lo compramos ahí?

Lilia: ¡Qué bien! ¿Cuál es el periódico que se vende más en México?

César: Pues... La Jornada. Yo lo compro los domingos. No me importan tanto las noticias, sino los suplementos que son muy buenos. Pero entre semana suelo comprar otros.

Lilia: ¿Y cómo puedes leer cada día un periódico diferente?

César: En realidad, no me interesa tanto la tendencia política del periódico, sino las secciones en las que está especializado.

Lilia: ¿Y por qué no los lees a través de Internet? Así podrías ver lo que más te guste de cada uno de ellos diariamente, ¿no?

César: Pues sí, a lo mejor tienes razón. Pero no es lo mismo mirar la pantalla de la computadora que pasar las páginas del periódico.

Lilia: Es verdad. Pues vamos a ver lo que hay en el periódico de hoy.

César: Oye, echa un vistazo al pronóstico meteorológico, a ver qué tiempo vamos a tener este fin de semana.

Lilia: Toma, te paso la sección. Yo voy a echar una mirada mientras a mi horóscopo.

César: No me digas que tú crees en los horóscopos...

Lilia: No, no me interesa tanto lo que dicen, porque no lo creo, sino las cosas que inventan. Me divierten. Y me asombra que muchos sí crean.

릴리아: 오늘 신문 있니?

세사르: 아니. 가판대에서 살 수 있을 걸. 봐! 저기에 하나 있다. 저기서 사자.

릴리아: 잘됐다! 멕시코에서 가장 많이 판매되는 신문이 뭐니?

세사르: 음……. 『라호르나다』야. 나는 일요일마다 산단다. 뉴스엔 그다지 관심 없는데 부록이 아주 좋거든. 하지만 주중에는 다른 신문을 사는 편이야.

릴리아: 어떻게 매일마다 다른 신문을 읽을 수 있는 거니?

세사르: 사실 나는 신문의 정치적 성향에 별로 신경을 안 쓰는 대신 전문섹션에 관심있거든.

릴리아: 그렇다면 인터넷으로 봐도 되잖아? 매일 네가 좋아하는 걸 볼 수 있을 텐데, 안 그래?

세사르: 그건 그래. 네 말이 맞을지도 몰라. 하지만 컴퓨터 모니터를 보는 거랑 신문을 한 장 한 장 넘기면서 보는 건 똑 같은게 아니란다.

릴리아: 맞아. 오늘 신문에 뭐가 나와 있나 보자꾸나.

세사르: 이번 주말에 날씨가 어떨지 일기예보 좀 한번 봐.

릴리아: 자, 그 부분은 네게 넘길게. 그동안 나는 별자리 운세나 볼란다.
세사르: 설마 점성술을 믿는건 아니겠지…….
릴리아: 응, 믿지 않기 때문에 말하는 내용보다는 지어내는 얘기가 더 흥미있어. 더군다나 많은 사람들이 믿는게 신기해.

Gramática y expresiones

1. Podríamos comprarlo en el quiosco.

'quiosco' 는 신문이나 잡지, 지도, 소책자 등을 파는 곳이다. 스페인에서는 'quiosco' 나 'kiosco' 라고 하며 멕시코 등지에서는 'puesto de periódicos' 라고 한다. quiosco는 원래 아랍어의 '시장' 이라는 단어에서 온 외래어로서 주로 가판대를 뜻하는 단어이다: Voy al puesto de periódicos para comprar el Excélsior.

한편, 경제사정이 안 좋아지면서 교차로 등에서 대기 중인 자동차를 대상으로 신문을 파는 'voceador' 가 있는데, 주로 멕시코와 같은 중미, 콜롬비아, 에쿠아도르 등에서 볼 수 있다.

2. ¡Mira! Ahí hay uno. ¿Por qué no lo compras ahí?

uno는 quiosco를 뜻한다.

¿Por qué no ~? 는 권유하는 문장으로 "~를 하면 어떻겠니? ~하지 그러니?"

3. ¡Qué bien! ¿Cuál es el periódico que se vende más en México?:

'qué + 형용사/부사' 는 감탄문, 정말 잘 됐구나!

vendido vender의 과거분사로 '팔리는' 의 뜻, el ~ más와 함께 쓰여 '가장 많이 팔리는' 의 최상급의 뜻으로 쓰였음.

4. Yo lo compro los domingos, pero entre semana suelo comprar otros.

los domingos는 일요일 마다, 보통 스페인과 중남미에서 일요일 신문은 많은 부록, 잡지 등이 따라온

vocabulario

periódico m. 신문, 정기 간행물 quiosco m. 매점, 신문 · 잡지등을 파는 곳 vende v. vender 팔다, 판매하다 importan v. importar 중요하다 noticias f.pl. 소식, 뉴스 suplementos m. 보충, 부록 suelo v. soler ~하곤 하다 tendencia f. 경향, 유행 política/o adj. 정치적인 verdad f. 진실 secciones f.pl. 구분, 면, 부문 especializado adj. 전문화된, 특화된 través m. 기울기, 경사. a través de ~를 통하여 pantalla f. 화면, 극장의 영사막 páginas f.pl. 페이지, 쪽 vistazo m. 흘깃보기, 훑어보기 pronóstico m. 예측, 예상 meteorológico adj. 날씨의, 기상의 horóscopo m. 점성술, 별자리 운세 inventan v. inventar 발명하다, 만들어내다 divierten v. divertir 즐겁게하다 asombra v. asombrar 놀라게하다, 감탄케하다

다. 가격도 주중보다 비싸고 볼거리도 많다.
entre semana 주중에는
soler= tener costumbre de -의 뜻으로 동사원형과 함께 쓰인다.

5. ¿Y cómo puedes leer cada día un periódico diferente?
cada día는 매일, 매일 각각 다른 신문을 읽는다는 뜻. Cómo puedes ~ : 어떻게 ~할 수 있니?

6. ¿Y por qué no los lees a través de Internet? Así podrías ver lo que más te guste de cada uno de ellos diariamente, ¿no?
"인터넷을 통하여 읽지 그러니?" 권유하는 문장
Así 그러면.
podrías ~ : ~할 수 있을 텐데
lo que más te guste: guste는 gustar동사의 접속법으로 불확실한 사실이나 미래의 가정적 상황을 나타낸다.

7. Pues sí, a lo mejor tienes razón. Pero no es lo mismo mirar la pantalla de la computadora que pasar las páginas del periódico.
a lo mejor + 직설법 : 추측의 의미로 ~일지도 모른다.
tener razón : ~의 말이 옳다.
= Es verdad.
= Estoy de acuerdo contigo.
= Yo también pienso lo mismo.
= Te doy la razón.
mirar la pantalla de la computadora가 부정사로 문장의 주어 역할을 한다.
mismo que ~ ~과 같다.
pasar páginas del periódico 신문지 한 장 한 장을 넘기다.

8. ¡Oye! Echa un vistazo al pronóstico meteorológico, a ver qué tiempo vamos a tener este fin de semana.
echar un vistazo a ~ : ~을 (잠시) 보다.
pronóstico meteorológico : 일기예보는 pronóstico del tiempo 혹은 el tiempo라고도 함.

9. No me digas que tú crees en los horóscopos...
No me digas/diga que ~ 설마 ~는 아니겠지. 직역은 ~라고 말하지 말아라.

☞ 신문의 여러 섹션 (Secciones del periódico)

opinión 논평, 사설
internacional 국제
nacional 국내
economía 경제
sociedad 사회
cultura 문화
anuncios/avisos 광고, 알림
programación de TV/Radio 방송프로
cartelera 주로 개봉될 영화선전
el tiempo (el clima) 날씨
그 밖에도 agenda, reportaje(현장보고), entrevista(인터뷰), negocios(사업), pasatiempos(오락, 게임), ofertas de empleo(구인), horóscopo(운세), sorteos(복권) 등이 있다.

☞ 그 밖에 신문과 관련된 단어들

prensa : 언론, 신문
periódico 신문 =diario 일간 신문
titulares de prensa 신문, 잡지의 제목, 이름
revista : 잡지
el artículo: 신문의 기사
los medios de comunicación: 매스컴
suscribirse a los periódicos : 신문을 구독하다
el editorial 신문의 사설
la editorial 출판사

Ejercicios

¡Vamos a conversar!

(본문 대화에 대한 다음 질문에 대답해 보세요.)

1. ¿Cuál es el periódico que se vende más en México?
2. ¿Qué periódico lee diariamente César?
3. Para saber el clima, ¿qué sección del periódico hay que mirar?
4. ¿Por qué le interesan los horóscopos a Lilia?
5. ¿Cuál de los dos amigos cree en los horóscopos?
6. ¿Por qué compra César La Jornada?
7. ¿Qué le recomienda Lilia a César para que no compre tantos periódicos?

Pregunta a tus compañeros

1. ¿Qué periódico acostumbras leer?
2. ¿Qué otras cosas te gusta leer?
3. ¿Qué te gusta leer o ver en Internet?
4. ¿Cuál es tu signo del Zodiaco?
5. ¿Te gusta consultar el pronóstico del tiempo? ¿Por qué?

¡Vamos a practicar!

I. soler + 동사원형 : 습관적으로 ~한다

1. ______________________________ 7시에 일어나곤 한다. (levantarse)
2. ______________________________ 여름에 늦게 자곤 한다. (acostarse tarde)
3. ______________________________ 오전에 테니스를 치곤 한다. (jugar al tenis)
4. ______________________________ 자기 전에 비타민을 먹곤 한다. (tomar vitaminas)
5. ______________________________ 일요일마다 할머니께 전화하곤 한다. (llamar a la abuela)

II. No me interesa tanto ~ sino ~: 나는 ~보다는 ~에 관심이 있다

1. ______________________________ 나는 돈보다는 마음에 관심이 있다. (dinero, corazón)
2. ______________________________ 나는 나이보다는 경험에 관심이 있다. (edad, experiencia)

3. ______________________________ 나는 파티보다는 손님에 관심이 있다.
(fiesta, invitados)

4. ______________________________ 나는 네가 약속하는 것 보다 실천하는 것에 관심이 있다.
(lo que prometas/lo que cumplas)

III. ¿Por qué no ~ ? ~하지 그러니?

1. ¿ ______________________________ ? 인터넷으로 신문 읽지 그러니?
(leer el periódico a través de Internet)

2. ¿ ______________________________ ? 영어로 신문을 읽지 그러니?
(leer el periódico en inglés)

3. ¿ ______________________________ ? 우산을 가져가지 그러니?
(llevar un paraguas)

4. ¿ ______________________________ ? 따뜻한 것을 마시지 그러니?
(tomar algo caliente)

5. ¿ ______________________________ ? 우리 집으로 오지 그러니?
(venir a mi casa)

IV. Echa un vistazo a : ~를 잠깐만 봐.

1. ______________________________ 일기예보를 잠시 봐라. (pronóstico meteorológico)
2. ______________________________ 스포츠 란을 잠시 봐라. (sección de deportes)
3. ______________________________ 뉴스 좀 잠시 봐라. (anuncios/avisos)
4. ______________________________ 방송순서를 좀 봐라. (programación de hoy)
5. ______________________________ 내 가방 좀 봐줘. (mi bolso)
6. ______________________________ 애 좀 봐줘. (niño)
7. ______________________________ Creo que algo está mal.
자동차 좀 봐줘.(coche) 잘못된 것 같아.
8. ______________________________ A lo mejor está hirviendo.
스프 좀 봐줘.(sopa) 끓는 것 같아.

Gramática : Construcciones con el verbo "echar"

I. Escribe y completa con el tiempo adecuado del verbo "echar" y alguna de las palabras que hay en el cuadro.

responsabilidad	tierra	bendición	discurso	conversada
vistazo	menos	buzón	llorar	correr

1. El verbo echar seguido de un sustantivo verbal con el sufijo -ada, -ida, -azo, expresa acción terminada o 'perfecta':

Tengo ganas de *echar una conversada larga* contigo.

Voy a echar un *vistazo.*

2. En la lengua popular, echar es un verbo comodín que la lengua culta tiende a no emplear, prefiriendo verbos de sentido más preciso. Pero algunas formas más aceptadas en el uso culto son:

Echar un discurso (*pronunciar un discurso*)

Echar un responso (*rezar un responso*)

Echar la bendición (*dar la bendición*)

3. El uso preposicional del verbo echar considera:

Echar a correr.

Echar al buzón una carta (*poner, depositar en el buzón una carta*).

Echar en el agua una sustancia.

Echar de ver (*notar, advertir*).

Echar por tierra (*hacer fracasar algo*).

Echar de menos a alguien (*notar la ausencia, extrañar a alguien*).

Echarse a llorar. / Romper a llorar (*iniciar el llanto*).

Echarse (encima) una responsabilidad (*aceptar una responsabilidad*).

1. Ayer regresó muy tarde a su casa, y su papá le ________ un _____________ sobre sus deberes y responsabilidades.
2. La abuela nos _________ la ___________ para que nos vaya bien.
3. Vamos a la tienda y de paso __________ en el _________ esta carta.
4. Todo estaba preparado, pero llegó la lluvia y ___________ por ________ todos nuestros planes.
5. Hay mucha gente allá. Ven, vayamos a ________ un __________ para ver qué está pasando.
6. Trabajan día y noche, se _________ encima una _______________ y ahora deben cumplir.
7. Apenas se fue mi novio y ya lo _______ de ___________.
8. Cuando estalló el fuego, todos __________ a ___________ sin parar por todas partes.
9. ¡Hace tanto que no nos vemos! Tengo ganas de _______ una ___________ larga contigo.
10. En cuanto se acabó la leche del biberón, el bebé se ________ a _________.

II. Escribe frases con la fórmula "No ~ tanto ~ sino...". Debes usar las palabras que hay en los cuadros.

"No ~ tanto ~ sino..."
1. Fórmula simple: No me interesa tanto su dinero sino su corazón.
No le importa tanto nuestra edad sino nuestra experiencia.
2. Fórmula compuesta: No me interesa tanto lo que prometas sino lo que cumplas.
No nos duele tanto lo que haces sino lo que intentas.

los regalos le importa pequeño Luis la fiesta Al

1. ______________________________

los futbolistas las piernas les duelen A las rodillas

2. ______________________________

la oportunidad me interesa el dinero

3. ______________________________

con su novia le interesa A la película ir al cine Raúl

4. ______________________________

su vida los bomberos de los demás les importa la vida A

5. ______________________________

lo que aprenda me importa la calificación

6. ______________________________

por el mundo le interesa A Gerardo la beca viajar

7. ______________________________

me interesa divertirme bailar

8. ______________________________

Redacción libre

1. Imagina una composición con el tema :

"¿Cómo sería el mundo sin Internet?"

Debes usar las siguientes palabras:

jóvenes	amigos/as	niños	adultos
escuela	comunicación	mundo	tiempo

"¿Cómo sería el mundo sin Internet?"

Los jóvenes ______________________________

Lección 22

Disculpas por llegar tarde

늦어서 미안해

Diálogo de hoy
(대화를 듣고 빈칸을 스페인어로 채워보세요)

Ángela: _____no ha llegado Sandra y eso que__________a las ocho y media. ¡Qué raro! Normalmente es__________.

Gerardo: ________. Seguro que_______pasado nada. Lo mismo está en un___________ Ya sabes...___________hay mucho_______.

Ángela: Si__________ella, no tendríamos que esperar. Voy a llamarle por teléfono.

Gerardo: Ya____________hace unos minutos. Por eso, si le llamaras, no te___________.

____

Gerardo: ¡Mira! ¡Ahí viene ya,___________!

Sandra: Siento llegar_______... (Jadeando)

Ángela: ¿Qué te pasó? ¿Cómo__________tan tarde? Ya estábamos preocupados_______.

Sandra: Perdónenme. Anoche_____________a casa por la___________. Y esta mañana estaba tan____________________que no he podido oír el despertador. Para colmo,____________________.

Ángela: Deberías haberme llamado... ______________esperándote.

Sandra: Antes de salir de casa te llamé, pero tu teléfono estaba___________. Lo siento ___________.

Ángela: Estaría llamándote a ti. Pero ¿por qué no llamaste después? Tienes________, ¿no?

Sandra: Con__________, lo dejé en casa. Ya sabes, siempre estoy________. Lo siento de veras. Esto no_____________.

Gerardo: Ángela quería ir a__________. Si_____________por ti, no habríamos esperado tanto, como dijo Ángela. Pero, bueno,_____________. Ya es tarde para ir al cine, vámonos a cenar, yo________.

Diálogo de hoy

Ángela: Aún no ha llegado Sandra y eso que habíamos quedado a las ocho y media. ¡Qué raro! Normalmente es muy puntual.

Gerardo: No te preocupes. Seguro que no le ha pasado nada. Lo mismo está en un embotellamiento. Ya sabes... a esta hora hay mucho tráfico.

Ángela: Si pasáramos por ella, no tendríamos que esperar. Voy a llamarle por teléfono.

Gerardo: Ya lo he intentado hace unos minutos. Por eso, si le llamaras, no te contestaría.

Gerardo: ¡Mira! ¡Ahí viene ya, viene corriendo!

Sandra: Siento llegar retrasada... (Jadeando)

Ángela: ¿Qué te pasó? ¿Cómo es que llegas tan tarde? Ya estábamos preocupados por ti.

Sandra: Perdónenme. Anoche salí y regresé a casa por la madrugada. Y esta mañana estaba tan profundamente dormida que no he podido oír el despertador. Para colmo, el tráfico hoy estaba terrible.

Ángela: Deberías haberme llamado... Llevamos una hora esperándote.

Sandra: Antes de salir de casa te llamé, pero tu teléfono estaba comunicando. Lo siento de verdad.

Ángela: Estaría llamándote a ti. Pero ¿por qué no llamaste después? Tienes celular, ¿no?

Sandra: Con las prisas, lo dejé en casa. Ya sabes, siempre estoy despistada. Lo siento de veras. Esto no volverá a suceder.

Gerardo: Ángela quería ir a buscarte. Si hubiéramos pasado por ti, no habríamos esperado tanto, como dijo Ángela. Pero, bueno, ya pasó todo. Ya es tarde para ir al cine, vámonos a cenar, yo las invito.

앙헬라: 산드라가 아직 안 왔네. 오늘 여덟시 반에 만나기로 했는데. 이상하다! 보통 시간을 잘 지키는데.

헤라르도: 걱정마. 아무일도 없을거야. 교통체증 때문일거야. 너도 알다시피 이 시간은 차가 막히잖아.

앙헬라: 우리가 그녀쪽으로 간다면 기다릴 필요도 없을텐데. 전화해야겠다.

헤라르도: 아까 해봤어. 전화해도 받지 않을거야.

헤라르도: 봐! 저기 뛰어 오네!

산드라: 늦어서 미안해……. (숨을 헐떡이면서)

앙헬라: 무슨 일이야? 어쩜 이렇게 늦게 오는거니? 걱정하고 있었잖아.

산드라: 용서해줘라. 어젯밤에 나갔다가 새벽에 집으로 돌아갔거든. 그래서 오늘 아침

에 얼마나 깊이 자고 있었던지 알람이 울리는 소리도 못 들었어. 설상가상으로 오늘 차가 엄청 막히더라고.

앙헬라: 전화를 해주었어야지……. 한 시간이나 기다리고 있었잖아.

산드라: 집에서 나가기 전에 네게 전화했었는데 통화 중이더라.
정말 미안해.

앙헬라: 너한테 전화를 하고 있었겠지. 하지만 왜 나중에 전화안했니?
휴대폰 있잖아, 그치?

산드라: 서두른 나머지 집에다 두고 왔지 뭐니. 너도 알겠지만 내가 정신이 없잖아. 진짜 미안해. 다시는 안 그럴게.

헤라르도: 앙헬라는 너를 찾으러 가려고 했어. 앙헬라도 말했다시피, 네게 들르면 그렇게 오래 기다릴 필요가 없었으니까. 어쨌든 됐어. 다 지나간 일이야. 극장에 가기엔 이미 늦었어, 저녁이나 먹으러 가자.
내가 낼게.

Gramática y expresiones

1. Aún no ha llegado Sandra y eso que habíamos quedado a las ocho y media. ¡Qué raro! Normalmente es muy puntual.

보통은 시간 약속을 잘 지키는데, 이상하다.

eso que ~ 했는데 말이야.

¡Qué raro! : 참 이상하다.

2. ¡No te preocupes! Seguro que no le ha pasado nada.

걱정하지마, 아무일 없을거야.

부정 명령형: no + 접속법 현재형을 쓰면 부정 명령형이 된다.

vocabulario 

aún adv. 아직 quedado v. quedar 남다 puntual adj. 시간을 잘 지키는 preocupes v. preocupar (+se) 걱정하다 embotellamiento m. 병목, 정체 tráfico m. 교통량, 차량 pasáramos v. pasar 지나다, 건네다 tendríamos v. tener (+que) ~해야만 한다 esperar v. 기다리다 intentado v. intentar 시도하다 contestaría v. contestar 응답하다 corriendo v. correr 달리다, 뛰다 retrasada adj. 늦은, 지각의 jadeando v. jadear 숨을 가쁘게 몰아쉬다 preocupados adj. 걱정하는, 고민하는 perdónenme v. perdonar (+me) 용서하다 regresé v. regresar 돌아오다, 돌아가다 madrugada f. 새벽 despertador m. 자명종, 알람 colmo m. 최고, 극, 봉우리. para ~ 게다가, 설상가상으로 comunicando v. comunicar 소통하다, 연락하다 celular m. 휴대폰 prisas f.pl. 서두름 despistada adj. 정신이 나간, 산만한 suceder v. 일이 발생하다

seguro que 절 : 분명히 ~일거야
간접목적어 + pasar : ~에게 무슨 일이 일어나다.
예) ¿Qué te pasa? / ¿Qué te ha pasado? 너 무슨 일 있니?
No me pasa nada. No me ha pasado nada. 아무 일 없어.

3. Lo mismo está en un embotellamiento... Ya sabes... a esta hora hay mucho tráfico.

congestionamiento= atasco, embotellamiento, engalletamiento 교통체증
cf. caravana 자동차가 늘어선 행렬 (ej. Había muchos coches en caravana.)

a lo mejor/ lo mismo/ igual/probablemente + 직설법 : ~일지도 몰라.
A: ¿Qué vas a hacer este fin de semana?
B: No sé, igual voy a esquiar. Depende del tiempo.
ya sabes .. 이미 네가 알다시피

4. Siento llegar retrasada.

늦어서 미안해.
Siento 동사원형 : ~해서 미안하다 =Perdona/Perdone por 동사원형
예) Perdona por llegar tarde.

5. ¿Cómo es que llegas tan tarde?

cómo es que = por qué 따지듯이 물어 볼 때에 사용(어떻게 이렇게 늦을 수가 있니?)

같은 상황에 다음과 같은 표현도 사용할 수 있다.
예) ¿Qué te ha pasado?/ ¿Por qué llegas tan tarde?

6. Y, esta mañana estaba tan profundamente dormida que no he podido oír el despertador. Para colmo, el tráfico hoy estaba terrible.

너무 잠이 깊이 들어 있어서 자명종 소리를 못 들었다. 교통이 엉망이었다.
esta mañana 오늘 아침에
estaba dormida : 잠들어 있었다.
tan 형용사/부사 que 절 : 너무 ~해서 ~했다.
despertador : 자명종
para colmo : 엎친 데 덮친 격으로, 설상가상으로
terrible = horrible, fatal, horroroso

7. Pues, deberías haberme llamado... Llevamos una hora esperándote.

debería(가능법) + haber + 과거분사 : ~했어야 했는데 (하지 않았다)

나에게 전화했어야 했는데 안했다 = 전화를 좀 하지 그랬니?

llevar + 시간 + 현재분사 : ~하면서 ~(기간, 시간)을 보냈다.

너를 기다리면서 한 시간을 보냈다.

8. Te llamé antes de salir, pero tu teléfono estaba comunicando. Lo siento de verdad.

llamé : llamar의 부정과거

antes de 동사원형 : ~하기 전에

estar comunicando : 통화중, =ocupado

9. Con las prisas, lo dejé en casa... Ya sabes, siempre estoy despistada. Lo siento de veras. Esto no volverá a suceder.

Con ~ 원인 , 급해서

dejar(주로 과거형) 목적어 + en 장소: 무엇을 어디에 두고 오다.

dejé = olvidé

Ya sabes 네가 이미 알다시피

estar despistado/a: 덤벙대는, 침착하지 못한

= Ya me conoces. Siempre estoy despistada/ distraída/ desorientada.

volver a 동사원형: 다시 ~하다

suceder 일어나다 = pasar

이러한 일은 다시는 안 일어날 것이다. = 다시는 안 그럴게.

= Esto no pasará de nuevo/ No pasará esto la próxima vez.

☞ 사과할 때에 쓸 수 있는 표현들

Nunca más lo haré.

Te prometo (Te juro / Te aseguro) que esto no pasará de nuevo.

Te doy mi palabra de que no volverá a pasar.

No volverá a suceder, lo prometo.

Perdona por llegar tarde.

Lo siento mucho por no haberte avisado antes.

Lamento mucho mi tardanza.

Disculpa, por favor, me siento muy apenado/a

Ejercicios

¡Vamos a conversar!

(본문 대화에 대한 다음 질문에 답해 보세요.)

1. ¿A qué hora habían quedado de verse con Sandra?
2. ¿Por qué llegó tarde Sandra?
3. ¿Por qué no se pudo comunicar por teléfono Sandra con Ángela?
4. ¿Por qué olvidó su celular en casa?
5. ¿Quién acompaña a Ángela durante la espera?
6. ¿Adónde iban a ir los tres amigos?
7. ¿Adónde deciden ir, finalmente?

Pregunta a tus compañeros

1. ¿Qué harías si tuvieras mucho dinero?
2. ¿Qué harías si no fueras estudiante?
3. Si no hubiera servicio de transporte público (metro, autobús), ¿cómo irías a la escuela?
4. Si pudieras ir a estudiar al extranjero, ¿qué país escogerías?
5. Si tu mejor amigo/a tuviera un grave problema ¿qué harías?

¡Vamos a practicar!

I. Deberías haber + 과거분사: ~했어야 했는데 (하지 않았어)

1. ______________________ 나에게 알렸어야 했는데. (avisarme)
2. ______________________ 미리 나에게 말했어야 했는데. (decirme)
3. ______________________ 어젯밤에 내말을 들었어야 했는데. (escucharme)
4. ______________________ 문제가 심각하다는 것을 알았어야 했는데.(darse cuenta)
5. ______________________ 가지 말았어야 했는데. (no ir)

II. 동사 tan 형용사/부사 que 절 : 너무 ~해서 ~인 것 같다.

1. ______________________ 너무 바빠서 전화를 받지 못했어.
ocupado/no contestar su llamada)
2. ______________________ 후안은 덤벙대서 집에다 열쇠를 놓고 왔다.
(despistado/ olvidar la llave en casa)

3. ______________________ 너무 천천히 얘기해서 그의 말을 다 알아들었다. (despacio/entender todo lo que decía)

4. ______________________ 너무 피곤해서 회의에 못 갔다. (cansado/no poder ir a la reunión)

III. Dejé el teléfono en casa. : ~을 ~에 두고 왔다.

1. ______________________ 네가 열쇠를 차에 두고 왔다. (llaves/ dentro de coche)
2. ______________________ 그는 교실에 공책을 두고 왔다. (cuadernos/ en la clase)
3. ______________________ 우리는 가방을 네 사무실에 두고 왔다. (bolsos/ en tu oficina)
4. ______________________ 그들은 서류를 집에 두고 왔다. (papeles/ en casa)
5. ______________________ 너는 욕실 안에 네 외투를 두고 왔다. (tu abrigo/ dentro del baño)

IV. ¿Cómo es que 과거형? : 어떻게 ~했을 수가 있지?

1. ______________________ 네가 어떻게 그저께 직장에 안갈 수 있지? (tú, no ir al trabajo)
2. ______________________ 에이즈에 대한 논문을 어떻게 안 읽을 수 있지? (tú, no leer el artículo sobre SIDA)
3. ______________________ 네게 추천한 책을 어떻게 안 샀을 수가 있지? (tú, no comprar el libro que te habían recomendado)
4. ______________________ 어떻게 아스피린을 안 먹을 수가 있지? (tú, no tomar aspirina)
5. ______________________ 어떻게 어머니와 안 갔지? (tú, acompañar a tu madre)

V. Llevo 시간 + 현재분사/부사구 : ~한지 ~가 되었다.

1. ______________________ 이 집에 산지 2년 (viviendo en esta casa)
2. ______________________ 컴퓨터 앞에 있은지 5시간 (delante del ordenador)
3. ______________________ 당신 전화를 기다리며 30분 (esperando su llamada)
4. ______________________ 과일만 먹으면서 며칠 (comiendo solo frutas)
5. ______________________ 아픈지 6개월 (con la enfermedad)
6. ______________________ 여기서 얼마나 있었니? (aquí)

Gramática

Condicional o futuro hipotético y oraciones condicionales (primer tipo)

1. **Condicional simple.** Expresa un hecho futuro en una perspectiva pasada. Dijeron que vendrían. Deberías haberme llamado.
2. **Condicional compuesto.** Se forma con el verbo auxiliar *haber:* Habrían ganado, habría amado. No habríamos esperado tanto.
3. **El condicional, simple o compuesto,** puede expresar, igual que el futuro, la probabilidad, pero referida al pasado.
4. **Oraciones condicionales.** Hay dos tipos de oraciones condicionales que usan estas formas del verbo.

PRIMER TIPO) Puede ocurrir, pero es difícil que suceda:
Si le llamaras, no te contestaría.
(pret. imperfecto subjuntivo) (condicional simple)

SEGUNDO TIPO) Se esperaba que algo ocurriera (EN EL PASADO) pero no ocurrió:
Si hubieras llegado temprano, me habrías encontrado.
(pret. pluscuamperfecto subjuntivo) (condicional compuesto)

I. Completa las series con el verbo en condicional simple, según el ejemplo.

Si (tú) le llamaras no te contestaría. (contestar)

1. Si hablara más fuerte, todos lo ______________. (escuchar)
2. Si escucharan bien, ______________ más fácilmente la clase. (entender)
3. Si entendieran fácilmente la clase, ______________ un buen examen. (hacer)
4. Si yo fuera presidente, ______________ con la pobreza. (acabar)
5. Si se acabara con la pobreza, todos ______________ felices (vivir).
6. Si todos vivieran felices, el mundo ______________ un paraíso. (ser)

II. Completa con los verbos en el tiempo que convenga, según el modelo:

Si (tú) le llamaras no te contestaría . (llamar - contestar)

1. Si tú ____________ me ____________ . (querer - ayudar)
2. Si ____________ la lotería "Lotto" ____________ una parte a mis padres, ____________ por todo el mundo, ____________ un buen nogocio y ____________ a los pobres.

(ganar - dar - viajar - abrir - ayudar)

3. Si __________________ la computadora de mi amigo, le ________________ una disculpa, ______________. de arreglarla, y si no ____________ , le ____________ otra nueva.

(arruinar - dar - tratar - poder - comprar)

4. Si los jóvenes no _____________ computadoras, no _____________ hacer bien sus tareas, no ____________ ni ____________ mensajes, y no ____________ en Internet.

(tener - poder - enviar - recibir - jugar)

5. Si ______________ a España ______________ el Museo del Prado, _____________ por el parque del Retiro y ____________________________ cerveza con mis amigos en la terraza. Si _____________ un año en España, ____________ a hablar español muy bien.

(ir - visitar - pasear - tomar - estar - aprender)

Redacción libre

Escribe una composición con 5 oraciones encadenadas con el tema:
"¿Qué pasaría?"

* Puedes escoger otro sujeto para empezar:

Si mi hermana/o... Si mi amigo/a...
Si todos... Si los niños... Si los jóvenes...

> * *Por ejemplo:*
> Si llegaras temprano, me hablarías.
> Si me hablaras, me pondría muy contento/a.
> Si me pusiera contento/a, todos lo notarían.
> Si todos lo notaran, pensarían que...

Lección 23

En el cine
영화관에서

Mónica: Oye, Jorge, ¿____________ mañana por la tarde? La semana pasada se estrenó ____ ______________ que me ____________ que está muy buena. ___¿Te ______ venir?

Jorge: ¿De verdad? Sí, sí tengo muchas _____________ una buena película. ___________ __________. ¿En qué cine la ________?

Mónica: Pues, _________. Tú, ¿____ prefieres ver, la __________ subtitulada o la _________ al español?

Jorge: La _______. Y ¿cómo _______, entonces?

Mónica: La última ______ empieza a las _________, pero si te parece, nos vemos a ____ ______ para cenar.

Jorge: La verdad... es que no ______________ tan pronto. Si hubiera sabido antes, _______ ________ con mucho gusto. ¿Qué te parece ___________?

Mónica: Sí, me parece muy bien. Nos vemos _____________ "La copa de leche". _________ a tomar un café.

Jorge: __________, tendríamos que comprar _________________ en _________, ¿no?

Mónica: No, no hace falta. Voy a ____________________ por Internet. Así no tendremos que _________ en la cola.

Jorge: Muy bien, y ¿_____________?

Mónica: Antonio Banderas. ¿Recuerdas qué bien ______________ en la película que ______ el otro día?

Jorge: Si me hubieras _________ antes, ___________________ a Florencia, ya sabes que es ________ de Banderas.

Mónica: Es cierto, lo olvidé. Tal vez si le _______ ahora _____________ con nosotros.

Jorge: Buena idea. Nos veremos, entonces, por la noche. Y gracias por la __________. Ya _________ puede ir o no Florencia.

Diálogo de hoy

(Carolina는 어학연수원의 기숙사에 입사하고 있다.)

Mónica: Oye, Jorge, ¿nos vemos mañana por la tarde? La semana pasada se estrenó una película de acción que me han dicho que está muy buena. ¿Te gustaría venir?

Jorge: ¿De verdad? Sí, sí tengo muchas ganas de ver una buena película. Hace tiempo que no voy. ¿En qué cine la ponen?

Mónica: Pues, en varios. Tú, ¿cuál prefieres ver, la versión original subtitulada o la doblada al español?

Jorge: La original. Y ¿cómo quedamos, entonces?

Mónica: La última función empieza a las nueva y media, pero si te parece, nos vemos a las siete para cenar.

Jorge: La verdad... es que no me va bien tan pronto. Si hubiera sabido antes, habría aceptado con mucho gusto. ¿Qué te parece a las nueve?

Mónica: Sí, me parece muy bien. Nos vemos enfrente de "La copa de leche". Alcanzaremos a tomar un café.

Jorge: A propósito, tendremos que comprar las entradas en la taquilla, ¿no?

Mónica: No, no hace falta. Voy a hacer la reservación por Internet. Así no tendríamos que formarnos en la cola.

Jorge: Muy bien, y ¿quién actúa?

Mónica: Antonio Banderas. ¿Recuerdas qué bien actuó de malo en la película que vimos el otro día?

Jorge: Si me hubieras dicho antes, habríamos invitado a Florencia, ya sabes que es fanática de Banderas.

Mónica: Es cierto, lo olvidé. Tal vez si le llamara ahora podría venir con nosotros.

Jorge: Buena idea. Nos veremos, entonces, por la noche. Y gracias por la invitación. Ya veremos si puede ir o no Florencia.

모니카: 야, 호르헤야, 내일 오후에 만날까? 괜찮은 액션영화가 지난 주에 개봉되었데. 갈래?

호르헤: 정말? 좋아, 좋고말고. 나도 좋은 영화 한 편 보고 싶다. 안 간지 오래되었거든. 어느 극장에서 상영하는데?

모니카: 여러 군데에서. 너는 뭘 보고 싶은데? 자막 처리된 오리지널 버전, 아니면 스페인어로 더빙된 것?

호르헤: 오리지널 버전. 그런데 어떻게 만나지?

모니카: 마지막 상영이 아홉시 반에 시작이야. 하지만 너만 괜찮다면 저녁 먹으러 일곱 시에 만나자.

호르헤: 실은 말야…… 그렇게 이른 시간은 별로야. 미리 알았더라면 흔쾌히 승낙했을 텐데. 아홉시는 어떠니?

모니카: 좋아. "La copa de leche" 앞에서 만나자. 커피 마실 수는 있을 거야.

호르헤: 그런데 매표소에서 입장권을 사야 하잖아, 안 그래?

모니카: 아니, 그럴 필요 없어. 인터넷으로 예약하면 돼. 그럼 줄을 안 서도 되잖아.

호르헤: 좋았어. 그런데 누가 주연이지?

모니카: 안또니오 반데라스. 기억하니? 지난번 보았던 영화에서 악역을 진짜 잘 연기했던 것 말야.

호르헤: 네가 전에 얘기해주었더라면 플로렌시아도 불렀을 텐데. 반데라스 광팬이라는 것 너도 알지.

모니카: 그렇네, 깜빡했어. 지금 전화하면 함께 갈 수 있을 거야.

호르헤: 좋은 생각이다. 그럼 밤에 보자. 그리고 초대해줘서 고마워. 플로렌시아가 갈 수 있을지 보자꾸나.

Gramática y expresiones

1. Oye, Jorge ¿nos vemos mañana por la tarde? La semana pasada se estrenó una película de acción que me han dicho que está muy buena. ¿Te gustaría venir?

verse : 서로 보다, 만나다

nos vemos처럼 1인칭 복수형을 의문문으로 쓰면, ~할까요? 하는 청유문.

예) ¿Salimos? 나갈까요?

¿Entramos? 들어갈까요?

¿Te/Le/Os/Les gustaría 동사원형? : ~하는게 어떠니?

vocabulario

estrenó v. estrenar 상영하다, 공연하다 película f. 영화, 필름 acción f. 활동, 행동 dicho v. decir 말하다 subtitulada adj. 부제를 단, 자막을 단 doblada adj. 이중의, 더빙을 한 original adj. 원작의, 시작의 función f. 기능, 작용, 상영 aceptado v. aceptar 받아들이다, 승낙하다 alcanzaremos v. alcanzar 이르다, 닿다 propósito m. 목적, 의도 a~ 그런데, 바랬던 것처럼 taquilla f. 창구, 매표구 formarnos v. formar (+se) 정렬하다, 모양을 만들다 cola f. 꼬리, 열, 줄 actúa v. actuar 활동하다, 일하다 recuerdas v. recordar 기억하다 fanática f. (여성)광신도, 팬

영화의 종류

la película de amor / la película romántica 애정 영화
la película de ciencia y ficción 공상과학
la película de terror 공포
la película de acción 액션
la película de aventuras 모험
la comedia 코메디 / la comedia romántica 로맨틱 코미디
el drama 드라마
la película musical 음악, 뮤지컬
la película del oeste 서부
la animación 애니메이션
la película erótica 에로틱
la película infantil 어린이용

2. ¿De verdad? Sí, sí tengo muchas ganas de ver una buena película. ¿En qué cine la ponen?

tener muchas ganas de 동사원형 무척 ~하고 싶다.
여기서 sí 는 긍정문의 강조로 쓰임.
poner la película 영화를 상영하다, 보통 3인칭 복수로 표현
어느 극장에서 영화를 상영하니? ¿En qué cine está?라고 할 수도 있다.
cine : 영화관 teatro : 연극 극장 auditorio: 연주회장, 강당

☆ 영화 상연과 관련된 질문들

¿Qué película ponen en el cine Rex? 렉스 극장에서는 어떤 영화를 하지요?
¿En qué cine ponen "Harry Potter"? 해리포터는 어느 극장에서 하지요?

3. Pues, en varios. Tú, ¿cuál prefieres ver, la versión original subtitulada o la doblada al español?

la versión original subtitulada 원래 언어로 나오면서 자막
la doblada 더빙 처리된 영화
= Tú, ¿qué quieres ver: la versión original subtitulada o la doblada?
= Quieres ver la película en versión subtitulada o en versión doblada?

4. La original. Y ¿cómo quedamos?

= Me gustaría verla en versión original.
: quedar 만나기로 약속하다, 어떻게 만나지?
여기서 cómo는 cuándo y dónde를 포함한다. 즉, 언제 어디서 만나지?
=¿A qué hora nos vemos?

5. La última función empieza a las nueve y media, pero si te parece, nos vemos a las siete para cenar.

sesión = función

la primera función/sesión: 1회

la sesión de las dos: 2시에 시작하는 상영회

예) ¿A qué hora empieza la primera/ siguiente/ última sesión/ (función)?

6. La verdad... es que no me va bien tan pronto.

실은 그렇게 일찍은 곤란해

간접목적어 ir/venir bien : ~에게 사정이 좋다.

tan pronto 그렇게 일찍

7. ¿Qué te parece a las nueve?

9시가 어떠니?

te/le 간접목적어 parecer ~ : 너는/당신은 ~가 어때요?

= ¿Te parece bien a las ocho?

= ¿Te viene/conviene bien a las ocho?

= ¿Te acomoda a las ocho?

8. Sí, me parece muy bien.

같은 표현으로 Me viene muy bien.

9. A propósito, tendríamos que comprar las entradas en la taquilla, ¿no?

A propósito = Por cierto 그런데

comprar las entradas=sacar las entradas

표: entradas(입장권), billetes=boletos (차표)

문장 뒤에 ¿no? ¿verdad?이 붙으면 부가의문문으로 앞의 문장이 부정이나 긍정 모든 경우 가능.

9. No, no hace falta.

같은 표현으로 No, no nos hace falta. =No, no es necesario. 가 있다.

10. Voy a hacer la reservación por Internet. Así no tendremos que formarnos en la cola.

예약을 하다: hacer la reservación = hacer la reserva

인터넷으로: por Internet = a través de Internet

No nos hará falta ~ : 우리가 ~할 필요는 없을 것이다
formarnos en la cola= ponernos en la cola 줄을 서다.

Por eso, nos valdrá con venir quince minutos antes de empezar la película para recoger las entradas. 15분 전에 와서 표를 받기만 하면 돼.
= Haré la reservación por Internet. Así que vale con recoger las entradas quince minutos antes del comienzo (de la película). Tampoco hace falta ponernos en la cola.

11. Muy bien. Y, ¿quién actúa?

actuar 연기하다, 공연하다
el actor 배우, la actriz 여배우 el/la protagonista 주인공
el/la intérprete: 출연자 el director 감독

12. ¿Recuerdas qué bien actuó de malo en la película que vimos el otro día?

recordar = acordarse de
actuar de ~ = hacer de ~ 어떤 역할을 하다
예) En esta película Antonio Banderas actúa/ hace de asesino.
el otro día: 과거의 어느날

☛ 극장에서의 좌석 asientos del cine= butaca

fila 2 butaca 15 (2열의 15번)
예) No quiero sentarme en la primera fila, porque me mareo.
Entonces, ¿qué le parece la fila 16?

☆ 극장에서 표를 살 때 할 수 있는 말

Quisiera dos entradas (*de Harry Potter*) para la sesión de las tres.
¿Me da dos entradas (*de Shreck*) para la sesión de las cinco?

multi-cine의 경우 상영관은 sala라고 한다.
En la sala 2, ponen 'El señor de los anillos'.

☆ 우리에게 친숙한 영화이름을 스페인어로 알아보자 (Títulos de las películas)

Star Wars → La Guerra de las galaxias
God Father → El Padrino
Jurassic Park → Parque Jurásico

Home alone → Solo en casa
Terminator → Exterminador
The Lord of the rings → El señor de los anillos
Harry Potter → Harry Potter

Ejercicios

¡Vamos a conversar!

(본문 대화에 대한 다음 질문에 답해 보세요.)

1. ¿A qué hora comienza la última función?
2. ¿Qué película van a ver?
3. ¿Quién es el protagonista de la película?
4. ¿Cómo van a comprar los boletos para el cine?
5. ¿Va a ir Florencia con ellos al cine?
6. ¿A qué hora quedan de verse Mónica y Jorge?
7. ¿En dónde se van a encontrar?

Pregunta a tus compañeros

1. ¿Qué tipo de películas prefieres ver?
2. ¿Con qué frecuencia vas al cine?
3. ¿Prefieres ver las películas originales subtituladas o las dobladas al coreano?
4. Si tuvieras que invitar a tu mejor amigo/a al cine, ¿qué película escogerías?
5. ¿Hay algún cine cerca de tu casa ?

Películas de moda

TÍTULO	TIPO
Brokeback mountain (En terreno vedado)	- Drama
Alone in the Dark (Solo en la oscuridad)	- Película de acción
Aeon Flux	- Película de ciencia ficción
Roll Bounce (Sobre ruedas)	- Película de acción
King Kong	- Película de acción
The Chronicles of Narnia (Las crónicas de Narnia)	- Película infantil

OTROS TIPOS

Película de terror
Película romántica
Película musical

¡Vamos a practicar!

I. 시간 약속하는 대화에 대답을 해 봅시다.

1. ¿Cómo quedamos? ______________________ (수업 후에 우리 집에서 만나자.)
2. ¿Cuándo quedamos? ______________________ (오후 3시에 만나자)
3. ¿A qué hora quedamos? ______________________ (3시 반에 만나자)
4. ¿Cuándo nos vemos? ______________________ (내일 보자)
5. ¿A qué hora te conviene? ______________________ (6시가 좋아)

II. tener muchas ganas de ~ : 무척 ~ 하고 싶다

1. ______________________ 영화를 무척 보고 싶다 (ver la película)
2. ______________________ 친구들과 외출을 무척 하고 싶다 (salir con mis amigos)
3. ______________________ 외국으로 여행을 무척 하고 싶다 (viajar al extranjero)
4. ______________________ 무언가 무척 먹고 싶다 (comer algo)
5. ______________________ 무척 잠자고 싶다 (dormir)
6. ______________________ 너를 무척 보고 싶다 (verte)

III. No hace falta 동사원형: ~할 필요가 없다

1. ______________________ 줄 설 필요가 없다 (ponerse en la cola)
2. ______________________ 서류를 가지고 올 필요 없다 (venir con los documentos)
3. ______________________ 은행에 갈 필요가 없다 (ir al banco)
4. ______________________ 우산을 가져올 필요가 없다 (llevar el paraguas)
5. ______________________ 매표소에서 표를 살 필요 없다 (comprar las entradas en la taquilla)

IV. ¿Qué te/le parece ~? : ~이 어떠하니?

1. ¿ ______________________ ? 10시가 어떠니? (a las diez)
2. ¿ ______________________ ? 당신 이 차가 어떠세요? (este coche)
3. ¿ ______________________ ? 당신 이 영화가 어떠세요? (esta película)
4. ¿ ______________________ ? 포도주 한 잔 어떠니? (una copa de vino)
5. ¿ ______________________ ? 당신 오늘밤 외출하는 것이 어떠세요? (salir esta noche)
6. ¿ ______________________ ? 잠시 쉬는 것이 어떠니? (descansar un rato)

Gramática

Oraciones condicionales (segundo tipo)

Se esperaba que algo ocurriera (EN EL PASADO) pero no ocurrió:

Si *hubieras llegado* temprano, me *habrías encontrado.*

Si *hubiéramos pasado* por ti, no *habríamos esperado* tanto.

Si *hubiera sabido* antes, *habría aceptado* con mucho gusto.

Si me *hubieras dicho* antes, *habríamos invitado* a Florencia.

(pret. pluscuamperfecto subjuntivo) (condicional compuesto)

I. Completa las frases siguiendo el modelo.

Si hubiéramos pasado por ti, no habríamos esperado tanto.
(pasar - esperar)

¿Qué habría pasado si...

1. ... si Adán no se ____________ la manzana? (comer - vivir)
   Todos ____________________ en el Paraíso.
2. ... si el hombre no ______________ a la luna? (llegar - adelantar)
   La ciencia no __________________ como hasta ahora.
3. ... si no se ______________ las vacunas? (inventar - matar)
   Las enfermedades __________________ a muchas personas.
4. ... si Cristóbal Colón no _________________ América? (descubrir - conquistar)
   España no _____________________ el Nuevo Mundo.
5. ... si no se _____________________ la bomba atómica? (crear - destruir)
   No se ____________________ Hiroshima ni Nagasaki.

II. Escribe y completa esta serie de frases encadenadas. Observa el siguiente enunciado para que puedas completar el anterior.

1. Si hubieras llegado temprano, ____.
2. Si me hubieras hablado, ____.
3. Si te hubiera invitado a la fiesta ______________________________________.
4. Si hubieras ido conmigo, ____.
5. Si hubiéramos bailado toda la noche, ________________________________.
6. Si no hubiera conocido a Juan Carlos, ________________________________.
7. Si no me hubiera casado con él, ______________________________________.

8. Si no hubiera tenido que ir a vivir a España, ______________________.
9. Si hubiera seguido en Corea, ______________________________.
10. Si hubiéramos sido novios,______________________________.

Redacción libre

Escribe una composición con el tema : "Cerca de mi casa..."

* Debes usar las siguientes palabras:

casa	mercado	enfrente	al lado	cine
cafetería	autobús	tienda	papelería	farmacia

"Cerca de mi casa..."

Mi __________ está ______________________________________.

____

____

____

____

____

____

____

Lección 24

Acerca de la televisión
텔레비전에 대해서

Diálogo de hoy
(대화를 듣고 빈칸을 스페인어로 채워보세요)

Daniel: Hola, Estela, ¿no me_____________?

Estela: Sí, claro. Pasa. De_____, me_____________uno ahora mismo.

Daniel: Gracias. Por cierto, ¿viste anoche el_______sobre el medio_______?

Estela: Sí, lo vi. Pero fue_______________, a tal punto que no_____________nada sobre los problemas ambientales ni______________________soluciones. Tan solo quería impresionar_______.

Daniel: Entonces, ¿__________de_________te interesan?

Estela: Prefiero las________. La verdad, veo un__________________porque puedo ver la televisión__________. También______________al Canal Plus.

Daniel: Según la Guía del ocio, hoy a las diez de la noche ponen una película divertida__________. Mira... está a punto de empezar.

Daniel: ¡Bueno! ¡Otra vez_____________! Por lo visto, ¿no hay manera de ver una película sin que__________veinte veces?

Estela: Aquí, no.______________no_____________ver la tele; por lo tanto,____________ponen_________. ¿Quieres que___________canal?

Daniel: No tiene caso, de todos modos van a cortar cualquier programa bueno__________.

Estela: Toma, un_______del_______que te gusta. Para que estés contento...

Daniel: Tú sí conoces mi__________. ¡Mmmm! Está delicioso.

Estela: ¿Sabías que mañana______el partido de fútbol entre Corea y Grecia en el Canal Plus?___________para que lo veamos juntos.

Daniel: Gracias. ¿A qué hora____________?

Estela: Comienza a las________, ¿te parece bien a______________? Así_____________________algunos bocadillos.

Daniel: Muy bien, a las diez treinta. ¡________________________________! Yo compraré______________.

Diálogo de hoy

(Carolina는 어학연수원의 기숙사에 입사하고 있다.)

Daniel: Hola, Estela, ¿no me invitas un café?

Estela: Sí, claro. Pasa. De hecho, me iba a tomar uno ahora mismo.

Daniel: Gracias. Por cierto, ¿viste anoche el reportaje sobre el medio ambiente?

Estela: Sí, lo vi. Pero fue algo superficial, a tal punto que no explicaba nada sobre los problemas ambientales ni tampoco proponía soluciones. Tan solo quería impresionar a los espectadores.

Daniel: Entonces, ¿qué tipo de programas te interesan?

Estela: Prefiero las telenovelas. La verdad, veo un poco de todo porque puedo ver la televisión por cable. También estoy suscrita al Canal Plus.

Daniel: Según la Guía del ocio, hoy a las diez de la noche ponen una película divertida en el dos. Mira... está a punto de empezar.

Daniel: ¡Bueno! ¡Otra vez los anuncios! Por lo visto, ¿no hay manera de ver una película sin que la corten veinte veces?

Estela: Aquí, no. Los espectadores no pagamos por ver la tele; por lo tanto, las cadenas ponen anuncios. ¿Quieres que cambie de canal?

Daniel: No tiene caso, de todos modos van a cortar cualquier programa bueno que encontremos.

Estela: Toma, un pedazo del pastel que te gusta. Para que estés contento...

Daniel: Tú sí conoces mi punto flaco. ¡Mmmm! Está delicioso.

Estela: ¿Sabías que mañana pasan el partido de fútbol entre Corea y Grecia en el Canal Plus? Te invito para que lo veamos juntos.

Daniel: Gracias. ¿A qué hora nos vemos?

Estela: Comienza a las once quince, ¿te parece bien a las diez y media? Así alcanzaremos a preparar algunos bocadillos.

Daniel: Muy bien, a las diez treinta. ¡Los bocadillos son mi punto fuerte! Yo compraré lo necesario.

다니엘: 안녕, 에스뗄라. 커피 좀 사줘라.

에스뗄라: 알았어. 들어와. 사실은 지금 한 잔 마시려고 하던 참이었어.

다니엘: 고마워. 그런데 어젯밤에 환경에 대한 리포트 봤니?

에스뗄라: 그래. 하지만 피상적이었던 것 같아. 환경문제에 대한 설명을 한 것도 아니고 해결책을 제시한 것도 아니거든. 단지 시청자들을 자극하려던 것 같아.

다니엘: 그럼, 어떤 유형의 프로그램을 좋아하는데?

에스뗄라: 드라마를 좋아해. 사실은 케이블 TV를 볼 수 있어서 조금씩 다 보는 편이야. Canal Plus에도 가입했는걸.

다니엘: 『여가생활 가이드』에 의하면 오늘밤 10시에 2번 채널에서 재미있는 영화를 틀어준다고 하네. 봐……. 이제 막 시작하려고 해.

다니엘: 저런! 또 광고야! 스무 번씩이나 끊지 않고 영화를 보는 방법이 대체 없는 걸까?

에스뗄라: 여기서는 안 돼. 우리는 시청료를 안내거든. 그러니 광고를 보내는 거지. 채널 돌릴까?

다니엘: 그럴 필요 없어. 어쨌든 좋은 프로그램은 죄다 자르겠군.

에스뗄라: 자, 들어. 네가 좋아하는 케이크 한 조각이야. 네 기분이 좋아지도록…….

다니엘: 너 내 약점을 아는구나. 음! 맛있다.

에스뗄라: 내일 Canal Plus에서 한국과 그리스 축구 경기하는 것 알고 있었니? 초대할 테니 함께 보도록 하자.

다니엘: 고마워. 몇 시에 시작하는데?

에스뗄라: 11시 15분에 시작해. 10시 반이면 되겠니? 그러면 샌드위치를 만들어 놓을 수 있을 거야.

다니엘: 10시 30분이라, 좋았어. 샌드위치는 내 장기지! 필요한 걸 사올게.

Gramática y expresiones

1. ¿Viste anoche el reportaje sobre el medio ambiente?

viste - ver 동사의 부정과거(tú)

reportaje - 레포트, 보고서 (※대학교에서 숙제는 아님)

medio ambiente 환경

2. Pero fue algo superficial, a tal punto que no explicaba nada sobre los problemas

vocabulario

reportaje m. 보고서, 리포트 medio m. 절반, 환경, 중간 ambiente adj. 주위에 있는 m. 환경 superficial adj. 피상적인, 표면적인 ambiental adj. 주위의, 환경의 proponía v. proponer 제시하다, 제안하다 impresionar v. 자극하다, 감동을 주다 espectadores m.pl. 시청자, 관전하는 사람 telenovelas f.pl. (텔레비전의)드라마 cable m. 케이블, 유선, 전선 suscrita v. suscribir 가입하다, 구독하다 guía f. 안내서, 길잡이 m.f. 안내인 ocio m. 여가, 쉬는 일 anuncios m.pl. 광고 cambie v. cambiar 바꾸다, 변경하다 canal m. 도랑, 수로, 운하 cortar v. 자르다 pedazo m. 조각 pastel m. 케이크, 단 빵 종류 flaco adj. 약한, 빼빼 마른 delicioso adj. 맛있는 alcanzaremos v. alcanzar 획득하다, 이르다 bocadillos m.pl. (식빵 대신에 바게트를 사용한) 샌드위치의 일종 fuerte adj. 강한, 힘센

ambientales ni tampoco proponía soluciones.

a tal punto que ~라는 점에서

problemas ambientales 환경문제

ni 부정문과 부정문을 연결하는 접속사,

tampoco '~도 (아니다), ~도 아니고 ~도 아니다' 의 문장에서 쓰이는 것으로 동사 앞에 오면 동사의 no 가 필요 없다.

cf. también 과 반대

예) Juan habla inglés y habla español también.

Juan no habla inglés ni tampoco habla español.

Juan no vino ni tampoco me llamó por teléfono.

Juan no hizo la tarea tampoco.

proponer soluciones - 해결책을 제시하다

3. Tan solo quería estimular a los espectadores.

단지 시청자를 자극하려고만 하였다.

tan solo -단지 ~만

espectadores - 시청자 = telespectadores

4. Entonces, ¿qué tipo de programas te interesan?

그러면, 어떤 유형/ 종류의 프로그램에 관심이 있니?

interesar는 사람이 me/te/le/nos/os/les처럼 간접 목적어로 오고 동사 뒤에 주어가 온다:

Me interesa este programa.

¿Te interesan estos libros?

estar interesado en ~으로도 표현할 수 있다.

= Entonces, ¿en qué tipo/ clase de programas estás interesado?

5. Prefiero las telenovelas.

telenovelas 는 드라마, serie, culebrón 이라고도 한다.

TV 프로의 종류

쇼 espectáculo	대회, 경연 concurso
드라마 serie, telenovela, culebrón	레포트 reportaje
다큐 documental	인터뷰 entrevista
스포츠 deporte	영화 cine películas
광고 anuncios	만화 dibujos animados
시트콤 comedia	뉴스 informativos /telediario /noticias
어린이용 infantiles	토론 debates
생방송 programas en vivo	

6. La verdad, veo un poco de todo porque puedo ver la televisión por cable. También estoy suscrita al Canal Plus.

유선으로 TV를 볼 수 있으므로 모든 것을 조금씩 다 본다.

un poco de todo: 모든 것을 조금씩 다

cable 유선방송

ya que ~하므로, 원인을 나타내는 접속사

estar suscrito a : ~을 구독하다 =estoy abonado a

Canal Plus는 스페인의 대표적인 유료 방송이다.

7. Según la guía del ocio, hoy a las diez de la noche ponen una película divertida en el dos. Mira... está a punto de empezar.

guía del ocio : 여가 생활 가이드 북으로 식당, 전시, 공연, 영화, TV 등 모든 볼거리, 놀거리에 대한 안내서

2번 채널에서 재미있는 영화를 한다: poner 동사를 복수형으로 써서 표현

Estar a punto de 동사원형 : 막 ~하려 한다

8. ¡Otra vez los anuncios! Por lo visto, ¿no hay manera de ver una película sin que la corten veinte veces?

otra vez ~ : 또 ~야 !, 또 광고야!

Es que 는 문장 앞에 붙여서 "있잖아, 도대체" 의 의미를 가진다

no hay manera de 동사원형 : ~할 방법이 없다

sin que 접속법 : ~하지 않은 채로

9. Aquí, no. Los espectadores no pagamos por ver la tele; por lo tanto, las cadenas ponen anuncios.

espectador 시청자, 관객 = telespectadores

tele = televisión

pagar por : ~하는데 돈을 내다

Por tanto 그러므로

cadenas 채널, 방송채널

10. ¿Quieres que cambie de canal?

querer que 접속법 - ~하길 원하다, querer의 주어와 절의 주어가 다른 경우에는 접속법을 쓴다: 내가 채널을 바꾸길 네가 원하니? 이므로

예) Quiero cambiar el canal. 나는 채널을 바꾸고 싶다.
Quiero que cambies el canal. 나는 네가 채널을 바꾸길 원한다.

11. Tú sí conoces mi punto flaco.

나의 약점을 잘 아는구나.

punto flaco는 약점, 결점이란 뜻으로 defecto, punto débil 로도 쓰인다.

12. ¡Los bocadillos son mi punto fuerte!

샌드위치는 나의 특기야!

punto fuerte 는 장점, 강점이란 의미로 punto flaco와 반대.
여기서는 장점, 즉 장기나 특기를 말한다.

그 밖에 TV와 관련된 단어들

televisión; tele
예) En muchos países se interrumpe la emisión para los espacios de publicidad.
En la tele interrumpen las películas para poner publicidad.

rodar, filmar 녹화하다 rodaje 녹화
예) En mi barrio están rodando una película.

grabar 녹음하다 videograbadora 비디오 녹화기 emisora 방송국
cadena, canales 채널
예) En Corea hay tres canales nacionales, diferentes regionales y muchos privados.

en directo 생중계, grabado 녹화방송, transferido 실시간 생중계
예) Esta tarde transmiten un concierto en directo por vía satélite. 오늘 밤 연주회를 위성으로 생중계한다.

telespectador 시청자 televisión por cable 유선방송
televisor 텔레비전 수상기 pantalla 화면, 모니터
imagen 화면 volumen 음량
altavoz 스피커 mando a distancia/ control remoto 리모콘

Ejercicios

¡Vamos a conversar!

(본문 대화에 대한 다음 질문에 답해 보세요.)

1. ¿Qué tipo de programas le interesan a Estela?
2. ¿Qué película van a ver? ¿En qué canal?
3. ¿Por qué se enfada Daniel?
4. ¿Qué le da Estela para que se contente?
5. ¿Cuál es el punto fuerte de Daniel?
6. ¿Qué van a ver el día siguiente?
7. ¿Qué piensa Estela del reportaje sobre el medio ambiente?

Pregunta a tus compañeros

1. ¿Qué tipo de programas prefieres ver en la televisión?
2. ¿Cuántas horas de televisión ves al día?
3. ¿Disfrutas viendo los anuncios comerciales?
4. ¿Te gusta comer o tomar algo mientras ves la televisión?
5. ¿Acostumbras invitar a tus amigos/as para ver algún programa especial?

¡Vamos a practicar!

I. ¿No hay manera de ? ~할 방법 없을까?

1. ¿No hay manera de________________________? 이 문제를 해결할 방법 (solucionar)
2. ¿No hay manera de________________________? 부모님을 설득할 방법 (persuadir)
3. ¿No hay manera de ____________________? 이 미궁에서 빠져나갈 방법 (salir de este laberinto)
4. ¿No hay manera de________________________? 후안이 어디 있는지 알아볼 방법 (localizar)
5. ¿No hay manera de________________________? 이 차를 수리할 방법 (reparar)

II. ¿Qué tipo de _____ te/le interesa? Me interesa(n) ________

어떤 종류의 ~에 흥미가 있으세요? ~가 흥미가 있어요.

1. ¿ ______________________________? 어떤 종류의 프로에 흥미가 있으세요? (programas)
   ______________________________ 드라마가 재미있어요. (telenovelas)
2. ¿ ______________________________? 어떤 종류의 소설에 흥미가 있으세요? (novelas)

____________________ 탐정소설에 흥미가 있어요. (novelas policiacas)

3. ¿ ____________________ ? 어떤 종류의 영화에 흥미가 있으세요? (películas)

____________________ 공상과학 영화에 흥미가 있어요. (películas de ciencia ficción)

4. ¿ ____________________ ? 어떤 스포츠에 흥미가 있으세요? (deportes)

____________________ 축구에 흥미가 있어요. (fútbol)

5. ¿ ____________________ ? 어떤 종류의 음악에 흥미가 있으세요? (música)

____________________ 고전 음악에 흥미가 있어요. (música clásica)

III. Está a punto de ~ : 막 ~하려하다

1. ____________________ 영화가 막 시작하려하다. (película, empezar)
2. ____________________ 수업이 막 끝나려고 하다. (clase, terminar)
3. ____________________ 회의가 막 시작하려고 하다. (reunión, empezar)
4. ____________________ 세고비아행 기차가 막 출발하려고 하다. (tren, salir)
5. ____________________ 비행기가 막 이륙하려고 하다. (avión, despegar)

IV. ¿Quieres que 접속법? : ~하길 원하니

1. ¿ ____________________ ? 내가 너에게 다시 전화하길 바라니? (llamarte de nuevo)
2. ¿ ____________________ ? 내가 8시에 너를 데리러 가길 바라니? (recogerte a las ocho)
3. ¿ ____________________ ? 우리 모두 회의에 가길 바라니? (ir todos a la reunión)
4. ¿ ____________________ ? 내가 이 일을 맡기를 바라니? (encargarme de este asunto)

Gramática

Marcadores del discurso

Marcadores del discurso

* Los marcadores del discurso son unidades lingüísticas invariables que no ejercen función sintáctica en el marco de la predicación oracional.
* Son elementos marginales y poseen un contenido coincidente en el discurso.
* Su función es guiar las inferencias que se realizan en la comunicación.
* Los marcadores del discurso pueden ser: estructuradores de la información, conectores, reformuladores, operadores argumentativos y marcadores conversacionales.

ESTRUCTURADORES	CONECTORES	REFORMULADORES	OPERADORES ARGUMENTATIVOS	MARCADORES CONVERSACIONALES
pues bien dicho esto en primer lugar asimismo por cierto a propósito, etc.	además entonces sin embargo así pues por tanto en cambio, etc.	de todos modos al fin y al cabo o sea mejor dicho en todo caso en fin, etc.	en realidad de hecho en verdad en particular es más, por ejemplo, etc.	por lo visto desde luego bueno claro por supuesto, oye, etc.

Expresiones / Locuciones

1. **a punto de.**
Locución adverbial. Seguida de un infinitivo, expresa la proximidad de la acción indicada por este: *a punto de reír, a punto de llorar, a punto de empezar.*
2. **punto flaco.**
Expresión. Punto débil. Aspecto o parte más vulnerable de alguien o de algo:
Conoce muy bien mi punto flaco y siempre me convence.
3. **punto fuerte.**
Expresión. Aspecto más seguro e incluso destacado de algo o de alguien:
El punto fuerte de este equipo es su defensa.

I. Completa las frases utilizando alguna de las expresiones: a punto de, punto flaco, punto fuerte.

1. Nunca me han gustado las matemáticas, son mi ___________.
2. Llegamos a tiempo, el partido de fútbol está ___________ de comenzar.
3. El candidato está hablando ahora de economía, sabe muchísimo, es su ___________.
4. Rafael Nadal, el famoso tenista español, confía en su gran capacidad y dice: "Mi ___________ es mi cabeza".
5. El ___________ de Daniel es el pastel de fresa. Si está enojado, con un buen pedazo se contenta rápidamente.
6. ¡Niño, ya no le pongas más agua a ese globo, está ___________ reventar!
7. El ___________ del programa es la seguridad pública, el gobierno afirma que será todo un éxito.
8. Llegas tardísimo, el concierto está ___________ de terminar.
9. Hay que encontrar el ___________ del equipo para poder vencerlo.
10. ¡Rápido! ¡Dame la leche del bebé porque está ___________ de llorar!

II. Escribe y completa los espacios en blanco, escogiendo alguno de los marcadores del discurso.

1. Juan no viene porque está cansado; ___________ no quiere venir y dice que está cansado.
   sin embargo asimismo en realidad pues bien
2. Están divorciados, ___________, viven juntos. ¿Quién los entiende?
   sin embargo asimismo en realidad pues bien
3. Pedro es muy inteligente, ______________, acaban de nombrarlo gerente general de su empresa.
   en todo caso mejor dicho por ejemplo por cierto
4. Esa mujer que va allá es muy rica, ___________ es multimillonaria.
   en todo caso mejor dicho por ejemplo por cierto
5. A: Hace tanto frío que no conviene salir a cenar.
   B: ___________, tampoco hoy podremos salir... No importa, ___________ no tenía tantas ganas de salir.

de todos modos　en cambio　en particular　pues bien　por lo visto

6. A: Creo que hay mucha gente en todos los restaurantes a esta hora; ____________, traté de hacer una reservación y fue imposible.

B: No te preocupes, ______________ vamos pidiendo que nos traigan a casa una pizza y un pollo.

en cambio　dicho esto　o sea　de hecho　en todo caso

7. A Carmen le gusta mucho el teatro; a su marido, ___________, le gusta más el cine.

en cambio　dicho esto　o sea　de hecho　en todo caso

8. A: ¿Usted conocía al doctor Rivera?

B: ___________, lo conocía desde hace muchos años.

A: Pues, ___________, lamento decirle que murió la semana pasada.

asimismo　por supuesto　o sea　en verdad　por ejemplo

9. El héroe apareció ___________, y luego los actores secundarios.

en particular　es más　bueno　en primer lugar　dicho esto

10. Todos los ejercicios son difíciles, ___________, el número seis.

en particular　es más　bueno　en primer lugar　dicho esto

Redacción libre

Escribe una composición con el tema : "Yo conozco los puntos flacos de..."

* Debes usar las siguientes palabras:

punto flaco　punto fuerte　a punto de　amigo/a

papá　mamá　hermano/a　abuelo/a

"Yo conozco los puntos flacos de..."

Cuando quiero que mi ____

Lección 25

Un partido de fútbol
축구경기

Diálogo de hoy
(대화를 듣고 빈칸을 스페인어로 채워보세요)

Daniel: He comprado pan,________________y, por supuesto, aceitunas con__________.

Estela: O sea, que has____________la tienda...

Daniel: Tú no te preocupes. Yo soy__________, a tal punto que siempre me___________ los bocadillos en casa de mis padres.

Estela: Bueno, pero tenemos que___________ya la televisión en el Canal Plus. El partido está______________. ¿Sabías que Grecia es___________para_____________? ______________gana el equipo griego.

Daniel: ¿Si? Pues... yo apuesto al coreano, porque juega tan bien que hasta ______________________en la Copa Mundial del 2002. Pero... ¿____________?

Estela: __________en un buen restaurante que______________.

Daniel: De acuerdo. ¡____________!

Estela: ¿Cómo____el partido? ¿Quién____________?

Daniel: Corea está ganando____________. Lee metió un______________. Es un excelente jugador y, es más, está jugando en la_____________.

Estela: ¡Espera...! ¡Gooooool! Grecia_______un gol. Ahora los dos equipos están______. ¡Ay, no! ¡Qué mala suerte!__________acaba de______________a favor de Corea.

Daniel: ¡Es Pak, lanza y... gooool! ¡Era________! El portero no ha podido hacer nada.

Estela: Se acabó el partido... El resultado es___________,_________Corea. Pues bien... he ________________. ¿Adónde quieres ir a cenar?

Daniel: Quisiera comer un_________, me gustaría cenar en "El rincón gaucho". Entonces, ¿vemos otra vez juntos el partido____________, pasado mañana?

Estela: ¡Desde luego que no! Muchas gracias.

Diálogo de hoy

(Carolina는 어학연수원의 기숙사에 입사하고 있다.)

Daniel: He comprado pan, queso, jamón, salami y, por supuesto, aceitunas con pimiento rojo.

Estela: O sea, que has dejado vacía la tienda...

Daniel: Tú no te preocupes. Yo soy el experto, a tal punto que siempre me toca preparar los bocadillos en casa de mis padres.

Estela: Bueno, pero tenemos que encender ya la televisión en el Canal Plus. El partido está a punto de empezar. ¿Sabías que Grecia es el favorito para ganar la semifinal? Apuesto a que gana el equipo griego.

Daniel: ¿Si? Pues... yo apuesto al coreano, porque juega tan bien que hasta logró pasar a los cuartos de final en la Copa Mundial del 2002. Pero... ¿qué apostamos?

Estela: Una cena en un buen restaurante que elija el ganador.

Daniel: De acuerdo. ¡Apostado!

Estela: ¿Cómo va el partido? ¿Quién va ganando?

Daniel: Corea está ganando uno a cero. Lee metió un gol de cabeza. Es un excelente jugador y, es más, está jugando en la Primera Liga.

Estela: ¡Espera...! ¡Gooooool! Grecia ha metido un gol. Ahora los dos equipos están empatados. ¡Ay, no! ¡Qué mala suerte! El árbitro acaba de marcar un penalti a favor de Corea.

Daniel: ¡Es Pak, lanza y... gooool! ¡Era imparable! El portero no ha podido hacer nada.

Estela: Se acabó el partido... El resultado es de dos a uno, a favor de Corea. Pues bien... he perdido la apuesta. ¿Adónde quieres ir a cenar?

Daniel: Quisiera comer un buen filete, me gustaría cenar en "El rincón gaucho". Entonces, ¿vemos otra vez juntos el partido de la final, pasado mañana?

Estela: ¡Desde luego que no! Muchas gracias.

다니엘: 빵, 치즈, 하몬, 살라미 그리고 붉은 파프리카가 들어간 올리브를 사왔어.

에스뗄라: 다시 말하면, 가게를 싹 쓸어왔다는 얘기구나…….

다니엘: 염려마. 이래뵈도 난 전문가라구, 부모님 집에서 샌드위치 만드는 일은 항상 내 담당인걸.

에스뗄라: 알았어. 그런데 텔레비전 Canal Plus를 켜야겠어. 경기가 막 시작하려고 해. 그리스가 준결승전에서 유리한 팀이라는 걸 알아? 난 그리스가 이기는데 걸겠어.

다니엘: 그래? 그럼…… 난 한국팀에 걸겠어. 2002년 월드컵에서 4강까지 갔을 정도로

잘하지. 그런데……. 뭘 내기로 걸까?

에스뗄라 : 이기는 사람이 고르는 좋은 식당에서 저녁 사주기.

다니엘 : 좋아. 내기!

에스뗄라 : 경기가 어떻게 되어가? 누가 이기고 있어?

다니엘 : 한국이 1 대 0으로 이기고 있어. '이' 가 헤딩골을 넣었어. 아주 훌륭한 선수지, 게다가 프리메라 리가에서 뛰고 있대.

에스뗄라 : 잠깐……! 고오오올! 그리스가 한 골 넣었다. 이제 두 팀이 동점이네. 아참! 운도 없지! 심판이 한국에 페널티킥을 주었네.

다니엘 : '박' 이다. 슈웃…… 고오올! 잡을 수 없었어! 골키퍼가 손을 쓸 수 없었다니까.

에스뗄라 : 경기 끝났다……. 결과가 2 대 1, 한국이 이겼네. 알았어……. 내가 졌어. 어디로 밥먹으러 갈까?

다니엘 : 맛있는 스테이크를 먹고 싶은데, "El rincón gaucho" 에서 먹었으면 좋겠다. 그럼 모레 결승전도 함께 볼까?

에스뗄라 : 고맙지만 물론 싫어.

Gramática y expresiones

1. El partido está a punto de empezar.

estar a punto de 동사원형 : 막 ~하려고 하다

2. ¿Sabías que Grecia es la favorita para ganar la semifinal?

ganar la semifinal : 준 결승전에서 이기다

el favorito 유리한 팀

¿Sabías que 절 ? :~을 알고 있었니?

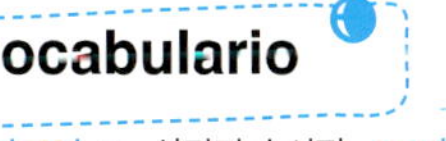

salami m. 살라미 소시지 aceitunas f.pl. 올리브(열매) pimiento m. 피망, 파프리카 vacía/o adj. 텅 빈 tienda f. 가게, 상점 experto m. 전문인, 숙련인 favorita/o adj. 유리한, 마음에 드는 semifinal adj. 준결승의 partida ~: 준결승전 equipo m. 팀, 부대 logró v. lograr 획득하다, 달성하다 cuartos adj. 네 번째의 apostamos v. apostar 내기하다 elija v. eligir 선택하다, 고르다 ganador m. 승리자, 승자 partido m. 시합, 경기 metió v. meter 넣다, 집어넣다 empatados adj. 무승부의, 동점인 árbitro m. 심판 penalti m. 페널티(축구용어) lanza v. lanzar 던지다, 발사하다 imparable adj. 잡을 수 없는, 멈출 수 없는 portero m. 경비원, 골키퍼 apuesta f. 내기 rincón m. 모서리, 귀퉁이 gaucho m. 가우초, (아르헨티나의)카우보이

3. Apuesto a que gana el equipo griego.

apostar a que 절 : ~하는 쪽에 내기를 걸다

☆ '이기다' : ganar , vencer, triunfar, derrotar

예) México está ganando.

Corea estuvo a punto de ganar el partido contra Alemania.

Grecia ha ganado el Campeonato Europeo.

Corea venció a Grecia por uno a cero.

'지다' : perder

예) Perdió el partido contra Alemania.

4. ¿Si? Pues...yo apuesto al coreano, porque juega tan bien que hasta logró pasar a los cuartos de final en la copa Mundial del 2002.

¿Si? = ¿De verdad?. 그래?

apostar a + 명사: ~에 내기를 걸다

tan 부사 que 절 : 너무 ~해서 ~하다

lograr 동사원형 : ~를 이루다, 해내다

los cuartos de final: 4강, pasar a ~: ~로 진출하다, 나가다

Copa Mundial : 월드컵

5. Pero...¿Qué apostamos?

무엇을 걸지?

6. Una cena en un buen restaurante que elija el ganador.

elija: elegir의 접속법, 고르다, 선택하다, 미래의 불확실한 일을 의미

ganador 승자, 이기는 사람

7. De acuerdo. Apostado.

좋아. 내기가 걸어 졌다. 즉 내기하기로 한 거다.

8. ¿Cómo va el partido? ¿Quién va ganando?

경기가 어떻게 되어 가고 있니? 누가 이기고 있니?

ir 분사: ~해 가고 있다, 진행의 의미에 가다의 의미 첨가

9. Corea está ganando uno a cero.

한국이 1대 0으로 이기고 있다.
경기의 점수를 이야기 할 때는 dos a tres 식으로 전치사 a 를 쓴다.

10. Lee metió el gol de cabeza. Es un excelente jugador y está jugando en la Primera Liga.

'골을 넣다' : marcar/meter el gol

예) ¿Cuántos goles habéis marcado?

'패스를 하다' : pasar el balón a ~, hacer un pase

예) Cho pasó el balón a Lee.
Lee hizo un pase magnífico.

11. ¡Espera! ¡Gol, otro gol! Grecia ha metido un gol. Ahora los dos equipos están empatados.

'비기다' : El partido quedó empatado a 2.
El partido finalizó con empate a uno.
El Real Madrid y el FC Barcelona empataron a 2.
Los dos equipos están empatados.

12. ¡Ay! ¡Qué mala suerte! El árbitro acaba de marcar un penalti a favor de Corea.

marcar un penalti: 페널티를 선언하다
a favor de ~: ~에게 우호적인, ~에게 유리한
El árbitro señala el final de un partido con el pito/ silbato : 주심이 휘슬로 경기종료를 나타낸다.

13. ¡Lanza y...goooool! ¡Era imparable! El portero no ha podido hacer nada.

lanzar: 골을 쏘다, 슛하다
Era imparable: (공을) 멈추게 할 수 없었다
공을 막다 atrapar el gol
패널티를 놓치다 / 실패하다 fallar el penalti
패널티를 성공하다 conseguir / lograr / anotar el penalti.

14. Se acabó el partido.

경기가 끝났다.

15. El resultado es de dos a uno, a favor de Corea.

결과는 한국이 이겨서 2대 1이다.

16. Pues bien...he perdido la apuesta. ¿Adónde quieres ir a cenar?

perder la apuesta=/= ganar la apuesta 내기를 지다(이기다)

ir a 동사원형: ~하러 가다

17. Gracias. Quisiera comer un buen filete, me gustaría cenar en "El rincón gaucho".

quisiera/me gustaría: '~하고 싶다' 는 겸손한 표현

18. ¿Vemos otra vez juntos el partido de la final, pasado mañana?

el partido de la final 결승전 경기

¿Vemos ~? 우리 ~볼까? (권유문)

pasado mañana 모레

우리 모레 결승전 경기도 또 같이 볼까?

그 밖에 스포츠와 관련된 단어들

올림픽 la olimpiada / los juegos olímpicos

pingpong=tenis de mesa 탁구
juego de bolos 볼링
esquí 스키
patinaje 스케이트
voleibol 배구
volante /bádminton 배드민턴
boxeo 복싱
alpinismo 등산
gimnasia 체조

béisbol 야구
carrera de caballos 승마
maratón 마라톤
tenis 테니스
golf 골프
fútbol 축구
natación 수영
aeróbicos 에어로빅

Ejercicios

¡Vamos a conversar!

(본문 대화에 대한 다음 질문에 답해 보세요.)

1. ¿Qué compró Daniel para preparar los bocadillos?
2. ¿Qué equipo era el favorito para ganar la semifinal?
3. ¿Qué apuesta Estela?
4. ¿Cuál es el resultado del partido?
5. ¿Qué equipo metió el primer gol del partido?
6. ¿Cuándo será el partido de la final?
7. ¿Qué opina Estela de la invitación para volver a ver el partido juntos?

Pregunta a tus compañeros

1. ¿Qué deporte te gusta ver en la televisión?
2. ¿Sueles hacer apuestas con tus amigos? ¿Qué apuestan?
3. ¿Cuál es tu comida preferida?
4. ¿Disfrutas preparando algo de comer?
5. Desde tu punto de vista, ¿cuál es el deporte más popular en Corea?

¡Vamos a practicar!

I. 운동경기 승부와 관련된 표현들

1. ________________________ 한국은 독일과의 경기에서 이겼다. (ganar el partido contra)
2. ________________________ 한국은 그리스를 1대 0으로 이겼다. (vencer a ~ por)
3. ________________________ 한국은 독일과의 경기에서 졌다. (perder el partido contra)
4. ________________________ 레알마드리드와 바르셀로나는 2대 2로 비겼다. (empatar a~)
5. ________________________ 경기는 2대 2로 비겼다. (quedar empatado a~)

II. ¿Sabías que 절 ? : ~것을 알고 있었니?

1. ¿ ________________________ ? 수원 경기장에서 축구 경기가 있다는 것을
2. ¿ ________________________ ? 우리가 오늘 오후 회의가 있다는 것을
3. ¿ ________________________ ? Canal Plus에서 좋은 영화를 한다는 것
4. ¿ ________________________ ? 호세가 돌아왔다는 것

5. ¿ ____ ? 내일 수업이 없다는 것을

6. ¿ ____ ? 살사 선생이 결혼한다는 것

III. Apuesto a que ~: 나는 ~하는 쪽에 내기를 걸겠어.

1. ____ 나는 그리스 팀이 이기는 쪽에 걸겠어.
2. ____ 나는 1대1로 비기는 쪽에 걸겠어
3. ____ 나는 라울이 안 뛰는 쪽에 걸겠어
4. ____ 스페인이 수영에서 금메달을 따는 쪽에 걸겠어
5. ____ 내가 1등으로 도착하는데 걸겠어
6. ____ 네가 나를 이 경기에서 이기지 못하는 쪽에 걸겠어.

Gramática

Marcadores del discurso

ESTRUCTURADORES	CONECTORES	REFORMULADORES	OPERADORES ARGUMENTATIVOS	MARCADORES CONVERSACIONALES
pues bien dicho esto en primer lugar asimismo por cierto a propósito, etc.	además entonces sin embargo así pues por tanto en cambio, etc.	de todos modos al fin y al cabo o sea mejor dicho en todo caso en fin, etc.	en realidad de hecho en verdad en particular es más, por ejemplo, etc.	por lo visto desde luego bueno claro por supuesto, oye, etc.

Expresiones / Locuciones

1. **a tal punto que**
Locución conjuntiva. Señala los resultados que se derivan de cualquier acción, situación, asunto o negocio: La situación llegó a tal punto que fue insostenible.
2. **desde el punto de vista.**
Expresión. Cada uno de los modos de considerar un asunto u otra cosa: Desde nuestro punto de vista, la situación no es normal.
3. **punto negro.**
Expresión. Aquello que resulta negativo, conflictivo o peligroso: En su gestión hubo algún punto negro.

I. Completa los espacios en blanco utilizando alguna de las expresiones: *a tal punto que, punto negro, desde el punto de vista.*

1. El a)____________ de la reunión fue el desorden que se hizo a la salida. Los organizadores

estaban muy molestos, b)__________ decidieron llamar a la policía. c)__________ de la prensa, el desorden fue culpa de la escasa vigilancia que hubo.

2. No hubo suficiente comida, los meseros llegaron tarde, el vino era de baja calidad... Esas deficiencias son un a)__________ para el prestigio de la empresa. b)__________, yo creo que debemos cambiar de gerente.
3. Su éxito ha sido extraordinario, a)__________ toda la crítica habla bien sobre la novela. El único b)__________ ha sido la venta de una edición pirata de la misma novela que, c)__________ de la editorial, perjudicará las ventas.

II. Completa los espacios en blanco, escogiendo alguno de los marcadores del discurso.

1. __________, hemos llegado al final del curso.
   sin embargo   asimismo   en realidad   pues bien
2. No manejes tan rápido, __________ llegaremos tarde de todas formas.
   pues   al fin y al cabo   en realidad   por ejemplo
3. Te recomiendo que compres un coche pequeño y económico de gasolina, __________ un Matiz o un Atos.
   en todo caso   mejor dicho   por ejemplo   por cierto
4. Si no te gusta el color, __________ cámbialo.
   por tanto   en fin   claro   pues
5. La semana pasada estuvo muy divertida: fuimos al cine, a dos fiestas y a un concierto; __________ la pasé muy bien.
   por tanto   en fin   claro   pues
6. Tienes ojeras y tu cara no luce bien, __________ no dormiste bien anoche.
   por lo visto   dicho esto   de hecho   en todo caso
7. Mi tía se encuentra mejor, __________, me preguntó por ti el otro día.
   por tanto   en fin   pues   a propósito
8. Pasa, Daniel. Te invito un café. __________, me iba a tomar uno ahora mismo.
   de hecho   por lo visto   dicho esto   en todo caso
9. A: ¿Viste el final de la telenovela anoche?
   B: ¡ __________! No me lo podía perder.
   por tanto   por supuesto   así pues   asimismo
10. Mañana es "Día del niño", __________ que no habrá clases.
    asimismo   sin embargo   en realidad   o sea

Redacción libre

Escribe una composición con el tema : "Cuando tengo tiempo libre"

* Debes usar las siguientes palabras:

en realidad   por ejemplo   además   en fin

por un lado...   por el otro   así pues   o sea

"Cuando tengo tiempo libre"

Lección 26

Denunciando un robo
도난신고

Diálogo de hoy
(대화를 듣고 빈칸을 스페인어로 채워보세요)

Celia: ¡Señor agente! ________________ un robo.

Policía: Tenga __________, _____ con sus datos personales; después le tomaré __________.

Celia: Aquí está.

Policía: Bien. ________ cómo fueron __________.

Celia: Mire... estamos de viaje. Esta mañana habíamos ____________________ en la calle Perú, cerca del ____________________, para ir a comprar unos _________ a la Plaza Victoria ______________. Pero cuando salimos de la plaza, dos horas después, el coche tenía ______________.

Policía: ¿Algún ___________________?

Celia: Las maletas y el ______________.

Policía: ¿Y qué tenían las maletas?

Celia: Los pasaportes, _______ euros en _______________, una tarjeta de crédito y ropa.

Policía: ¿Tiene _______________?

Celia: Sí. El de __________ y el de _____.

Policía: Aquí tiene ________ de su declaración. Cuando vuelva a su país, _______________ en las oficinas del seguro. ______________ la pérdida de los cheques de viajero en el banco.

Celia: ¿Podría __________ los cheques de viajero?

Policía: _____________, no hay problema. Podrá denunciar el robo de la tarjeta de crédito _________________. Conviene que ____________ para que no ________ su tarjeta.

Celia: Muchas gracias.

Policía: De nada. __________, de verdad.

Diálogo de hoy

Celia: ¡Señor agente! Vengo a denunciar un robo.

Policía: Tenga esta forma, llénela con sus datos personales; después le tomaré la declaración.

Celia: Aquí está.

Policía: Bien. Cuénteme cómo fueron los hechos.

Celia: Mire... estamos de viaje. Esta mañana habíamos estacionado el carro en la calle Perú, cerca del Museo Arqueológico, para ir a comprar unos recuerdos a la Plaza Victoria antes de regresar. Pero cuando salimos de la plaza, dos horas después, el coche tenía un cristal roto.

Policía: ¿Algún objeto desaparecido?

Celia: Las maletas y el radio estéreo.

Policía: ¿Y qué tenían las maletas?

Celia: Los pasaportes, 1.500 euros en cheques de viajero, una tarjeta de crédito y ropa.

Policía: ¿Tiene seguro de viaje?

Celia: Sí. El de enfermedad y el de robo.

Policía: Aquí tiene la copia de su declaración. Cuando vuelva a su país, entregue este papel en las oficinas del seguro. Puede notificar la pérdida de los cheques de viajero en el banco.

Celia: ¿Podría recuperar los cheques de viajero?

Policía: Si tiene la factura, no hay problema. Podrá denunciar el robo de la tarjeta de crédito llamando a este número. Conviene que se dé prisa para que no utilicen su tarjeta.

Celia: Muchas gracias.

Policía: De nada. Lo lamento, de verdad.

셀리아: 경관님! 도난신고하러 왔는데요.

경찰: 이 서류를 받으시고, 신상정보를 채우세요. 그런 다음 진술을 받겠습니다.

셀리아: 여기 있습니다.

경찰: 네. 사건이 어떻게 일어났는지 말해보세요.

셀리아: 저기…… 저희들은 여행중인데요. 오늘 아침 고고학 박물관 근처 뻬루 거리에 주차를 시켰거든요, 돌아가기 전에 기념품을 사려고 빅토리아 광장에 가기 위해서였죠. 그런데 두 시간 후 나와보니 차 유리가 깨져 있더라고요.

경찰: 분실된 물건은?

셀리아: 가방이랑 라디오요.

경찰: 가방 안에는 뭐가 들었는데요?

셀리아: 여권하고 여행자 수표 1500 유로, 신용카드, 옷이 있었어요.

경찰: 여행자 보험은 있습니까?

셀리아: 네. 의료보험과 도난 보험요.

경찰: 여기 신고서 사본입니다. 귀국하시면 보험회사에 이 서류를 제출하세요. 은행에 여행자 수표 분실신고를 하실 수 있습니다.

셀리아: 여행자 수표를 재발급 받을 수 있을까요?

경찰: 영수증이 있으면 별 문제 없어요. 이 번호로 전화하시면 신용카드 분실 신고를 할 수 있을 거예요. 손님의 카드를 다른 사람이 사용하지 못하도록 서두르시는 게 좋을 겁니다.

셀리아: 대단히 고맙습니다.

경찰: 천만에. 정말 유감이네요.

Gramática y expresiones

1. ¡Señor agente! Vengo a denunciar un robo...

Señor agente 경관님, 경찰을 부를 때 쓸 수 있는 호칭

Venir a 동사원형: ~하러 오다 cf. ir a 동사원형: ~하러 가다

2. Tenga esta forma..., llénela con sus datos personales, después le tomaré declaración.

datos personales 개인 신상정보

llenar 채우다, 서류에 개인 신상정보를 써 넣으라는 뜻

tomar declaración : 진술을 받다

3. Pero cuando salimos, dos horas después, el coche tenía un cristal roto.

vocabulario

agente m. 대리인, 경관, 중개인 denunciar v. 신고하다, 알리다 robo m. 도난, 도둑질 forma f. 서류양식 llénela v. llenar(+la) 채우다 personales adj. 개인적인, 사적인 tomaré v. tomar 잡다, ~하다 declaración f. 신고, 진술 cuénteme v. contar(+me) 말하다, 이야기하다 hechos m.pl. 사건, 발생한 일 estacionado v. estacionar 주차하다 arqueológico adj. 고고학의 recuerdos m.pl. 기억, 기념품 estéreo adj. (음향)스테레오가 되는 notificar v. 통고하다 pérdida f. 분실, 상실 recuperar v. 회복하다, 복구하다 factura f. 송장, 접수증, 영수증 denunciar v. 알리다, 통고하다 conviene v. convenir 적당하다, 어울리다 lamento v. lamentar 유감스럽게 생각하다, 슬퍼하다

tener 목적어 과거분사(목적어에 성, 수일치) : 목적어의 상태를 나타냄
El coche tenía un cristal roto.: 차가 유리가 부서진 채로 있었다.
Tengo los brazos torcidos. 나는 팔이 삐었다. (삔 상태이다)
encontrar 동사로 표현할 수도 있다.
예) Encontramos nuestro coche con los cristales rotos.

4. ¿Algún objeto desaparecido?
¿Tiene algún objeto ~?처럼 동사 tener가 생략된 형태

5. ¿Tiene seguro de viaje?
seguro de viaje 여행자보험

보험의 종류

seguro contra incendio 화재보험 contra todo riesgo 종합상해보험
seguro de vida 생명보험 seguro de automóvil 자동차 보험

6. Sí. El de enfermedad y el de robo.
질병과 도난에 대한 보험을 모두 들었다는 뜻. -Sí. El seguro médico y contra robo.

7. Aquí tiene la declaración. Cuando vuelva a su país, entregue este papel en las oficinas del seguro.
cuando 접속법: 미래에 일어날 일, "당신 나라에 돌아간다면 그때에"
entregue : entregar의 usted에 대한 명령형, 제시하다, 건네주다
oficinas de seguro : 보험 사무실, 보험회사
귀국하면 이 서류를 보험회사에 제출하세요.

8. Puede notificar la pérdida de los cheques de viajeros en el banco.
pérdida 분실, robo라고 해도 됨
notificar 알리다, 통보하다
여행자 수표의 분실을 은행에 알려도 된다는 뜻.

9. ¿Podría recuperar los cheques de viajero?
여행자 수표를 다시 받을 수 있을까요?
= ¿Me darán unos nuevos cheques?
=¿ Me reemitirán/emitirán unos nuevos cheques?

스페인에서는 reemitir 재발급/발행 동사를 사용, 그러나 중남미에서는 emitir만 있고, reemitir 동사는 사용하지 않음.

10. Si tiene la factura no hay problema.

factura 영수증, 수표발행 영수증을 뜻한다.

11. Podrá denunciar el robo de la tarjeta de crédito llamando a este número.

이 번호로 전화를 하면, 신용카드의 도난을 신고할 수 있을 것이다.

llamando: llamar의 현재분사로, 조건을 나타낸다. 이 번호로 전화를 걸면...

podrá: poder의 미래형

12. Conviene que se dé prisa para que no utilicen la tarjeta.

훔쳐간 사람들이 카드를 사용하지 않도록, 서두르셔야 합니다.

conviene que 접속법: ~하는 것이 좋을 것이다/편할 것이다

darse prisa: 서두르다

para que 접속법: ~하도록

utilicen : utilizar의 접속법으로 z → c 로 철자가 바뀌었음

13. Lo lamento, de verdad.

정말 안됐습니다. 유감입니다.

☆ 경찰서에 도난 신고과 관련된 표현들

Perdí mi cartera en el metro. 지하철에서 지갑을 잃어버렸어요.

Dejé mi pasaporte en el taxi. 택시에 여권을 놓고 내리다.

¿A quién tengo que comunicarlo? 누구에게 알려야 하나요?

¿Con quién debo consultar? 누구와 상의하지요?

Consulte con la oficina de objetos perdidos. 분실물 센터에 상의하세요.

Consulte con la embajada o con el consulado de Corea del Sur en caso de pérdida o robo de pasaporte. 여권의 도난이나 분실 시에는 한국 영사관이나 대사관에 연락하세요.

Ejercicios

¡Vamos a conversar!

(본문 대화에 대한 다음 질문에 대답해 보세요.)

1. ¿Por qué Celia va a la policía?
2. ¿Cuáles son los objetos desaparecidos?
3. ¿En dónde puede notificar la pérdida de los cheques de viajero?
4. ¿Dónde había dejado/estacionado/aparcado su coche?
5. ¿Cómo abrieron el coche los ladrones?
6. ¿Cuándo se dieron cuenta del robo?
7. ¿Cuándo va a entregar la copia de la declaración en las oficinas del seguro?

Pregunta a tus compañeros

1. ¿Te gusta comprar recuerdos de los lugares que visitas?
2. ¿De los museos que has visitado, cuál te ha parecido más interesante?
3. ¿Acostumbras llevar algo especial en tus maletas de viaje?
4. ¿Te han robado alguna vez? ¿Qué se llevaron?
5. ¿Has tenido problemas durante algún viaje en el extranjero?

¡Vamos a practicar!

I. Vengo a denunciar ~ : ~를 신고하러 왔어요.

1. ________________________ 도난 (robo)
2. ________________________ 사기 (fraude)
3. ________________________ 강간 (violación)
4. ________________________ 미성년 학대 (maltrato de un menor)
5. ________________________ 살인 (asesinato)
6. ________________________ 납치 (secuestro)

II. Cuando vuelva a su país, entregue este papel en las oficinas del seguro. :

Cuando + 접속법, 명령형

1. ________________________ 역에 도착하면 3번 출구를 찾아라.
(llegar a la estación, buscar la salida 3)

2. ______________________________ 한국에 가면 회사에 이 증명서를 제출하세요. (volver a Corea, entregar este certificado a tu empresa)

3. ______________________________ 공항에서 나오면 택시를 타라. (salir del aeropuerto, tomar un taxi)

4. ______________________________ 호세를 보면 안부 전해라. (ver a José, darle mis recuerdos)

5. ______________________________ 결정하면 제게 알려 주세요. (decidir algo, avisármelo)

III. Podrá denunciar el robo de la tarjeta de crédito llamando a este número. : Podrá ~ 현재분사: ~하면 ~하실 수 있을 것입니다.

1. ______________________________ 이 지원서를 작성하면 여권갱신을 할 수 있을 것입니다. (renovar el pasaporte, rellenar/llenar esta solicitud)

2. ______________________________ 모든 정보를 이 번호로 전화를 거시거나 저희 사무실을 방문하시면 얻을 수 있을 것입니다. (recibir toda la información que necesita, llamar al siguiente número o visitar nuestras oficinas)

3. ______________________________ 좌회전하면 영사관에 도착할 것입니다. (llegar al consulado, girar a la izquierda)

4. ______________________________ 밀린 벌금을 내면 차를 가져갈 수 있을 것입니다. (llevarse su coche, pagar las multas pendientes)

5. ______________________________ 스페인 국적을 얻으면 이곳에서 일할 수 있을 것이다. (trabajar en este lugar, obtener/conseguir la nacionalidad española)

Gramática

Oraciones subordinadas adverbiales

* Las oraciones subordinadas adverbiales se llaman también circunstanciales, ya que en muchos casos equivalen a un adverbio o un complemento circunstancial:
Cuando salimos de la plaza, el coche tenía un cristal roto. (Tiempo)

* Las proposiciones subordinadas son semántica y gramaticalmente dependientes, y según la relación significativa de subordinación que las une a la principal pueden indicar:
- De espacio (lugar): *Llegaré hasta donde han llegado.*
- De tiempo (temporal): *Vendré a casa cuando pueda.*
- De modo (modal): *Lo haré como me dijeron.*

* Proposiciones subordinadas adverbiales de tiempo
- Indican la circunstancia temporal de la oración principal.
  ¿Cuándo vendrás? (oración principal)
  Vendré cuando haya terminado de pintar el cuadro.
- Utilizan, fundamentalmente, el nexo "cuando" (adverbio-pronombre relativo), pero pueden aparecer otros nexos o locuciones según los distintos matices significativos de anterioridad, simultaneidad o posterioridad, reiteración que pueden presentar las proposiciones subordinadas temporales:

antes de que **antes que** **primero que** **mientras**
mientras que **mientras tanto** **en tanto que** **en cuanto**
apenas **luego que** **así que** **después que**
desde que **cada vez que** **siempre que** **etc.**

I. Completa los espacios en blanco utilizando alguno de los nexos.

1. Llegamos ______________ tú salías.
   antes de que   cada vez que   cuando   desde que

2. Piensa bien en tu futuro ______________ elijas carrera. Después, ya no habrá solución.
   antes de que   cada vez que   cuando   desde que

3. Yo uso guantes ______________ conduzco un coche. Es una vieja costumbre.
   así que   siempre que   en tanto que   apenas

4. Hablaremos del asunto ______________ termines tu trabajo.
   mientras tanto   después de que   cada vez que   así que

5. Tendrás muchos "amigos" ______________ seas rico y famoso. Después, desaparecerán.
   primero que   así que   mientras   desde que

6. Compramos el pastel ______________ llegaran los invitados.
   antes de que   así que   luego que   en cuanto

7. ______________ los vea, les daré un abrazo.
   antes de que   así que   desde que   en cuanto

8. Tenemos prisa. ______________ termines, nos vamos.
   siempre que   en cuanto   en tanto que   desde que

9. Se enamoró de ella ______________ la vio por primera vez.
   siempre que   primero que   en tanto que   desde que

10. Regresaré a casa ______________ salga de la oficina.
    cuando   antes que   así que   mientras que

II. Escoge alguna de las frases y utiliza el nexo 'cuando' para formar una circunstancia de tiempo.

a) la clase había empezado	b) encuentre un/a buen/a novio/a
c) lo vea	d) era niño
d) termines la carrera	e) cena solo
f) termine la carrera	g) llegaron nuestros padres

1. A Luis le gusta oír música ________________________________.
2. ¿Qué piensas hacer ________________________________?
3. Adriana llegó ________________________________.
4. No sé qué haré ________________________________.
5. Nos pusimos muy contentos ________________________________.
6. Le avisaré al maestro que estás enfermo ________________________.
7. Me voy a casar ________________________________.
8. A Juan le gustaban los cuentos de terror ________________________.

Redacción libre

Escribe una composición con el tema : "Cuando estoy..."

* Debes usar las siguientes palabras:

aburrido/a	triste	cansado/a	feliz
ocupado/a	preocupado/a	solo/a	con

"Cuando estoy"

Cuando estoy con mi familia me gusta ver la televisión. Y cuando...

Lección 27

En la oficina de correos
우체국에서

Ramiro: Buenos días, señorita. Tengo que_______________a París, ¿____________?

Empleada: ________aquella ventanilla, la que está________la puerta K. Ahí es_________ las cartas y venden__________.

Ramiro: Disculpe, esta es una carta muy importante___________hay un cheque. Debe llegar____________, así que tengo que mandarla_________________.

Empleada: Entonces,___________que haga el envío como______________. Para mandar una carta certificada____________el impreso que está_____________.

Ramiro: ¿Cómo lo debo llenar?

Empleada: Aquí escriba el nombre, apellido y_______________, y donde_________________, ponga su nombre y sus datos. Tiene que escribir con_______________.

Ramiro: De acuerdo, gracias. Ya está. Aquí está____________. Voy a comprar los sellos donde me dijo.___________vuelvo.

Empleada: Bien, todo perfecto. Ahora ponga esta carta___________amarillo, donde está el policía.

Ramiro: ¡Ah, sí!_________. Muchas gracias, es usted muy amable.

Empleada: _____________.

Diálogo de hoy

Ramiro: Buenos días, señorita. Tengo que mandar esta carta a París, ¿qué debo hacer?

Empleada: Pase a aquella ventanilla, la que está al lado de la puerta K. Ahí es donde pesan las cartas y venden los sellos.

Ramiro: Disculpe, esta es una carta muy importante ya que dentro hay un cheque. Debe llegar lo antes posible, así que tengo que mandarla como envío urgente.

Empleada: Entonces, le recomiendo que haga el envío como carta certificada. Para mandar una carta certificada hay que llenar el impreso que está en el mostrador.

Ramiro: ¿Cómo lo debo llenar?

Empleada: Aquí escriba el nombre, apellido y dirección del destinatario, y donde dice remitente, ponga su nombre y sus datos. Tiene que escribir con letra de imprenta.

Ramiro: De acuerdo, gracias. Ya está. Aquí está el impreso. Voy a comprar los sellos donde me dijo. Enseguida vuelvo.

Empleada: Bien, todo perfecto. Ahora ponga esta carta en el buzón amarillo, donde está el policía.

Ramiro: ¡Ah, sí! Ya lo vi. Muchas gracias, es usted muy amable.

Empleada: Para servirle.

라미로: 안녕하세요. 이 편지를 파리로 보내야 하는데 어떻게 해야 하죠?

여직원: K번 문 옆에 위치한 창구로 가세요. 거기서 편지 무게를 재고 우표를 판매합니다.

라미로: 죄송하지만 이건 수표를 동봉한 아주 중요한 편지예요. 최대한 빨리 도착해야 하기 때문에 속달로 보내야 해요.

여직원: 그렇다면 등기로 보내는 게 낫겠네요. 등기로 보내려면 진열대에 있는 종이를 적으셔야 합니다.

라미로: 어떻게 적는 거죠?

여직원: 여기에 이름, 성, 수취인의 주소를 적으시고, 발신자라고 쓰여 있는 부분에 이름 및 기타 기록을 적으세요. 인쇄체로 쓰셔야 합니다.

라미로: 네, 감사합니다. 됐어요. 여기 있어요. 말씀해주신 데서 우표를 살게요. 곧 돌아올게요.

여직원: 네, 모두 되었습니다. 이제 이 편지를 노란색 우편함에 넣으세요. 경찰이 서있는 곳에 있어요.

라미로: 아! 네, 보이네요. 고마워요. 친절하시군요.

여직원: 천만에요.

Gramática y expresiones

1. correos

우체국, 우편물, 관사 없이 쓰임, 중남미에서는 단수형으로 관사와 함께 en el correo라고 한다.

예) 1. Tengo que ir a correos a comprar sellos.
우표를 사러 우체국에 가야해.
2. ¿Ha llegado el correo? 우편물 왔어?

2. Tengo que mandar esta carta a París, ¿qué debo hacer?

tener que 동사원형: ~을 해야만 한다, 의무, 필요를 나타냄

deber 동사원형 : 더 강한 의무를 나타냄

mandar = enviar 보내다

이 편지를 파리로 보내야 하는데, 내가 무엇을 해야 하지요?

3. Pase a aquella ventanilla, la que está al lado de la puerta K.

pasar a ~ : ~로 가다(= Vaya a ~)

ventanilla : 작은 창문이라는 뜻으로, 은행, 관공서의 창구를 뜻한다

la que ~ : 관계대명사로 ventanilla에 대한 부연적 설명을 하고 있다.

al lado de ~ : ~옆에

K번 문 옆에 있는 저 창구로 가세요

4. Ahí es donde pesan las cartas y venden los sellos.

ahí es donde ~: 저기가 바로 ~한 곳이다

sellos : 우표, 도장, 여기서는 우표의 뜻 estampilla, timbre라고도 한다.

거기가 바로 편지 무게를 달고 우표를 파는 곳이다

5. Disculpe, esta es una carta muy importante ya que dentro hay un cheque.

Disculpe : usted에 대한 명령형으로 '죄송합니다'

ya que 절 : '~하므로' 원인절

'이것은 그 안에 수표가 있으므로 아주 중요한 편지이다'

vocabulario

mandar v. 보내다, 명령하다 ventanilla f. 창구, 작은 창문 pesar v. 무게를 재다 sellos m.pl. 우표 envío m. 발송, 보내는 일 urgente adj. 위급한, 긴박한 recomiendo v. recomendar 추천하다 haga v. hacer 하다 certificada adj. 보증된, 등기우편으로 된 mostrador m. 진열대, 전시장 destinatario m. 수취인, 수신인 remitente m. 발송인, 송신인 datos m.pl. 자료 letra f. 글자, 서체 imprenta f. 인쇄 impreso m. 인쇄물, 인쇄된 용지 enseguida adv. 곧바로, 곧장 buzón m. 우체통, 우체함 servirle v. servir(+le) 봉사하다, 서비스하다

우편물의 종류

la postal 엽서　　el paquete 소포
el impreso 인쇄물 (Las revistas y los periódicos se mandan como impresos.)

6. Debe llegar lo antes posible, así que tengo que mandarla como envío urgente.

lo antes posible: 되도록이면 빨리

'되도록이면 빨리 도착해야 한다'

así que 그래서

envío urgente: 빠른 우편　cf) Envío ordinario 일반 우편

☆ 다른 표현들

Y como es urgente, debe mandarse/enviarse como envío urgente.

/ Y me gustaría enviarlo como envío urgente.

/ Si es posible, por envío urgente.

/ Debido a su carácter urgente, le agradecería que me mandase esta carta por envío urgente.

7. Entonces, le recomiendo que haga el envío como carta certificada.

recomendar que 접속법 : ~할 것을 추천하다

carta certificada: 등기 편지,

'보내는 것을 등기우편으로 할 것을 당신에게 추천합니다'

☆ 다른 표현들

/ ¿Por qué no envía esta carta a través del servicio "carta certificada"?

/ Entonces, le recomiendo que haga el envío como carta certificada .

tipos de envíos 우편의 종류

por avión 항공우편　por barco / por superficie 배편　por tierra 육로
paquete normal / certificado 일반/등기　correo urgente / envío urgente 빠른 우편
correo certificado (registrado) 등기 우편　portal exprés 특급 우편

8. Aquí escriba el nombre, apellido y dirección del destinatario, y aquí, donde dice remitente, ponga su nombre y sus datos.

escriba ; escribir의 usted명령형

dirección 주소 (= domicilio = señas)

ponga : poner의 usted 명령형

datos 기록들 (주소, 전화번호 등등) = señas.

cf.) el código postal: 우편번호

우체국에서 적는 impreso 중의 하나를 살펴보자

CORREOS

Oficina de origen del envío ____________________
Envío No. __________ **depositado el** __________
Clase de envío certificado ____________ **(carta, impreso)**
Valor decararado Euros ____________________
Giro Postal de Euros ____________________
Destinatario ____________________
Domicilio ____________________
No. __________ **Piso** __________
Código Postal __________ **Población** __________

Devolver a :
D./Dña ____________________
Domicilio ____________________
No. __________ **Piso** __________
Código Postal __________ **Población** __________

9. Tiene que escribir con letra de imprenta.

letras de imprenta 인쇄체 글씨
'인쇄체로 쓰셔야 합니다'
대개 모든 서류의 작성은 필기체를 피하는 것이 좋다.

10. De acuerdo, gracias. Ya está. Aquí está el impreso.

Ya está.는 다 되었다는 뜻. 여기 종이 다 작성했습니다.

11. Bien, todo perfecto. Ahora ponga esta carta en el buzón amarillo, donde está el policía.

poner la carta en ~ : ~에 편지를 넣다(= meter, introducir)
=Ahora meta/introduzca esta carta en el buzón amarillo que ve allí/ ahí mismo.

12. Muchas gracias, es usted muy amable.

고맙습니다. 아주 친절하시군요.

Tipos de letra (글씨체의 종류)

*Letra de imprenta/de molde
Letra manuscrita/letra cursiva
* todo con minúscula(s)
* TODO CON MAYÚSCULA(S)

Tipos de envíos (우편의 종류)

por avión, envío aéreo 항공우편
por barco, marítimo, superficie 선박우편
por superficie, envío terrestre, por tierra 육상우편
paquete normal 일반 소포
paquete certificado 등기 소포
envío por mensajería (DHL, FedEx) 특급 우편
giro postal 지로
correo urgente, envío urgente 속달
correo certificado, correo registrado 등기
portal exprés 특급

Tipos de cartas (편지의 종류)

CARTAS Y TARJETAS POSTALES NACIONALES/ INTERNACIONALES-일반우편 국내/국제
CARTAS Y TARJETAS POSTALES URGENTES NACIONALES / INTERNACIONALES-빠른우편 국내/국제

EMS POSTAL EXPRÉS INTERNACIONAL-국제특급우편

PAQUETE AZUL (NACIONAL)-등기우편(주로 소포)

PAQUETE INTERNACIONAL ECONÓMICO-국제소포(저렴한 가격대)
PAQUETE INTERNACIONAL PRIORITARIO-국제소포(특급)

GIRO NACIONAL / INTERNACIONAL-국내/해외 지로서비스
GIRO URGENTE NACIONAL / INTERNACIONAL-빠른 지로 서비스
GIRO ELECTRÓNICO-전자지로 서비스(인터넷)

FAX NACIONAL / INTERNACIONAL-팩스
el giro postal-송금환
el cartero/a-우체부
gastos de envío-운송료

Ejercicios

¡Vamos a conversar!

(본문 대화에 대한 다음 질문에 대답해 보세요.)

1. ¿Dónde se pueden comprar los sellos?
2. ¿Adónde tiene que mandar la carta Ramiro?
3. ¿Con qué tipo de letra debe llenar el impreso Ramiro?
4. Después de llenar el impreso, ¿dónde debe poner/echar la carta?
5. ¿Dónde está el buzón amarillo?
6. ¿Por qué es tan importante la carta de Ramiro?
7. ¿Qué tipo de envío le recomienda la empleada?

Pregunta a tus compañeros

1. Para mandar una carta importante y urgente, ¿qué tipo de envío preferirías?
2. ¿A quiénes sueles mandarles cartas o tarjetas de felicitación (Navidad, Año Nuevo, cumpleaños...)?
3. ¿Has recibido alguna carta o tarjeta? ¿De quién?
4. ¿Acostumbras enviar tarjetas por Internet? ¿A quiénes?
5. ¿Qué prefieres, mandar fotos o tarjetas a tus amigos por Internet? ¿De qué tipo?

¡Vamos a practicar!

I. usted 명령형 연습.

1. ______________________ K번 문으로 가세요. (ir a la puerta K)
2. ______________________ 저 창구로 가세요. (pasar a aquella ventanilla)
3. ______________________ 이 등기편지를 보내주세요. (mandar esta carta certificada)
4. ______________________ 이 종이를 채워주세요. (llenar/rellenar este impreso)
5. ______________________ 이름, 성, 주소를 쓰세요. (escribir nombre, apellido y su dirección)
6. ______________________ 우체국에서 소포를 찾으세요. (recoger el paquete en la oficina de correos)

II. Tengo que : 나는 ~해야만 한다

1. ______________________________ 이 소포를 한국으로 항공우편으로 보내야 한다. (mandar este paquete por correo aéreo)
2. ______________________________ 배편으로 이 소포를 부쳐야 한다. (mandar este paquete por correo marítimo/ por superficie)
3. ______________________________ 인쇄체로 써야 한다. (escribir con letra de imprenta)
4. ______________________________ 등기로 이 편지를 보내야 한다. (mandar esta carta por correo certificado)
5. ______________________________ 속달로 이 소포를 부쳐야 한다. (mandar este paquete por correo urgente)

III. Ya que ~절: ~때문에

1. 그 안에 수표가 들었기 때문에 아주 중요한 편지이다.
2. 더 안전하게 갈 것이므로 등기로 부쳐야 한다.
3. 사람들이 케익을 가지러 2시간 후에 올 것이므로 빨리 끝내야 한다.
4. 자리가 별로 없으므로 정각에 도착해야 한다.
5. 시험이 어려울 것이므로 공부를 많이 해야 한다.
6. 여행이 얼마나 걸릴지 모르므로 잘 먹어야 한다.

Gramática

proposiciones subordinadas adverbiales de lugar

* Marcan la situación espacial de la oración principal.

-¿Dónde pongo mi nombre?
-Ponga su nombre aquí.
-Ponga su nombre - donde dice remitente.

* Utilizan el nexo "donde" (adverbio-pronombre relativo) que pueda aparecer con o sin preposición, según los distintos matices significativos de ubicación, procedencia, destino, dirección, tránsito, transcurso y otros, que pueda expresar la proposición subordinada, que introduce:

en donde	de donde	hacia donde	adonde
hasta donde	desde donde	por donde	etc.

Algunos ejemplos:
Ubicación: *Viven en la casa en donde vivieron sus padres.*
Ubicación-distancia: *No se veía nada desde donde estábamos sentados.*
Origen: *Alguien quiere saber de dónde has venido.*
Dirección: *No me dijeron hacia dónde iban.*
Destino: *Por fin llegaron adonde los esperaban.*
Término: *Corrieron hasta donde estaban los otros.*
Tránsito: *Se deslizaron por donde nadie los podía ver.*

I. Escribe las partes de la oración, según el modelo.

Ponga la carta en el buzón donde está el policía. Oración principal: Ponga la carta en el buzón *¿Dónde está el buzón?* donde está el policía Subordinada adverbial de lugar: donde está el policía.

1. Encontré el libro donde lo dejaste.
   Oración principal: ____________________
   ¿Dónde estaba el libro? ____________________
   Subordinada adverbial de lugar: ____________________

2. Deja el coche donde veas la señal.
   Oración principal: ____________________
   ¿Dónde dejo el coche? ____________________
   Subordinada adverbial de lugar: ____________________

3. Mis amigos me esperan donde quedamos siempre.
   Oración principal: ____________________
   ¿Dónde me esperan mis amigos? ____________________
   Subordinada adverbial de lugar: ____________________

4. Los llevaremos a comer adonde fuimos ayer.
   Oración principal: ____________________
   ¿Adónde los llevaremos a comer? ____________________
   Subordinada adverbial de lugar: ____________________

5. Por favor, siéntate donde pueda verte.
   Oración principal: ____________________
   ¿Dónde me siento? ____________________
   Subordinada adverbial de lugar: ____________________

II. Escoje alguno de los nexos y completa las oraciones.

en donde	de donde	hacia donde	adonde
hasta donde	desde donde	por donde	

1. Ana y Enrique viven en el pueblo ____________ nacieron sus padres.

2. Siempre vamos a cenar ___________ van nuestros amigos.
3. Pensamos ir ___________ no haya tanto tráfico.
4. Llegamos y paramos ___________ nos dijo Juan.
5. No vi ___________ te fuiste.
6. Fuimos ___________ nos mandaron, estaba muy lejos.
7. Quisiera saber ___________ todo ese dinero.
8. Vinimos ___________ nos dijeron y fue muy sencillo el camino.
9. Voy ___________ me digas, tú sabes que siempre te obedezco.
10. Dijeron que ___________ estaban sentados no se oía nada.

Redacción libre

Escribe una carta para tus padres. Imagina que trabajas en una importante empresa en otro país y que les quieres contar sobre tus triunfos.

* Debes usar las siguientes palabras:

Compañía	amigos/as	compañeros/as	gerente
apartamento	simposio	conferencia	cheque

"Carta a mis padres"

____
____
____
____
____
____
____
____
____
____

Lección 28

En el banco
은행에서

Diálogo de hoy
(대화를 듣고 빈칸을 스페인어로 채워보세요)

Silvia: Hola, buenos días. Verá, ______________ estos dólares __________. ¿A cuánto está el dólar?

Cajero: ¿A la compra o __________?

Silvia: A la venta. ____________ cambiar estos dólares por euros.

Cajero: El dólar está a ____ euros. ¿Tiene _________ en dólares en nuestro banco?

Silvia: __________ que no.

Cajero: Entonces, le recomiendo que __________, ya que si tiene una cuenta corriente en nuestro banco, no le __________________ por transferencias y, además, le ofrecemos un tipo de __________________.

Silvia: ¿Si? Entonces, haré como me ________ y _________ una cuenta en dólares.

Cajero: ¿Quiere una __________________ o de ahorros? Con una cuenta corriente podrá usar _________________. Pero no le damos _________.

Silvia: Prefiero una cuenta corriente.

Cajero: Bien. ______ este formulario y firme aquí. ¿Cuánto _____________?

Silvia: ____________________ dólares. ¿Puedo ___________________ al extranjero a través de esta cuenta?

Cajero: Claro que sí, y no __________________ comisión, como le dije antes. También puede depositar dólares y _____________________ cuando el tipo de cambio esté alto.

Silvia: Por fin, mi esposo _______ feliz _______ la cuenta en dólares, como él quería.

Cajero: Aquí tiene _____________ y la tarjeta para el _________________. Si su esposo desea firmar también, puede venir a nuestras oficinas y ____________ su firma.

Silvia: ¡Perfecto! Se lo diré. Le _____________________.

Cajero: ___________________.

Silvia: Hola, buenos días. Verá, quisiera cambiar estos dólares por euros. ¿A cuánto está el dólar?

Cajero: ¿A la compra o a la venta?

Silvia: A la venta. Me gustaría cambiar estos dólares por euros.

Cajero: El dólar está a 0.82 euros. ¿Tiene cuenta en dólares en nuestro banco?

Silvia: Me temo que no.

Cajero: Entonces, le recomiendo que abra una, ya que si tiene una cuenta corriente en nuestro banco, no le cobramos comisión por transferencias y, además, le ofrecemos un tipo de cambio más favorable.

Silvia: ¿Si? Entonces, haré como me sugiere y abriré una cuenta en dólares.

Cajero: ¿Quiere una cuenta corriente o de ahorros? Con una cuenta corriente podrá usar cheques personales. Pero no le damos intereses.

Silvia: Prefiero una cuenta corriente.

Cajero: Bien. Llene este formulario y firme aquí. ¿Cuánto va a depositar?

Silvia: Cuatro mil trescientos dólares. ¿Puedo hacer una transferencia al extranjero a través de esta cuenta?

Cajero: Claro que sí, y no le cobramos comisión, como le dije antes. También puede depositar dólares y cambiarlos por euros cuando el tipo de cambio esté alto.

Silvia: Por fin, mi esposo estará feliz con la cuenta en dólares, como él quería.

Cajero: Aquí tiene su talonario y la tarjeta para el cajero automático. Si su esposo desea firmar también, puede venir a nuestras oficinas y registraremos su firma.

Silvia: ¡Perfecto! Se lo diré. Le agradezco su amabilidad.

Cajero: Estamos para servirle.

실비아: 안녕하세요? 저기, 이 달러를 유로로 바꾸고 싶은데, 달러가 얼마죠?

창구원: 매수입니까, 매도입니까?

실비아: 매도하려구요. 이 달러를 유로로 바꾸고 싶어요.

창구원: 달러당 0.82 유로입니다. 저희 은행에 달러통장이 있습니까?

실비아: 아뇨, 없는데요.

창구원: 그렇다면 계좌를 개설하시길 권합니다. 계좌가 있으면 송금 수수료를 물지 않아도 될 뿐 아니라 제일 유리한 환율을 적용받으실 수 있거든요.

실비아: 그래요? 그럼 말씀해 주시는 대로 하죠. 달러 구좌를 만들겠어요.

창구원: 당좌예금으로 할까요, 적립식으로 할까요? 당좌예금으로는 수표를 사용할 수 있지만 이자가 지급되지 않습니다.

실비아: 당좌예금이 낫겠어요.

창구원: 네. 이 용지를 채워 주시고 여기에 사인 부탁합니다. 얼마를 예치하실 겁니까?

실비아: 사천 삼백달러요. 이 계좌를 통해서 해외로 송금할 수 있죠?

창구원: 물론이죠. 아까 말씀드렸다시피 송금 수수료를 물지 않아도 되고 달러로 입금하셨다가 환율이 높을 때 유로로 바꾸실 수 있습니다.

실비아: 달러 계좌를 개설했으니 마침내 남편이 만족 하겠군요, 그이가 원한 거였거든요.

창구원: 여기 수표장과 현금인출 카드 받으세요. 남편 분 서명도 원하신다면 저희 사무실로 오셔서 사인을 등록하면 됩니다.

실비아: 알았어요! 그에게 말할게요. 친절을 베풀어주셔서 고마워요.

창구원: 그게 저희 일인걸요.

Gramática y expresiones

1. ¡Hola! Verá, quisiera cambiar estos dólares por euros.

cambiar A por B: A를 B로 바꾸다

verá : 어떤 설명을 하기 전에 상대방의 주목을 끌기 위해 쓰는 표현

2. ¿A cuánto está el dólar?

환율을 묻기 위한 질문이므로 ¿A cuánto está el cambio del dólar hoy? 라고 할 수도 있다.

☆ 환율 (tasa/tipo de cambio)

오늘 환율이 어떻게 되지요? : ¿A cuánto está el cambio hoy?

일 달러당 200 페소입니다 : A 200 pesos por dólar.

3. El dólar está a 0.86 euros. ¿Tiene cuenta en dólares en nuestro banco?

환율은 수시로 변하는 것이므로 estar동사로 표현한다. 1달러는 현재 0.86 유로이다.

cuenta 은행구좌, cuenta en dólares 달러구좌

compra f. 구입, 매수, 사는 일 venta f. 매도, 파는 일 cuenta f. 계산서, 예금, 계정 temo v. temer 걱정하다, 두려워하다 abra v. abrir 열다, 개설하다 corriente adj. 흐르는, 보통의, 당좌의 cobramos v. cobrar 돈을 얻다, 수취하다 comisión f. 수수료, 위탁, 위원회 transferencias f.pl. 이전, 양도, 대체 favorable adj. 유리한, 호의적인 sugiere v. sugerir 제안하다 ahorros m.pl. 저축, 예금 intereses m.pl. 이자, 이익 prefiero v. preferir 선호하다 depositar v. 예금하다, 예치하다, 입금하다 talonario m. 수표장, 쿠폰장 cajero m. 출납계, 창구직원 registraremos v. registrar 기록하다, 등록하다 amabilidad f. 친절함, 상냥함

☆ **환전소에서 사용하는 표현들:**

¿Puedo cambiar dólares por pesos?

Quisiera cambiar cheques de viajero en efectivo.

Compramos el dólar a noventa y cinco pesos y el euro a ciento doce.

4. Me temo que no.

부정적인 대답을 할 때에 유감스럽게 표현하는 방법. 안됐지만 아니야.

5. Entonces, le recomiendo que abra una, ya que si tiene una cuenta corriente en nuestro banco, no le cobramos comisión por transferencias y además, le ofrecemos un tipo de cambio más favorable.

'간접목적어+ recomendar que + 접속법절' : abra는 abrir의 접속법. "당신에게 구좌하나를 열기를 권한다."

구좌를 열다 : abrir una cuenta

ya que절 : ~하니까, ~하므로

cuenta corriente 당좌예금 구좌

cobrar comisión : 수수료를 받다

tipo de cambio 환율

el tipo más favorable = el mejor tipo de cambio

Tipos de cuenta bancaria 은행 예금의 종류
cuenta corriente / cuenta de cheques : 당좌 예금
cuenta de ahorros : 적립식 예금
inversiones : 투자 예금 (펀드식 예금)
cuenta múltiple : 다중 예금

6. ¿Quiere una cuenta corriente o de ahorros?

caja de ahorro 저축금고 caja de crédito 신용금고

7. Llene este formulario y firme aquí. ¿Cuánto va a depositar?

depositar = ingresar 입금하다 (vs. sacar / retirar : 출금하다)

abonos/ingresos 입금 débitos/cargos 출금

8. Cuatro mil trescientos dólares. ¿Puedo hacer una transferencia al extranjero a través de esta cuenta?

이 구좌를 통하여 외국으로의 송금이 가능합니까?

transferencia al extranjero 외국으로의 송금

a través de ~를 통하여

9. También puede depositar dólares y cambiarlos por euros cuando el tipo de cambio esté alto.

달러로 입금하였다가, 환율이 높아졌을 때에 바꿀 수 있다.

cuando el tipo de cambio está alto 환율이 올랐을 때에

(= cuando el tipo de cambio suba.)

10. Aquí tiene su talonario y la tarjeta para el cajero automático.

cheques / talón 수표　libreta de cheques = talonario 수표책, 수표 묶음

cajero automático : 현금인출기, tarjeta 카드

caja = ventanilla de pago 돈을 지불하는 창구, 계산대

cajero = 창구에서 일하는 사람

cf.) endosar el cheque 수표에 이서하다

그 밖에 은행과 관련된 단어들

letra 어음　saldos 잔액　número de cuenta 구좌번호　divisa 외화

casa (oficina) central 본점　sucursal 지점

개인 수표쓰기

Fecha 4 de junio de 2004

Páquese a Julio Lamímez Blanco

La cantidad de / 5000 cinco mil pesos /

Firma Jayoung Shin

Ejercicios

¡Vamos a conversar!

(본문 대화에 대한 다음 질문에 대답해 보세요.)

1. ¿Para qué va Silvia al banco?
2. ¿A cuánto está el cambio de dólar?
3. ¿Qué le sugiere el cajero?
4. ¿Qué ventajas le ofrece la cuenta en dólares a Silvia?
5. ¿Qué tipo de cuenta prefiere Silvia?
6. ¿Quién quería tener una cuenta en dólares?
7. ¿Qué le entrega el cajero a Silvia?

Pregunta a tus compañeros

1. ¿Tienes cuenta en el banco? ¿Qué tipo de cuenta?
2. ¿A quién te pareces de tu familia? ¿En qué te pareces?
3. ¿Te gusta oír consejos o prefieres vivir como tú quieres?
4. ¿Cuando compras algún aparato ¿sigues las instrucciones o intentas como tú imaginas?
5. ¿Te gustaría vivir de alguna manera especial o diferente?

¡Vamos a practicar!

I. ¿A cuánto está el tipo de cambio del dólar hoy? 오늘 달러 환율이 어떻게 되나요? = ¿A cuánto está el dólar?

1. ¿ ______________________________ ? 스위스 프랑 (franco suizo)
2. ¿ ______________________________ ? 멕시코 페소 (peso mexicano)
3. ¿ ______________________________ ? 아르헨티나 페소 (peso argentino)
4. ¿ ______________________________ ? 페루 누에보 솔 (nuevo sol peruano)
5. ¿ ______________________________ ? 칠레 페소 (peso chileno)

II. Le recomiendo que 접속법: ~할 것을 권합니다

1. ______________________________ 우리 은행에 당신의 돈을 저금하길 권합니다.
(depositar su dinero en nuestro banco)
2. ______________________________ 신용카드 사용할 것을 권합니다.
(usar la tarjeta de crédito)

3. ______________________ 구좌의 상태를 변경할 것을 권합니다. (revisar sus estados de cuenta)
4. ______________________ 이자를 출금할 것을 권합니다. (retirar sus intereses)
5. ______________________ petrobonos에 투자할 것을 권합니다. (invertir en petrobonos)

III. Quiero cambiar ~ por ~ : ~를 ~로 바꾸고 싶어요.

1. ______________________ 이 달러를 유로로 바꾸고 싶어요. (estos dólares, euros)
2. ______________________ 페소를 달러로 바꾸고 싶어요. (pesos, dólares)
3. ______________________ 원을 달러로 바꾸고 싶어요. (wones, dólares)
4. ______________________ 파운드를 홍콩달러로 바꾸고 싶어요. (libras, dólares de Hong Kong)
5. ______________________ 달러를 페소로 바꾸고 싶어요. (dólares, pesos)

IV. ¿Podría ~ ? : ~할 수 있을까요?

1. ______________________ 달러 구좌를 열 수 있을까요? (abrir una cuenta en dólares)
2. ______________________ 이 달러를 내구좌에 입금할 수 있을까요? (depositar estos dólares en mi cuenta)
3. ______________________ 현금 300유로 인출할 수 있을까요? (retirar 300 euros en efectivo)
4. ______________________ 외국으로 지로송금할 수 있을까요? (hacer un giro al exterior)
5. ______________________ 내 구좌의 잔액을 확인할 수 있을까요? (decirme el saldo de mi cuenta)
6. ______________________ 이 수표를 확인할 수 있을까요? (autorizarme este cheque)

Gramática

proposiciones subordinadas adverbiales de modo

> Lo haré como me dijeron.
> Oración principal: Lo haré
> ¿Cómo lo haré? ¿De qué manera? como me dijeron
> Subordinada adverbial de modo: como me dijeron

* Marcan la manera en que se realiza la acción de la oración principal:
  - *Haré como me sugiere.*
  - *Lo haré como me dijeron.*
* El nexo más frecuente es "como" (adverbio-pronombre relativo).

* Pero también puede aparecer como nexo una serie de frases conjuntivas: del mismo modo que, igual que, según, como si, etc.

I. Escribe las partes de la oración, según el modelo.

1. El examen fue como lo esperaban los alumnos.
Oración principal: ______________________
¿Cómo fue el examen? ______________________
Subordinada adverbial de modo: ______________________

2. El hijo quiere hacer todo como su padre.
Oración principal: ______________________
¿Cómo quiere hacer todo? ______________________
Subordinada adverbial de modo: ______________________

3. Se visten como quieren.
Oración principal: ______________________
¿Cómo se visten? ______________________
Subordinada adverbial de modo: ______________________

4. Lo haremos como estaba previsto.
Oración principal: ______________________
¿Cómo lo haremos? ______________________
Subordinada adverbial de modo: ______________________

5. Resuelve el problema como te dijeron.
Oración principal: ______________________
¿Cómo resuelvo el problema? ______________________
Subordinada adverbial de modo: ______________________

II. Escoge alguna de las frases y utiliza el nexo ‘como’ para formar una circunstancia de modo.

a) lo he imaginado
b) pudo, y rápidamente lo llevó al taller
c) me lo pediste
ch) estoy, luego me cambio de ropa
d) les da la gana, no respetan ninguna norma
e) se lo indicaron
f) lo trataron a él.
g) su papá, se parecen en todo.

1. Se visten ______________________________.
2. Te mandé el cheque ______________________________.
3. Escribiré el ensayo ______________________________.
4. El niño camina y, por eso, ______________________________.
5. Voy a salir a la calle ______________________________.
6. Mi amigo arregló su coche ______________________________.
7. El dueño trata a sus empleados ______________________________.
8. Luis hizo el trabajo ______________________________.

Redacción libre

Imagina que tienes la posibilidad de escoger algunos detalles de la vida de otros: “Me gustaría vivir como vive...”

* Debes usar las siguientes frases:

como viste...	como juega...	como hace...
como canta...	como baila	como vive...

“Me gustaría vivir como vive...”

Me gustaría ______________________________

____

____

____

____

____

____

Lección 29

Se ha parado mi coche
내 차가 멈추었어요

Diálogo de hoy
(대화를 듣고 빈칸을 스페인어로 채워보세요)

Rocío: Oiga, por favor. Se ha parado mi coche________________________. ¿Me puede echar__________?

Arturo: Claro que sí. A lo mejor,__________gasolina al coche. Si quiere, le dejo algo de gasolina que tengo en_____________________.

Rocío: Sí, le agradezco. ¿_________________un poco más? Aunque me parece que sí tiene suficiente gasolina porque anteayer le__________.

Arturo: ¿__________ahora?

Rocío: No, no__________todavía.

Arturo: Si no funciona,_________llevarlo al mecánico ya que pronto__________. Hay un taller_________________________.

Rocío: Es una buena idea. ¿Podría_________________mi coche hasta allá? Disculpe, estoy______________, pero sí quisiera llevarlo al taller mecánico.

Arturo: No se preocupe. Pero creo que es mejor__________ya que_________más fácil y rápido. Tengo unos_______en____________.

(En el taller)

Rocío: Señor, no sé cómo agradecerle_________________usted por mí. ¡Ha sido tan amable! Muchísimas gracias.

Arturo: De nada.______________poder ayudarla. Adiós.

Rocío: Mire, señor,_________mi coche en medio_____________.

Mecánico: Espere un momento, lo_______en seguida.

Rocío: ¿____________muy difícil?

Mecánico: He cambiado__________y he____________________en marcha. Pero no está arreglado________ya que no_______suficiente tiempo.__________________.

Rocío: ¿Es__________? ¿Estará roto?

Mecánico: Creo que no. Pero es mejor que____________de nuevo.

Diálogo de hoy

Rocío: Oiga, por favor. Se ha parado mi coche en medio de la carretera. ¿Me puede echar una mano?

Arturo: Claro que sí. A lo mejor, le falta gasolina al coche. Si quiere, le dejo algo de gasolina que tengo en el maletero de mi auto.

Rocío: Sí, le agradezco. ¿Podríamos ponerle un poco más? Aunque me parece que sí tiene suficiente gasolina porque anteayer le llené el tanque.

Arturo: ¿Funciona ahora?

Rocío: No, no arranca todavía.

Arturo: Si no funciona, le aconsejo llevarlo al mecánico ya que pronto anochecerá. Hay un taller medio kilómetro más adelante.

Rocío: Es una buena idea. ¿Podría ayudarme a empujar mi coche hasta allá? Disculpe, estoy abusando de usted, pero sí quisiera llevarlo al taller mecánico.

Arturo: No se preocupe. Pero creo que es mejor arrastrar su coche ya que será más fácil y rápido. Tengo unos ganchos en el maletero.

(En el taller)

Rocío: Señor, no sé cómo agradecerle lo que ha hecho usted por mí. ¡Ha sido tan amable! Muchísimas gracias.

Arturo: De nada. Ha sido un placer poder ayudarla. Adiós.

Rocío: Mire, señor, se paró mi coche en medio de la carretera.

Mecánico: Espere un momento, lo veré en seguida.

Rocío: ¿Cree que será muy difícil?

Mecánico: He cambiado la banda y he conseguido ponerlo en marcha. Pero no está arreglado del todo ya que no he tenido suficiente tiempo. Hace un ruido extraño.

Rocío: ¿Es el motor? ¿Estará roto?

Mecánico: Creo que no. Pero es mejor que se lo revisen de nuevo.

로시오: 실례합니다. 제 차가 고속도로 한 가운데서 멈추어 버렸는데 좀 도와주시겠어요?

아르뚜로: 물론이죠. 어쩌면 기름이 떨어졌을 수도 있겠네요. 원하신다면 제 차 트렁크에 있는 기름을 얼마 드리죠.

로시오: 네, 감사합니다. 차에 조금 더 넣을 수 있을까요? 그저께 탱크를 채웠기 때문에 충분하게 남아 있다고 생각하지만.

아르뚜로: 이제 작동하나요?

로시오: 아뇨, 아직 시동이 안 걸려요.

아르뚜로: 작동 안하면 기술자에게 맡기는 게 좋을 거예요. 날이 곧 저물 테니까요. 2/1 킬로만 더 가면 정비소가 있답니다.

로시오: 좋은 생각이군요. 저기까지 차 좀 밀어 주시겠습니까? 죄송해요, 제가 당신을 너무 귀찮게 하는군요. 하지만 정비소로 옮기고 싶어서…….

아르뚜로: 염려마세요. 하지만 견인하는 것이 나을 거예요. 더 빠르고 쉬우니까요. 차 트렁크에 연결고리가 있어요.

(정비소에서)

로시오: 저를 위해 수고하신 점 어떻게 감사드려야할지 모르겠네요. 얼마나 친절하신지! 정말 감사합니다.

아르뚜로: 천만에요. 도움을 드려 기쁩니다. 안녕히.

로시오: 여보세요, 제 차가 고속도로에서 멈추어 버렸어요.

정비공: 잠시 기다리세요, 곧 살펴볼게요.

로시오: (고치는 것이) 어려울까요?

정비공: 벨트를 갈아 끼웠고 차가 움직이게는 해놓았어요. 하지만 시간이 없어서 다 고친 건 아니예요. 이상한 소리가 납니다.

로시오: 모터가요? 망가졌나요?

정비공: 그건 아닐 겁니다. 그러나 다시 검사를 받는 게 좋을 거예요.

Gramática y expresiones

1. Oiga, por favor. Se ha parado mi coche en medio de la carretera.

pararse 갑자기 서버리다

en medio de la carretera 고속도로 한 가운데에서

2. ¿Me puede echar una mano?

나를 좀 도와주실 수 있으세요?

vocabulario

parado v. parar 멈추다, pararse 정지하다 carretera f. 고속도로, 차도 falta v. faltar 부족하다, 결핍되다 gasolina f. 휘발유, 가스 maletero m. (차에서) 짐을 두는 장소 agradezco v. agradecer 감사하다 tanque m. 탱크, 통, 저유소 arranca v. arrancar 시동을 걸다, 시동이 걸리다. todavía adv. 아직 aconsejo v. aconsejar 충고하다, 조언하다 mecánico m. 기계공, 정비공, 정비기사 anochecerá v. anochecer 날이 저물다 taller m. 작업장, 공장, 제작소 empujar v. 밀다 disculpe v. disculpar 용서하다, 봐주다 abusando v. abusar 남용하다 quisiera v. querer 원하다 arrastrar v. 질질 끌다, 견인하다 ganchos m.pl. (차를 이어주는) 갈고리, 후크 conseguido v. conseguir 성취하다, 얻다 marcha f. 행진, 운행 arreglado v. arreglar 고치다, 정돈하다 revisen v. revisar 점검하다, 검사하다

echar una/la mano 도와주다

3. Claro que sí. A lo mejor le falta gasolina al coche.
차에 기름이 부족한 것 같다.
A lo mejor 아마도
'간접목적어 + faltar' : ~에게 무엇이 부족하다
gasolina 가솔린 cf. diésel 디젤

4. Si quiere le dejo algo de gasolina que tengo en el maletero de mi auto.
내 차에 있는 가솔린을 조금 당신에게 주겠다.

다른 식으로 표현한다면 다음과 같다.
예) Si quiere usted gasolina, yo tengo.
Si lo que necesita es gasolina, yo tengo.
Si quiere, 당신이 원한다면
algo de gasolina 가솔린 조금
자동차는 지역에 따라 coche, carro, auto 등 다양한 단어로 쓰인다.

5. ¿Podríamos ponerle un poco más? Aunque me parece que sí tiene suficiente gasolina.
기름은 있는 것 같지만 조금 더 넣어볼 수 있을까요?
ponerle un poco más 차에 기름을 조금 더 넣다
tiene 앞에 sí는 긍정을 강조

6. ¿Funciona ahora?
지금은 작동하나요?
funcionar 기계류가 작동하다

7. No, no arranca.
시동이 걸리지 않다
arrancar 시동을 걸다, 시동이 걸리다
cf.) frenar 제동하다 el freno 브레이크
acelerar 가속하다 el acelerador 가속기

8. Si no funciona, le aconsejo llevarlo al mecánico. Hay un taller medio kilómetro

más adelante.

'간접목적어 + aconsejar + 동사원형' : ~에게 ~하도록 충고한다

más adelante 앞에

medio kilómetro más adelante 1/2킬로만 가면

9. Disculpe, estoy abusando de usted, pero sí quisiera llevarlo al taller mecánico.

제가 당신에게 지나치게 부탁을 많이 하고 있습니다. 당신을 너무 번거롭게 하고 있습니다.

sí는 긍정의 강조

10. No sé cómo agradecerle lo que ha hecho usted por mí.

직역하면 당신이 나에게 한 것에 대하여 어떻게 감사를 해야할 지를 모르겠다.

☆ 진심으로 감사를 표현할 때에 사용할 수 있는 다른 표현들

No encuentro palabras para expresarle mi profundo agradecimiento/ gratitud.

Gracias de todo corazón.

Te debo una. Mil gracias. (친구 사이에)

Te lo agradezco muchísimo.

Sin tu ayuda no habría podido solucionarlo.

Gracias a ti he podido salir adelante en esto.

11. Ha sido usted tan amable. Muchísimas gracias.

현재완료 문장으로 당신은 아주 친절하셨습니다. 대단히 감사합니다.

12. ¡De nada! Ha sido un placer poder ayudarla. Adiós.

☆ 감사 인사에 대한 대답

De nada. = Ha sido un placer.

= No hay de qué.

= No faltaba más.

13. Espere un momento, lo veré en seguida.

제가 즉시 차를 보겠습니다.

esperar 의 usted 명령형

en seguida/enseguida 즉시 veré : ver의 미래형

14. He cambiado la banda y he conseguido ponerlo en marcha. Pero no está arreglado del todo ya que no he tenido suficiente tiempo.

'ponerlo en marcha' 출발하게 하다, 움직이게 하다

'conseguir + 동사원형' ~를 해내다

15. Hace un ruido extraño.

(차에서) 이상한 소리가 난다.

hacer ruido 잡음을 내다, 시끄러운 소리를 내다

16. ¿Es el motor? ¿Estará roto?

motor는 엔진

estar roto = estropeado 고장난

estar estropeado 고장난, 망가진

cf. avería 잔고장

자동차의 각 부분과 관련된 어휘

la gasolinera 주유소

la rueda, los neumáticos, las llantas 타이어, 바퀴

el cinturón de seguridad 안전벨트

예) En las carreteras y autopistas es obligatorio llevar el cinturón de seguridad.
고속도로에서는 안전벨트 착용이 의무이다.)

la transmisión / el cambio/ la marcha 기어

la matrícula / número de matrícula 자동차 번호 (등록번호)

(El coche tiene (número de) matrícula de Seúl.)

la placa 자동차 번호판

el faro, la luz 라이트

el depósito, tanque 기름탱크

el volante 핸들

Ejercicios

¡Vamos a conversar!

(본문 대화에 대한 다음 질문에 대답해 보세요.)

1. ¿Qué le pasó a Rocío?
2. ¿Por qué razón piensa Rocío que no es problema de gasolina?
3. ¿Qué le aconseja Arturo?
4. ¿Cómo llevan el coche de Rocío hasta el taller?
5. ¿Quién es Arturo?
6. ¿Qué le arregla al coche el mecánico?
7. ¿Qué le aconseja el mecánico? ¿Por qué (razón)?

Pregunta a tus compañeros

1. ¿Te ha tocado ayudar a alguien en problemas? ¿Dónde?
2. ¿Alguna vez te ayudó alguien en una situación difícil?
3. ¿Acostumbras pedir ayuda cuando tienes problemas o prefieres resolverlos solo/a?
4. ¿Te gustaría pertenecer a algún grupo de voluntarios, de qué tipo?
5. ¿Conoces algún grupo que se encargue de ayudar a las personas? (Cualquier tipo de ayuda)

¡Vamos a practicar!

I. 자동차 관련된 표현들을 연습해 봅시다.

1. ______________________________ 엔진이 꺼졌어요. (pararse el motor)
2. ______________________________ 벨트가 고장났어요. (estropearse la banda)
3. ______________________________ 바퀴에 펑크났어요. (pincharse un neumático/una llanta)
4. ______________________________ 밧데리가 방전되었어요. (descargarse la batería)
5. ______________________________ 앞 유리가 깨졌어요. (romperse el parabrisas)
6. ______________________________ 오른 쪽 헤드라이트가 나갔어요. (fundirse la bombilla del faro derecho)

II. 자동차 운행과 관련된 다양한 상황 표현을 익힙시다.

1. A lo mejor hay algún accidente de tráfico. 교통 사고가 난 것 같은데.

2. A lo mejor hay una manifestación por el centro. 시내에 시위가 있는 것 같은데.
3. A lo mejor no funcionan los frenos. 브레이크가 고장난 것 같은데.
4. A lo mejor está estropeada la transmisión. 기어가 고장난 것 같은데.
5. A lo mejor encontramos un taller cerca. 가까운 정비소가 있는 것 같은데.
6. A lo mejor la gasolina alcanza hasta llegar a la gasolinera. 주유소에 갈 기름은 있는 것 같은데.

III. Le + aconsejo + 동사원형 : ~에게 ~할 것을 권유하다

1. ____
   규칙적으로 자동차 점검을 할 것을 권유합니다.(examinar el coche regularmente)
2. ____
   속도를 줄일 것을 권유합니다. (bajar la velocidad)
3. ____
   그 시간에는 고속도로를 탈 것을 권유합니다. (tomar la carretera cuando vengas a esa hora)
4. ____
   지름길로 올 것을 권유합니다. (tomar el atajo)

Gramática

Oraciones subordinadas adverbiales

* Las proposiciones subordinadas son semánticamente y gramaticalmente dependientes, y según la relación significativa de subordinación que las une a la principal pueden indicar:

a) Relación circunstancial: De tiempo. lugar y modo.
b) Relación causativa
Expresan otras circunstancias que no se pueden expresar con adverbios.
Pueden ser:
- De causa (causales): *Sí tiene gasolina porque anteayer le llené el tanque.*
- De condición (condicional): *Si lo intentas, lo conseguirás.*
- De objeción (concesivas): *Aunque llueva, iré a tu casa.*
- De finalidad (finales): *Los enviaré para que me presenten.*

Proposiciones subordinadas adverbiales causales (Verbo subordinado en INDICATIVO)

* Indican la causa directa, indirecta o el motivo de la oración que se expresa en la oración principal.
* El verbo subordinado va en indicativo.
* Las conjunciones y locuciones conjuntivas causales más frecuentes son:

porque	**que**	**como**	**pues**	**ya que**
puesto que	**en vista de que**		**etc.**	

I. Completa los espacios en blanco utilizando alguno de los nexos. Puede haber varias opciones en algunos.

porque	*pues*	*ya que*	*en vista de que*

1. El control remoto de la televisión no funciona ____________ no tiene pilas.
2. ____________ no llegan, nos vamos ahora mismo.
3. Se lo daré a tu hermano ____________ a ti no te gustó.
4. Me voy a comer ____________ me muero de hambre.
5. Nos quedaremos en Madrid ____________ mi hermana tiene una casa allá.
6. Retiró su candidatura _______________ nadie lo apoyaba.
7. Me llevaré un abrigo ______________ allá hace demasiado frío.
8. Vine ____________ necesitaba hablar contigo.

II. Escoge alguna de las frases y utiliza el nexo '*porque*' o '*ya que*' para formar una circunstancia causal.

a) dentro hay un cheque	b) así viajará más segura
c) vendrán por ellos en dos horas	ch) no hay suficientes lugares
d) no sabemos cuánto durará el viaje	e) hace calor
f) estaba lloviendo	g) el examen será difícil

1. Hay que estudiar mucho ______________________________________.
2. Esta es una carta muy importante _______________________________.
3. No cierres la puerta ____.
4. Hay que mandar la carta certificada _____________________________.
5. Debemos terminar pronto los pasteles ____________________________.
6. Conviene llegar temprano al concierto ___________________________.
7. No salí de casa ____.
8. Hay que comer bien ____.

Redacción libre

Escribe una composición con el tema "El pasado fin de semana...". Imagina lo que no hiciste y la razón.

* Debes usar las siguientes palabras y puedes escoger cuando hay dos opciones:

en vista de que	porque	ya que	fui / no fui
limpié/no limpié	hablé / no hablé	salí /no salí	estudié / no estudié

"El pasado fin de semana..."

Fue un fin de semana difícil ____

____

____

____

____

____

____

____

____

Lección 30

Hablemos del tiempo

날씨에 대해 이야기합시다.

Diálogo de hoy

(대화를 듣고 빈칸을 스페인어로 채워보세요)

Laura: Parece que en_______________hay buena_________. Hay poco tráfico aunque es fin de semana.

César: Normalmente, el tráfico está__________________en__________que en julio y_____.

Laura: ¿No crees que_____________tomar la autopista que_________________para ir______ ________?

César: Sí, creo que sí. Pero a veces____________la pena utilizar la autopista. Aunque________________unos minutos,___________es muy cara.

Laura: Sí, es verdad. Si_____________________, estaría bien pasar por los_____________ y contemplar__________.

César: Pues, no sé. Vamos a ver qué nos____________sobre___________.

En la radio:

El tiempo de esta semana. Tenemos________________. Habrá buen tiempo durante toda la semana____________en todo el país. La temperatura___________2 o 3 grados cada día; por lo tanto, tendremos una___________en_______para esta estación. Mañana habrá sol en_____ ____________. El sábado, el cielo______________en las costas del este y el domingo, en las costas del norte. En______, mañana_________. Aunque estará despejado,_______chubascos. En el norte del país, el viento fuertemente. Pero la temperatura subirá más que hoy. La temperatura del norte del país será________y la del sur estará entre los________grados.

César: Bien,___________. Y aun cuando la otra vía es más rápida, iremos por los________ _______para__________________.

Laura: Lo disfrutaremos, ya verás.________________________se encuentra un restaurante típico que me__________.

César: Perfecto. Podríamos comer allí.

Laura: _________lejos de la ciudad, tiene todo lo necesario para ofrecer________________.

Diálogo de hoy

Laura: Parece que en las vías rápidas hay buena circulación. Hay poco tráfico aunque es fin de semana.

César: Normalmente, el tráfico está menos congestionado en septiembre que en julio y agosto.

Laura: ¿No crees que sea mejor tomar la autopista que la carretera local para ir a los Pirineos?

César: Sí, creo que sí. Pero a veces no merece la pena utilizar la autopista. Aunque podríamos ahorrar unos minutos, la cuota es muy cara.

Laura: Sí, es verdad. Si tuviéramos más tiempo, estaría bien pasar por los caminos rurales y contemplar el paisaje.

César: Pues, no sé. Vamos a ver qué nos dice la radio sobre el pronóstico.

En la radio:

El tiempo de esta semana. Tenemos buenas noticias. Habrá buen tiempo durante toda la semana con cielo despejado en todo el país. La temperatura subirá ligeramente 2 o 3 grados cada día; por lo tanto, tendremos una temperatura cálida en promedio para esta estación. Mañana habrá sol en las costas del sur. El sábado, el cielo estará despejado en las costas del este y el domingo, en las costas del norte. En el interior, mañana habrá nubosidad. Aunque estará despejado, se preven chubascos. En el norte del país, el viento soplará fuertemente. Pero la temperatura subirá más que hoy. La temperatura del norte del país será de 20 grados y la del sur estará entre los 25 y 27 grados.

César: Bien, tú ganas. Y aun cuando la otra vía es más rápida, iremos por los caminos rurales para disfrutar el paisaje.

Laura: Lo disfrutaremos, ya verás. A tres kilómetros de aquí se encuentra un restaurante típico que me recomendaron.

César: Perfecto. Podríamos comer allí.

Laura: A pesar de estar lejos de la ciudad, tiene todo lo necesario para ofrecer un banquete a sus clientes.

라우라: 고속도로는 소통이 원활한 것 같아. 주말인데도 차가 조금밖에 없네.

세사르: 대체로 7월이나 8월보다 9월에 차가 덜 막히거든.

라우라: 피레네로 가려면 국도보다는 고속도로가 낫지 않을까?

세사르: 응, 그럴거야. 하지만 고속도로를 이용하지 않는게 나을 때도 있어. 시간을 몇

분 절약할 수 있을지 몰라도 통행료가 엄청 비싸거든.

라우라: 그래, 네 말이 맞다. 시간이 더 있다면 시골길로 가면서 경치를 감상하는 것도 좋을텐데.

세사르: 글쎄, 잘 모르겠군. 라디오에서 일기예보를 뭐라 하는지 들어 보자.

라디오에서:

이번 주 날씨를 알려드립니다. 좋은 소식이군요. 이번 주 내내 전국에 걸쳐 맑은 날이 계속될 거라 합니다. 기온은 매일 2~3도씩 약간 오르겠기에 계절에 비해 전반적으로 더운 날씨가 될 겁니다. 내일은 남해안은 개이겠고 토요일은 동해안, 일요일에는 북부 해안이 개이겠습니다. 내륙지방은 내일 흐리겠고 맑은 날씨가 될지라도 소나기가 예상됩니다. 북부 지방은 바람이 강하게 불겠지만 기온은 오늘보다 더 올라갈 것입니다. 북부의 기온은 20도, 남부는 25~27가 될 것입니다.

세사르: 네가 이겼다. 다른 길이 더 빠를지라도 시골길을 타면서 경치나 감상하자.

라우라: 즐거울거야, 두고 봐. 여기서 3킬로 지점에 사람들이 추천해 준 전통 식당이 있어.

세사르: 좋았어. 거기서 식사하면 되겠다.

라우라: 도시에서 멀리 떨어져 있는데도 손님에게 멋진 식사를 제공하는데 필요한 모든 걸 갖추고 있단다.

Gramática y expresiones

1. Hablemos del tiempo. 일기에 대해서 말해 봅시다.

tiempo : 시간, 일기 cf. el clima : 기후, 풍토

El clima de Canarias es caluroso, en Asturias es fresco y en las Baleares templado.

까나리아스의 기후는 무덥고 아스뚜리아스는 선선하고 발레아레스는 온화하다.

vocabulario

vías f.pl. 도로, 길 rápidas adj. 빠른 circulación f. 순환, 교통, 유통 congestionado adj. 충혈된, 밀집된 autopista f. 고속도로 local adj. 지방의, 국부, 국지적 cuota f. 통행료, 톨게이트요금 rurales adj. rural. 시골의 contemplar v. 응시하다, 감상하다 paisaje m. 경치 pronóstico m. 예상, 예보 noticias f.pl. 소식 despejado adj. 맑은, 맑게 개인 temperatura f. 기온, 온도 grados m.pl. 온도, ~도 cálida adj. 더운 costas f.pl. 해안 interior m. 내부, 내륙 nubosidad f. 흐림, 흐린 하늘 preven v. prever(=se) 예상하다(되다) chubascos m.pl. 소나기, 집중폭우 soplará v. soplar 바람이 불다 disfrutar v. 즐기다, 향유하다 recomendaron v. recomendar 추천하다 banquete m. 연회, 큰 잔치

2. Parece que en las vías rápidas hay buena circulación.

고속도로에 소통이/교통이 좋은 것 같다.

vías rápidas 고속도로

Hay poca circulación / movimiento. 교통량이 적다

Hay buena circulación más que lo habitual. 보통 때에 보다 교통이 좋다.

3. Normalmente el tráfico está menos congestionado en septiembre que en julio y agosto.

보통은 7, 8월 보다 9월에 덜 혼잡하다.

(=el tráfico es menos complicado/ denso en septiembre que en julio o agosto)

congestionado(=complicado, denso) 반대어: fluido

4. ¿No crees que sea mejor tomar la autopista que la carretera local para ir a los Pirineos?

'길을 타다' : tomar 동사 사용

la carretera local: 국도 = carretera regional/autonómica.

carretera 고속화 도로 (일반적으로 무료), 고속도로에 비해 더 좁다

autopista 고속도로 (통행료를 내고 달리는 고속 도로)

고속도로/고속화 도로를 뜻하는 단어들

autovía / autopista / vías rápidas / carreteras convencionales

5. Sí, creo que sí. Pero a veces no merece la pena utilizar la autopista porque la cuota es muy cara.

a veces 가끔은, 어떨 때는

'merecer la pena +동사원형' : ~하려고 애쓸 필요가 없다, ~할 필요가 없다

la cuota= el peaje 고속도로 통행료 = tarifa

6. Sí, es verdad. Si tuviéramos más tiempo, estaría bien pasar por los caminos rurales y contemplar el paisaje.

우리가 시간이 더 많다면 시골길을 가면서 경치를 감상하면 좋을텐데.

'Si tuviéramos...' 처럼 'si + 접속법 과거형' + '주절 가능법' 은 현재의 이루지 못한 소망을 표현한다.

pasar por: ~를 지나가다

caminos rurales ; 국도, 시골길 = caminitos del campo

7. Pues, no sé. Vamos a ver qué nos dice la radio sobre el pronóstico.

일기예보, 라디오에서 일기에 대하여 어떻게 말하고 있는지를 보자

일기 예보 pronóstico del tiempo = el clima = el tiempo

8. El tiempo de esta semana.

라디오 방송이므로, 간단한 제목을 말함.

9. Habrá buen tiempo durante toda la semana con cielo despejado en todo el país.

Habrá buen tiempo = Tendremos buen tiempo

☆ 날씨가 좋다는 hacer 동사로도 표현할 수 있다.

Hace (muy) buen tiempo 날씨가 좋다 / mal tiempo 나쁘다

Hace un tiempo espléndido. 날씨가 아주 좋다

Hace (mucho) frío (춥다)/ calor (덥다) / fresco(쌀쌀하다) / viento(바람이 분다) / sol(해가 난다)

☆ 날씨와 관련된 형용사 frío (추운)-fresco (쌀쌀한) - templado (온화한) - caluroso(더운)

10. La temperatura subirá ligeramente 2 o 3 grados cada día; por lo tanto, tendremos una temperatura cálida en promedio para esta estación.

(기온이) 올라가다/내려가다 : subir/bajar

☆ 기온과 관련된 표현

El termómetro marca dos grados bajo cero. 온도계가 영하 2도를 가르킨다.

La temperatura máxima de mañana será de 24 grados en la ciudad. 내일의 최고 기온은 도시에서 24도가 될 것입니다.

La temperatura mínima en Almería fue de seis grados bajo cero. 알메리아의 최저기온은 영하 6도였습니다.

temperatura promedio = temperatura media 평균기온

11. El sábado, el cielo estará despejado en las costas del este y el domingo, en las costas del norte.

estar despejado 맑게 개인 = claro/soleado El cielo está despejado/claro.

nuboso/nublado 구름낀 날씨

cf) Hay niebla(안개)/nubes(구름). El cielo está nublado.

12. En el interior, mañana habrá nubosidad. Se preven chubascos.

habrá - hay의 미래, habrá nubes라고도 일상적으로는 말할 수 있으나, 일기예보이므로, 다르게 표현한 것임.

habrá nubosidad = habrá nubes. = Tendremos cielos nubosos.

se preven chubascos = habrá chubascos = los chubascos empezarán a descargar

13. La temperatura del norte del país será de 20 grados y del sur estará entre 25 y 27 grados.

북부의 기온은 20도, 남부의 기온은 25도에서 27도 사이일 것이다.

☆ 날씨를 표현하는 그밖의 표현들

Estar húmedo/seco. 습하다/ 건조하다

Llueve mucho/ poco. 비가 많이/조금 온다

Nieva mucho/ poco. 눈이 많이/조금 온다.

= Tendremos/Tenemos nieve.

lluvia 비 granizo 우박 chubasco 소나기 tormenta 폭풍 tempestad 폭풍우

relámpago 번개 trueno 천둥 sequía 가뭄

예) Se veían relámpagos y se oían truenos de tormenta.

Ejercicios

¡Vamos a conversar!

(본문 대화에 대한 다음 질문에 대답해 보세요.)

1. ¿Adónde van Laura y César?
2. ¿Cómo es el tráfico en septiembre?
3. ¿Por qué César no quiere tomar la autopista?
4. ¿Qué tiempo hará en las costas?
5. ¿Cómo será el tiempo en el interior?
6. ¿Qué camino toman, finalmente, para ir a los Pirineos?
7. ¿Dónde piensan comer Laura y César?

Pregunta a tus compañeros

1. ¿Qué clima prefieres?
2. Cuando eras niño/a ¿qué hacías cuando nevaba?
3. ¿Qué te gusta hacer cuando llueve?
4. ¿Qué prefieres hacer cuando hace buen tiempo?
5. ¿Qué tiempo hace hoy?

¡Vamos a practicar!

I. 'Si + 접속법 과거, 가능법(주절)' : 현재사실의 반대 가정, ~라면, ~일텐데

Si tuviéramos más tiempo, estaría bien pasar por los caminos rurales. 시간이 더 있다면 국도로 지나가는 것이 좋을텐데.

1. ______________________ 내가 부자라면 이 차를 살텐데.
(yo - ser rico - comprar este coche)
2. ______________________ 그가 나를 사랑한다면 나는 행복할텐데.
(él - me - querer - yo - estar muy feliz)
3. ______________________ 애인이 있다면 같이 저녁 먹으러 나갈 텐데.
(yo - tener un novio - salir con él - para cenar)
4. ______________________ 내게 사실을 말한다면 그렇게 화를 내지 않을 텐데.
(decir - la verdad - yo - no enfadarme tanto contigo)
5. ______________________ 멕시코에 있다면 타코를 많이 먹을텐데.
(yo - estar en México - comer muchos tacos)

II. 날씨를 나타내는 다양한 표현을 연습해 봅시다 II.

1. ______________________ 추워요. (hacer frío)
2. ______________________ 서늘해요./쌀쌀해요. (hacer fresco/fresquito)
3. ______________________ 맑아요. (hacer mucho sol)
4. ______________________ 아주 좋은 날씨예요. (hacer un tiempo espléndido)
5. ______________________ 여름에는 비가 많이 와서 습해요. (estar muy húmedo)
6. ______________________ 이번 겨울은 눈이 많이 와요. (nevar mucho)
7. ______________________ 오늘 아침에 안개가 있어 조심해야해요. (tener mucho cuidado, haber niebla)

III. menos가 들어가는 열등비교를 연습해 봅시다.

En Corea hace menos calor que en México. 한국은 멕시코보다 덜 덥다

1. ______________________ 한국은 멕시코보다 덜 덥다. (hace menos calor)
2. ______________________ 어제보단 사람이 적다. (hay menos gente)
3. ______________________ 우리 강아지는 당신 개보다 덜 똑똑하다. (es menos inteligente)
4. ______________________ 이 차는 이전 것보다 덜 비싸다. (es menos caro)
5. ______________________ 후안은 카를로스보다 어리다. (es menor)
6. ______________________ 이 핸드폰은 저것보다 나쁘다. (es peor)

Gramática

Proposiciones subordinadas adverbiales concesivas

* Expresan una objeción o dificultad para el cumplimiento de lo que se dice en el enunciado principal.
* El verbo subordinado va en indicativo cuando se refiere a acciones que ya se cumplieron o que se dan por ciertas: "*Nadie le creyó aunque decía la verdad.*"
* El verbo subordinado va en subjuntivo cuando se refiere a acciones que no se han cumplido o que se presentan como inseguras: "*Nadie le creerá aunque dijera la verdad.*"
* El nexo más utilizado es 'aunque', pero pueden aparecer :
  a pesar de que, a pesar de, aun cuando, así, si bien,
  aun si, por más que, pese a que, etc.
* A pesar de que + indicativo: "*A pesar de que solo tiene diez años ya ha ganado varios premios*".
* A pesar de + infinitivo: "*A pesar de tener solo diez años ya ha ganado varios premios.*"

I. Cambia el enlace por 'aunque' en las siguientes oraciones.

ENLACES

a pesar de que	a pesar de	aun cuando	por más que
así	si bien	aun si	pese a que

Nadie le creyó **a pesar de que** decía la verdad.

■ Nadie le creyó **aunque** decía la verdad.

1. Aun cuando llueva, iré a tu casa.

2. Aun si lo envía ahora no sabe si llegará a tiempo.

3. Por más que busca no encuentra las llaves por ningún lado.

4. Así lo envíe ahora no llegará a tiempo.

5. Pese a que buscó en todas las librerías, no encontró un diccionario de copto.

6. Saldrá esta noche a pesar de que está cansada.

7. Si bien se recomienda, no estamos seguros de los resultados de este producto.

8. No conseguí nada a pesar de insistir toda la semana.

II. Cambia los enunciados por la otra opción de subordinada adverbial concesiva: A pesar de que + indicativo --> A pesar de + infinitivo

Nadie le creyó **a pesar de que *decía*** la verdad.

" Nadie le creyó **a pesar de *decir*** la verdad.

1. No encuentra trabajo a pesar de que está muy bien preparado.

2. A pesar de que está enfermo, no se queja.

3. Se levantó temprano a pesar de que durmió solo tres horas.

____

4. A pesar de que esperó toda la tarde, nunca llegó el paquete.

____

5. Tiene todo lo necesario a pesar de que está lejos de la ciudad.

____

Redacción libre

Escribe una composición con el tema : "Cuando nieva..."

* Debes usar las siguientes palabras:

feliz	aburrido/a	belleza	frío	montaña
nieve	escarcha	nevada	esquiar	amigos/as

"Cuando nieva..."

Cuando nieva____

____

____

____

____

____

____

____

____

Lección 31

¿Cómo tomar el metro?
지하철을 어떻게 타지?

Diálogo de hoy
(대화를 듣고 빈칸을 스페인어로 채워보세요)

Elisa: ¿Qué__________el sábado? ¿Vas a salir?

Ramiro: Sí, me gustaría___________por el___________.

Elisa: Si quieres ir al centro antiguo,__________que______________o en metro.

Ramiro: ¿Y eso por qué?

Elisa: Porque________para mañana_________________y no habrá autobuses.
_______a huelga a fin de______________________.

Ramiro: Entonces, tendré que tomar el metro. ¿Cuál es la estación del metro___________ de aquí?

Elisa: La estación______________. Esa estación__________________con las líneas 1, 2 y 6. Mira, primero toma la línea 1_________; es decir,________Portazgo y baja en Gran Vía. Luego, toma la línea 5 en dirección Aluche y baja, ______________, en la estación Ópera. Ahí, busca la salida____________________en el plano. ¿De acuerdo?

Ramiro: Gracias. Pero ¿dónde puedo comprar el billete del metro?

Elisa: En la taquilla o en___________________. La tarifa es igual, ya sea que_______ una estación_____o a_________. Y comprando un__________________puedes _______________. El bono te sale mucho más barato.

Ramiro: Gracias por_____________. Compraré el bono para ahorrar unos euros.

En el metro

La próxima estación es Gran Vía,_____________________.

Diálogo de hoy

Elisa: ¿Qué vas a hacer el sábado? ¿Vas a salir?

Ramiro: Sí, me gustaría dar una vuelta por el centro antiguo.

Elisa: Si quieres ir al centro antiguo, te aconsejo que vayas a pie o en metro.

Ramiro: ¿Y eso por qué?

Elisa: Porque anunciaron para mañana huelga de transporte y no habrá autobuses. Se irán a huelga a fin de conseguir mejores salarios.

Ramiro: Entonces, tendré que tomar el metro. ¿Cuál es la estación del metro más cercana de aquí?

Elisa: La estación Cuatro Caminos. Esa estación tiene correspondencia con las líneas 1, 2 y 6. Mira, primero toma la línea 1 en dirección sur; es decir, en sentido Portazgo y baja en Gran Vía. Luego, toma la línea 5 en dirección Aluche y baja dos paradas después, en la estación Ópera. Ahí, busca la salida que te convenga en el plano. ¿De acuerdo?

Ramiro: Gracias. Pero ¿dónde puedo comprar el billete del metro?

Elisa: En la taquilla o en la máquina expendedora. La tarifa es igual, ya sea que viajes a una estación cercana o a una lejana. Y comprando un bono de 10 viajes puedes ahorrar casi la mitad. El bono te sale mucho más barato.

Ramiro: Gracias por la información. Compraré el bono para ahorrar unos euros.

En el metro

La próxima estación es Gran Vía, correspondencia con la línea 5.

엘리사: 토요일에 뭐할거니? 외출할거야?

라미로: 응, 구시가지 쪽을 돌아보고 싶은데.

엘리사: 구시가지라면 걸어서 가든지 지하철을 타고 가는게 좋겠다.

라미로: 그건 왜?

엘리사: 내일 대중교통 파업이 있어서 버스가 다니지 않는데. 임금 인상을 목적으로 파업한단다.

라미로: 그럼 지하철을 타야겠군. 여기서 제일 가까운 역이 어디지?

엘리사: 꾸아뜨로 까미노스역이야. 1, 2 6호선 환승역이야. 먼저 남쪽, 즉 뽀르따즈고 방향으로 1호선을 타고 그란비아에서 내려. 그 다음, 알루체 방면으로 5호선을 타고 두 정거장 뒤, 오페라역에서 내려. 거기서 지도에 나온 대로 적당한 출구를 찾아봐. 알겠어?

라미로: 고마워. 그런데 지하철표를 어디서 살 수 있는데?

엘리사: 창구나 발권기에서. 가까운 역이든 먼 역이든 요금은 같아. 10번 승차권을 사면

돈을 거의 절반이나 절약할 수 있단다. 훨씬 저렴해.

라미로: 알려줘서 고마워. 돈을 절약하기 위해서 이 승차권을 사야겠다.

지하철에서

다음 역은 그란비아, 5호선으로 갈아타실 수 있습니다.

Gramática y expresiones

1. ¿Qué vas a hacer el sábado? ¿Vas a salir?

'ir a + 동사원형' : '~할 것이다', 미래형

2. Sí, me gustaría dar una vuelta por el centro antiguo.

dar una vuelta por ~ : ~를 돌아다니다

centro antiguo : 도시의 가장 오래된 중심지역 = casco antiguo.

3. Si quieres visitar el centro antiguo, te aconsejo que vayas a pie o en metro.

'visitar 장소' : ~를 방문하다/가다

cf) 'visitar a 사람' Voy a visitar a mis padres. 부모님을 방문할거야.

'ir a pie' : 걸어서 가다 = ir andando

'ir en metro' : 지하철을 타고 가다

'aconsejar que 접속법' : '~할 것을 충고하다'

부탁, 명령, 충고, 권유 등의 동사가 오고 절이 오면 접속법이 된다.

Te recomiendo / Te ordeno /Te ruego / Te pido que vayas en metro.

4. ¿Y eso por qué?

그것은 왜 그러는데?

5. Porque anunciaron para mañana huelga de transporte y no habrá autobuses.

vocabulario

vuelta f. 회전, 돌아옴, 산책 antiguo adj. 낡은, 오래된 aconsejo v. aconsejar 충고하다 vayas v. ir 가다 anunciaron v. anunciar 알리다, 예고하다 huelga f. 휴업, 파업 transporte m. 교통 conseguir v. 획득하다, 성취하다 salarios m.pl. 봉급, 월급 correspondencia f. 대응, 교통, 통신 líneas f.pl. 선, 노선 dirección f. 방향, 주소 sentido m. 의미, 방향, 차선 convenga v. convenir 적당하다 plano m. 도면, 설계도, 지도 acuerdo m. 동의 taquilla f. 창구, 매표소 expendedora adj. 판매하는 viajes v. viajar 여행하다 lejana adj. 멀리 떨어진, 먼 bono m. 표, 배급권 ahorrar v. 저축하다, 절약하다

Ejercicios

¡Vamos a conversar!

(본문 대화에 대한 다음 질문에 대답해 보세요.)

1. ¿Adónde quiere ir Ramiro?
2. ¿Para qué quiere ir al centro antiguo?
3. ¿Por qué debe ir metro?
4. ¿Cuál es la finalidad de la huelga?
5. ¿Cuál es la estación más cercana?
6. ¿Por qué le recomienda Elisa que compre el bono?
7. ¿En qué estación está la correspondencia con la línea 5?

Pregunta a tus compañeros

1. ¿Alguna vez has ido a una oficina del gobierno? ¿Para qué?
2. ¿Usas el metro? ¿Adónde sueles ir en metro?
3. ¿Conoces el metro de otras ciudades? ¿Cuáles?
4. ¿Estás ahorrando? ¿Para qué ahorras?
5. ¿Estás estudiando mucho? ¿Para qué estudias tanto?

¡Vamos a practicar!

I. Te aconsejo que 접속법 현재 : ~할 것을 충고한다

Te recomiendo que 접속법 현재 : ~할 것을 권한다

1. ______________________ 나는 네게 지하철이나 버스를 탈 것을 충고한다. (ir en metro o en autobús)
2. ______________________ 시험 공부를 열심히 할 것을 충고한다. (estudiar mucho para el examen)
3. ______________________ 매우 조심할 것을 충고한다. (tener mucho cuidado)
4. ______________________ 야채과 콩을 많이 먹을 것을 권한다. (comer muchas verduras y legumbres)
5. ______________________ 이 알약을 3시간마다 먹을 것을 권한다. (tomar esta pastilla cada 3 horas)

6. ______________________ 운동을 많이 할 것을 권한다. (hacer mucho ejercicio)

II. ¿Cuál es ~ más cerca de aquí? : 여기서 가장 가까운 ~은 어디입니까?

1. ______________________ 학교에서 가장 가까운 은행 (banco, de la universidad)
2. ______________________ 너희 집에서 가장 가까운 경찰서
(estación de policía, de tu casa)
3. ______________________ 건물에서 가장 가까운 소방서
(estación de bomberos, de este edificio)
4. ______________________ 기차역에서 가장 가까운 관광안내소
(oficina del turismo, de la estación de ferrocarril)
5. ______________________ 여기에서 가장 가까운 이발소/미장원
(peluquería, de aquí)
6. ______________________ 여기에서 가장 가까운 쇼핑센터
(centro comercial, de aquí)

III. 현재분사, puede/puedes 동사 : '조건의 현재분사 구문' ~하면 ~할 수 있다

1. ______________________ 왼쪽으로 가면 역에 도착할 수 있다.
(Tomar a mano izquierda, llegar a la estación)
2. ______________________ 왕복표를 사면 돈을 절약할 수 있다.
(Comprar un billete de ida y vuelta, ahorrar dinero)
3. ______________________ 운동을 하면 체중을 줄일 수 있다.
(Hacer deporte, bajar peso)
4. ______________________ 공부를 많이 하면 시험에 합격할 수 있다.
(Estudiar mucho, aprobar el examen)

IV. ¿Dónde puedo ~ ? : 어디에서 ~를 할 수 있나요?

1. ______________________ 지하철 표를 어디에서 살 수 있나요?
(comprar el billete del metro)
2. ______________________ 어디에서 지하철 지도를 얻을 수 있을까요?
(conseguir un plano del metro)
3. ______________________ 이 달러를 유로로 어디에서 바꿀 수 있을까요?
(cambiar estos dólares por euros)
4. ______________________ 담배를 어디에서 살 수 있을까요? (comprar tabaco)
5. ______________________ 어디에서 택시를 탈 수 있을까요? (coger el taxi)

Gramática

Proposiciones subordinadas adverbiales finales

* Indican la finalidad o el propósito de la acción de la oración principal:
Voy a ir al Ministerio de Migración para que me entreguen mi visado.

* Los enlaces o nexos que introducen las subordinadas finales son:
a que, para que, a fin de que, con el propósito de, etc.

* El verbo va en modo **subjuntivo**, ya que la finalidad marca necesariamente un matiz de deseo y posibilidad:
*...para que me **entreguen** mi visado*

* También puede ir en infinitivo precedidos de los nexos: por, para, a fin de.

* Cuando el sujeto del verbo principal y del verbo subordinado es el mismo, el verbo subordinado va en **infinitivo**:
Compraré el bono para ahorrar unos euros.

I. Encierra entre corchetes [ ] la subordinada adverbial final y subraya la oración principal.

Voy a ir al Ministerio [para que me entreguen mi visado].

1. No le dijeron nada a la madre para que no se preocupara.
2. A fin de que se recupere por completo la empresa le ha dado vacaciones.
3. Ha ido a la clínica a que le saquen una muela.
4. Escribió el libro con el propósito de que se lo publicaran.
5. Fue al hospital a fin de que lo viera un médico.
6. Para que aprendiera un poco de disciplina lo mandaron a una escuela privada.
7. Fui al banco a que me prestaran dinero.
8. Me ayudó a estudiar a fin de que sacara una buena nota.

II. Escribe una sola oración uniendo las dos que se ofrecen, utilizando alguno de los enlaces de abajo.

< por para a fin de >

Compraré el bono. Quiero ahorrar unos euros.
Compraré el bono ***para*** ahorrar unos euros.

1. Se pelearon. Querían conseguir el premio.
2. Llamaré a tu casa. Quiero saber a qué hora es tu fiesta.
3. Lloró a sus padres. Quería conseguir el permiso.
4. El hombre se detuvo. Quería decirle cuatro verdades.
5. Ha luchado siempre. Quería ser alguien en la vida.
6. Trabaja mientras estudia. No quiere pedir prestado.
7. Practica todos los días. Quiere ganar la competencia.
8. Me esfuerzo. Quiero aprender español.

Redacción libre

Escribe una composición con el tema : "¿Cómo tomar el metro?". Imagina que tienes que explicar a una señora extranjera cómo puede ir en metro con sus dos pequeños hijos al zoológico de Seúl. Ella vive cerca de la estación de la Universidad Nacional de Seúl.

* Debes usar las siguientes palabras:

estación	correspondencia	línea	boletos/billetes
bono	zoológico	comprar	lejos

"¿Cómo tomar el metro?"

Primero, ______________________________

____

____

____

____

____

____

____

____

Lección 32

En una entrevista de trabajo
면접에서

Diálogo de hoy
(대화를 듣고 빈칸을 스페인어로 채워보세요)

Gerente: Pase y_____________.

Susana: Gracias. Creo que llego con______________. Lo siento, el tráfico estaba terrible.

Gerente: No se preocupe,________que le puede______________. Dígame, ¿dónde realizó ______________________?

Susana: _____________de Economía en la Universidad Politécnica y me__________ Ciencias Económicas y Empresariales. Al terminar la carrera,______________en Dirección y Administración de Empresas, en los Estados Unidos.

Gerente: ¿Tiene alguna_____________________?

Susana: Sí. Trabajé en una empresa_______________________________durante dos años ___________________.

Gerente: Como sabe usted,_________________estamos solicitando algunos requisitos. En primer lugar, los candidatos______________un año de experiencia en_________. Los que no presentan constancia de experiencia quedan____________________. Luego, como hay que viajar_______________al extranjero, deben____________ ______del inglés y__________.

Susana: Creo que yo____________todos los requisitos. Domino bien el inglés y el francés.

Gerente: ¿Tiene usted_________________?

Susana: Sí, absolutamente.

Gerente: ______________tiene______________en la selección. Muy bien, por hoy_____ ________conmigo. Nos veremos mañana.

Susana: Gracias por_________, hasta mañana.

Gerente: Los que___________han presentado_______________. Pase con ellos y______ _______con el Director____________.

Susana: Está bien. Gracias de nuevo.

Diálogo de hoy

(Susana는 면접을 위해 한 회사에 갔다.)

Gerente: Pase y tome asiento.

Susana: Gracias. Creo que llego con un poco de retraso. Lo siento, el tráfico estaba terrible.

Gerente: No se preocupe, es algo que le puede pasar a cualquiera. Dígame, ¿dónde realizó sus estudios universitarios?

Susana: Estudié la carrera de Economía en la Universidad Politécnica y me especialicé en Ciencias Económicas y Empresariales. Al terminar la carrera, cursé la Maestría en Dirección y Administración de Empresas, en los Estados Unidos.

Gerente: ¿Tiene alguna experiencia en este campo?

Susana: Sí. Trabajé en una empresa de importación y exportación durante dos años después de graduarme.

Gerente: Como sabe usted, para este puesto estamos solicitando algunos requisitos. En primer lugar, los candidatos deben tener más de un año de experiencia en el área. Los que no presentan constancia de experiencia quedan fuera de la selección. Luego, como hay que viajar con frecuencia al extranjero, deben tener buen dominio del inglés y del francés.

Susana: Creo que yo sí cumplo con todos los requisitos. Domino bien el inglés y el francés.

Gerente: ¿Tiene usted disponibilidad para viajar?

Susana: Sí, absolutamente.

Gerente: Quien puede viajar tiene buenos puntos en la selección. Muy bien, por hoy ya ha terminado conmigo. Nos veremos mañana.

Susana: Gracias por su tiempo, hasta mañana.

Gerente: Los que están afuera han presentado ya esta entrevista. Pase con ellos y espere su turno con el Director de personal.

Susana: Está bien. Gracias de nuevo.

부장: 들어오셔서 자리에 앉으세요.

수사나: 감사합니다. 제가 조금 늦게 온 것 같군요. 죄송합니다. 교통상황이 안 좋았거든요.

부장: 걱정 마세요. 누구에게나 일어날 수 있는 일입니다. 말씀해 보세요. 어디서 대학과정을 공부하셨나요?

수사나: 뽈리떼끄니까 대학에서 경제학을 공부했구요 경제경영학을 전공했습니다. 과정을 수료한 다음, 미국에서 기업관리 및 경영학에서 석사과정을 밟았고요.

부장: 이 분야에서 실무경험이 있습니까?

수사나: 네. 졸업 후 2년 동안 수출입 회사에서 근무했습니다.

부장: 아시다시피, 이 자리에는 몇 가지 요구조건이 있습니다. 첫째, 신청자들은 이 분야에서 1년 이상의 실무경험이 있어야 하며 증명서를 제출하지 않은 사람은 선정에서 배제됩니다. 그 다음, 잦은 외국 출장으로 영어와 불어를 잘 구사해야 합니다.

수사나: 요구조건을 제가 모두 갖추었다고 생각합니다. 영어와 불어를 잘 구사합니다.

부장: 여행하는데 아무 문제없습니까?

수사나: 물론입니다.

부장: 출장을 갈 수 있는 사람은 선정에서 유리합니다. 좋아요, 오늘 나와는 끝났습니다. 내일 만납시다.

수사나: 시간 내주셔서 감사합니다. 내일 뵙겠습니다.

부장: 밖에 있는 사람들은 이 면접을 이미 보았습니다. 그들과 함께 가셔서 인사부장과의 면접 순서를 기다리세요.

수사나: 알았습니다. 다시 한번 감사드립니다.

Gramática y expresiones

1. Pase y tome asiento.

pase - pasar 의 usted 명령형, 들어오세요

tome asiento = Siéntese. 앉으세요

2. Creo que llego con un poco de retraso.

조금 늦게 도착한 것 같습니다.

con un poco de retraso : 조금 늦게

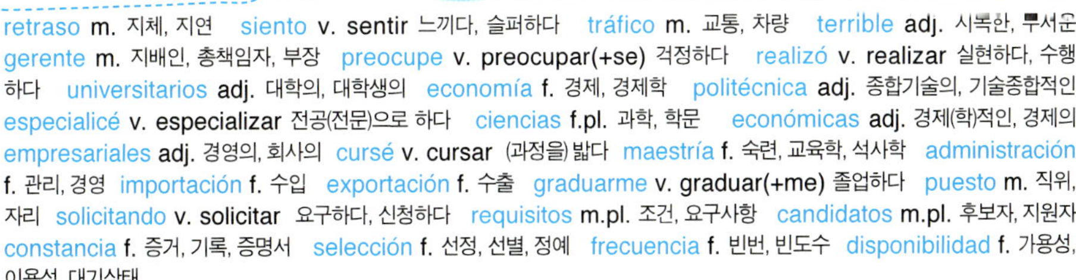

vocabulario

retraso m. 지체, 지연 siento v. sentir 느끼다, 슬퍼하다 tráfico m. 교통, 차량 terrible adj. 지독한, 무서운 gerente m. 지배인, 총책임자, 부장 preocupe v. preocupar(+se) 걱정하다 realizó v. realizar 실현하다, 수행하다 universitarios adj. 대학의, 대학생의 economía f. 경제, 경제학 politécnica adj. 종합기술의, 기술종합적인 especialicé v. especializar 전공(전문)으로 하다 ciencias f.pl. 과학, 학문 económicas adj. 경제(학)적인, 경제의 empresariales adj. 경영의, 회사의 cursé v. cursar (과정을) 밟다 maestría f. 숙련, 교육학, 석사학 administración f. 관리, 경영 importación f. 수입 exportación f. 수출 graduarme v. graduar(+me) 졸업하다 puesto m. 직위, 자리 solicitando v. solicitar 요구하다, 신청하다 requisitos m.pl. 조건, 요구사항 candidatos m.pl. 후보자, 지원자 constancia f. 증거, 기록, 증명서 selección f. 선정, 선별, 정예 frecuencia f. 빈번, 빈도수 disponibilidad f. 가용성, 이용성, 대기상태

3. Lo siento, es que el tráfico estaba terrible.

estar terrible 끔찍하다 = estar de pena.

교통이 아주 좋지 않았다 = Había mucho tráfico.

4. Dígame, ¿dónde realizó sus estudios universitarios?

말해 주세요. 어디에서 대학 공부를 했나요?

realizar los estudios universitarios 대학 공부를 하다

5. Estudié la carrera de Economía en la Universidad Politécnica y me especialicé en Ciencias Económicas y Empresariales.

carrera 학업, 경력, carrera de 전공이름

carrera de Economía 경제학 (전공으로 써)

especializarse en ~ : ~을 전공하다

Ciencias Económicas y Empresariales : 상경계/경제 및 경영학

경영학: Empresariales/ Administración de empresas/ Dirección y Administración de empresas.

다양한 전공을 스페인어로 표현해 봅시다

Artes: 예술, 미술
Diseño: 디자인, 대개 의상학과
Comercio: 무역학
Comercio Exterior: 국제통상학
Derecho: 법학
Ciencias Políticas: 정치학
Humanidades: 인문학
Historia: 역사학
Magisterio: 교육학
Periodismo: 신문학, 언론학
Medicina: 의학
Enfermería: 간호학
Ingeniería: 공학
Ingeniería Informática: 컴퓨터 공학 (주로 informática라고 줄여서 말함)
Ingeniería Industrial: 산업공학
Ingeniería en Telecomunicaciones: 전기통신학 (telecomunicaciones)
Ingeniería Aeronáutica: 항공학 (aeronáutica)
Turismo: 관광학
Traducción e interpretación: 통,번역학
Física: 물리학
Química: 화학
Matemáticas: 수학
Filología: 어문학
Filosofía: 철학
Relaciones Públicas: PR학, 홍보학
Arquitectura: 건축학
Ciencias Sociales: 사회과학
Diplomacia: 외교

※모두 앞에 Carrera de ~. 단, Diplomacia는 Carrera diplomática임.

6. Al terminar la carrera, hice una Maestría en Dirección y Administración de Empresas en los Estados Unidos.

'al 동사원형' : ~했을 때에, ~한 후에

'Al terminar la carrera' : 학업을 끝낸 후에
MBA: Máster/Maestría en Dirección y Administración de Empresas
maestría는 석사학위, 혹은 교직. 영어식으로 máster라고도 한다

7. Sí. Trabajé en una empresa de importación y exportación durante dos años después de graduarme.

졸업 후 무역회사에서 2년간 일했다
una empresa de importación y exportación 수출입회사, 즉 무역회사
graduarse 졸업하다 cf. 입학하다: ingresar/entrar en~

8. Como sabe usted, para este puesto (de trabajo) estamos pidiendo algunos requisitos. 아시다시피 후보들은 몇 가지 조건을 충족해야 합니다.

puesto 자리 = trabajo
pedir algunos requisitos 몇가지 요건/필요사항들을 요구하다
pedir = exigir
우리는 몇가지 필요사항(조건)을 요구합니다.
= Los candidatos deben cumplir ciertos requisitos.

9. En primer lugar, los candidatos deben tener más de un año de experiencia en el área.

En primer lugar = primero 첫째로
área 분야 = campo
más de un año de experiencia 1년 이상의 경력/경험

10. Luego, como hay que viajar frecuentemente al extranjero, deben tener buen dominio del inglés y del francés.

출장을 자주 해야 하므로 영어와 불어를 잘 구사해야 한다,
frecuentemente 자주 = con frecuencia
tener buen dominio de 언어 : ~를 잘 구사하다
(=ser buenos en inglés y en francés.
= tener buen conocimiento de inglés y francés)

11. Creo que yo sí cumplo todos los requisitos.

제 생각에는 모든 조건을 제가 만족시키는 것 같습니다.
cumplir los requisitos 요구조건을 만족시키다

sí는 동사의 긍정을 강조

12. ¿Tiene usted disponibilidad para viajar?

여행하는데 문제 없습니까?

tener disponibilidad para ~ : ~를 자유자재로 할 수 있다

☛ 스페인어로 이력서 쓰기

Datos personales 개인 신상정보

Apellidos: López Varela
Nombre: Ramón
Dirección: C/ Atocha, 45, segundo-B
Fecha de nacimiento: 21 de marzo, 1967
Nacionalidad: español
Edad: 37
Estado civil: casado
Teléfono: 298391817
Correo electrónico: skjoht@hotmail.com

Datos académicos: 학력

Titulación: Licenciado en Ciencias Económicas y Empresariales
Centro de estudios: Universidad Central
Calificación obtenida: Notable
Fecha: 1989

Experiencia laboral/profesional: 경력

Puesto de trabajo: Director del Departamento de Operaciones
Centro/Empresa: Castrol Internacional, S.A. Fecha: 1971-1985
Publicaciones: 저서
Cómo hacer los mejores negocios, Fundación Empresa Europea, Madrid, 2000.
Idiomas: 언어
Inglés: avanzado Francés: avanzado
Alemán: medio Otros: nociones de italiano

Informática: 컴퓨터 관련 자격
Otros datos de interés: 그 밖의 관심있는 기록들

Ejercicios

¡Vamos a conversar!

(본문 대화에 대한 다음 질문에 대답해 보세요.)

1. ¿En dónde está Susana?
2. ¿Por qué llegó tarde a la entrevista?
3. ¿En dónde cursó Susana la Maestría?
4. ¿Qué idiomas habla Susana?
5. ¿Qué gana el que puede viajar?
6. ¿Susana tiene experiencia de trabajo en el área?
7. ¿Con quién le espera la siguiente entrevista?

Pregunta a tus compañeros

1. ¿Cuál es el sueño de tu vida?
2. ¿Prefieres trabajar solo/a o en equipo? ¿Por qué?
3. ¿Cómo aceptas los consejos que te dan los demás?
4. ¿Cuáles son tus cualidades?
5. ¿Cuáles son tus defectos?

¡Vamos a practicar!

I. 면접에서 자주할 것 같은 질문들을 연습해 봅시다

1. ¿Cuál es el sueño de tu vida? 인생의 꿈은 무엇입니까?
2. ¿Te gusta trabajar en equipo? 팀으로 일하는 것을 좋아합니까?
3. ¿Cómo te relacionas con los demás? 인간관계는 어떻습니까?
4. ¿Cómo encajas las situaciones adversas? 어려운 상황에 어떻게 대처합니까?
5. ¿Cuál ha sido tu mayor éxito hasta el momento? 지금까지 가장 성공적이었던 일은 무엇입니까?
6. ¿Cómo aceptas los consejos que te dan? 다른 사람들의 충고를 어떻게 받아들입니까?
7. ¿Qué opinan los demás de ti? 다른 사람들이 자신을 어떻게 생각합니까?
8. ¿Cuáles son tus cualidades? 자신의 장점은 무엇입니까?
9. ¿Cuáles son tus defectos? 자신의 약점은 무엇입니까?

II. Estudié la carrera de ~ en ~ y me especialicé en : 자신의 전공 말하기
~공부를 했고, ~를 전공했습니다.

1. ______________________________

폴리테크니카 대학에서 경제학, 경제학 및 경영학 (Economía / Universidad Politécnica / Ciencias Económicas y Empresariales)

2. ______________________________

UNAM대학에서 인문학, 멕시코문학 (Filología/ Universidad Nacional Autónoma de México / Literatura Mexicana)

3. ______________________________

마드리드대학에서 사회과학, 외교학 (Ciencias Sociales / Universidad de Madrid / Relaciones Exteriores / Internacionales)

4. ______________________________

마드리드 아우또노마 대학에서 스페인어문학, 스페인어학 (Filología Española / Universidad Autónoma de Madrid / Lingüística Española)

5. ______________________________

뉴욕대학에서 예술, 시각예술 (Artes / Universidad de Nueva York / Diseño Visual)

III. al 동사원형, 부정과거구문 : ~하고 나서, ~를 했다

1. ______________________________

외교학 공부를 끝내고, 외교관 학교에 들어갔다. (terminar la carrera diplomática / (yo) entrar en la escuela de diplomacia)

2. ______________________________

결혼을 하고나서 일을 그만 두었다. (casarme / (yo) dejar de trabajar)

3. ______________________________

대학에 들어가서 독일어를 배웠다. (entrar en la universidad / (yo) empezar a aprender alemán)

4. ______________________________

박사과정을 끝내고 대학에서 강의했다. (terminar el doctorado / empezar a dar clases en la universidad)

5. ______________________________

대학을 졸업하고 외무부에서 일했다. (graduarme de la universidad / trabajar en el Ministerio de Asuntos Exteriores)

Gramática

Oraciones subordinadas sustantivas o nominales

* Son las proposiciones u oraciones que hacen las mismas funciones que los sustantivos.
* Las subordinadas sustantivas pueden hacer la función de: sujeto, objeto directo, objeto indirecto, agente, etc.
    a) Función de sujeto: *Quien pueda viajar tendrá buenos puntos en la selección.*
    b) Función de objeto directo: *Mi hermana espera que le compren un perro.*
    c) Función de objeto indirecto: *El perro mordió a los que entraron por la puerta trasera.*
    d) Función de agente: *La carta fue firmada por los que asistieron a la junta.*

Proposiciones subordinadas sustantivas (Función de sujeto)

* La oración subordinada sustantiva realiza las veces de sujeto en la oración compuesta.

* El verbo puede ir en **subjuntivo** o en **indicativo**.
* Para localizarla se puede preguntar ¿quién?, ¿quiénes?, al verbo de la oración principal:
    [*Quien puede viajar*] - Subordinada
    tiene buenos puntos en la selección - Oración principal

    [*Los que no presentan constancia de experiencia*] - Subordinada
    quedan fuera de la selección - Oración principal

* ¿Quién tiene buenos puntos en la selección?
    Quien puede viajar.

* ¿Quiénes quedan fuera de la selección?
    Los que no presentan constancia de experiencia

I. Une los dos enunciados y escribe una subordinada sustantiva en la función del sujeto. Recuerda ayudarte con la pregunta ¿quién?, ¿quiénes?

Alguien puede viajar. [Ese alguien] tiene buenos puntos en la selección.
    * *pensamos... (¿Quién tiene buenos puntos en la selección?)*
    El que/Quien puede viajar tiene buenos puntos en la selección.

1. Alguien dirige la orquesta. [Ese alguien] es muy bueno. (¿Quién es muy bueno?)

____

2. Alguien da las noticias. [Ese alguien] explicó el problema del paro. (¿Quién explicó...?)

____

3. Alguien tiene un amigo. [Ese alguien] tiene un tesoro. (¿Quién tiene un tesoro?)

____

4. Alguien vive enfrente. [Ese alguien] vino a visitarte. (¿Quién vino...?)

____

5. Alguien tiene dinero. [Ese alguien] puede darse esos lujos. (¿Quién puede...?)

____

6. Alguien hace un cesto. [Ese alguien] puede hacer muchos. (¿Quién puede...?)

____

II. Lee con atención el siguiente diálogo. Encuentra y escribe abajo las oraciones compuestas subordinadas sustantivas que aparecen con función de sujeto.

- Supe que habían ofrecido unas becas especiales. ¿Sabes algo? El que me lo dijo no parecía muy seguro. Realmente, no le creí.
- Quien te contó eso te ha dicho la verdad. Ayer anunciaron un nuevo programa. Las condiciones son muy especiales. Los que aprueben todos los exámenes ganarán. Pero hay una prueba extraña. Quien cante más alto ganará puntos extras.
- ¿Y eso, por qué?
- No lo sé. A propósito de extraños. Quien tú sabes vino ayer a clase.
- ¿Después de tantos meses? ¿Cuáles serán sus intenciones?
- El que lo descubra primero le dirá al otro. ¿De acuerdo?
- De acuerdo.

1. ______________________ ______________________
SUBORDINADA SUSTANTIVA (función sujeto) ORACION PRINCIPAL

2. ______________________ ______________________
SUBORDINADA SUSTANTIVA (función sujeto) ORACION PRINCIPAL

3. ______________________ ______________________
SUBORDINADA SUSTANTIVA (función sujeto) ORACION PRINCIPAL

4. ______________________ ______________________
SUBORDINADA SUSTANTIVA (función sujeto) ORACION PRINCIPAL

5. ______________________ ______________________
SUBORDINADA SUSTANTIVA (función sujeto) ORACION PRINCIPAL

6. ______________________ ______________________
SUBORDINADA SUSTANTIVA (función sujeto) ORACION PRINCIPAL

Redacción libre

Escribe una composición con el tema : "¿Cuál ha sido tu mayor éxito hasta el momento?"

* Debes usar las siguientes palabras:

los que	quien	tiempo	triunfo
sincero/a	joven	valor	esfuerzo

"¿Cuál ha sido tu mayor éxito hasta el momento?"

Lección 33

En una clínica dental
치과에서

Diálogo de hoy
(대화를 듣고 빈칸을 스페인어로 채워보세요)

Lorena: ¿____________el dentista?

Recepcionista: ¿Tiene cita_________?

Lorena: No. Pero ¿podría recibirme sin cita? Tengo_______________de muela y _______está muy______. Creo que tengo alguna___________. Necesito que el doctor me________.

Recepcionista: ¿___________esperar un momento?_______qué puedo hacer por usted. Le diré al doctor_________________.

Lorena: Esperaré. No tengo__________. Y le agradezco.

(Pausa)

Recepcionista: Mire, tiene usted suerte. Una de nuestras pacientes____________su visita para mañana. ¿Quiere______________________y sentarse, por favor? ___________el doctor.

Lorena: Gracias, señorita.

(Pausa)

Doctor: Dígame. ¿Qué problema tiene?

Lorena: ____________en la muela.

Doctor: Vamos a ver... __________, por favor. Siento mucho decirle que tengo que _____________de la izquierda, abajo. Si no,___________las molestias.

Lorena: ____________________, doctor.

Doctor: Le voy a poner un poco________.

Lorena: ¡Aaayy! ¡Aaayyy!

Doctor: Bien, todo terminado. Pero... ¡____________usted! ¡Qué pulmones y qué garganta! Ahora dígame, ¿cómo se siente?

Lorena: Mucho mejor, doctor. Gracias. ¿Tengo que volver la próxima semana?

Doctor: Sí._____________a la enfermera. Recuerde que no debe tomar________ ______________durante tres horas.

Lorena: ¿Podría recibirme el dentista?

Recepcionista: ¿Tiene cita para hoy?

Lorena: No. Pero ¿podría recibirme sin cita? Tengo un horrible dolor de muela y la encía está muy hinchada. Creo que tengo alguna muela picada. Necesito que el doctor me revise de urgencia.

Recepcionista: ¿Le importaría esperar un momento? Veré qué puedo hacer por usted. Le diré al doctor lo que usted me explicó.

Lorena: Esperaré. No tengo otra opción. Y le agradezco.

(Pausa)

Recepcionista: Mire, tiene usted suerte. Una de nuestras pacientes ha aplazado su visita para mañana. ¿Quiere pasar a la sala de consulta y sentarse, por favor? Enseguida llegará el doctor.

Lorena: Gracias, señorita.

(Pausa)

Doctor: Dígame. ¿Qué problema tiene?

Lorena: Tengo molestias en la muela.

Doctor: Vamos a ver... Abra la boca, por favor. Siento mucho decirle que tengo que sacarle la segunda muela de la izquierda, abajo. Si no, seguirá con las molestias.

Lorena: Como usted crea conveniente, doctor.

Doctor: Le voy a poner un poco de anestesia.

Lorena: ¡Aaayy! ¡Aaayyy!

Doctor: Bien, todo terminado. Pero... ¡cómo grita usted! ¡Qué pulmones y qué garganta! Ahora dígame, ¿cómo se siente?

Lorena: Mucho mejor, doctor. Gracias. ¿Tengo que volver la próxima semana?

Doctor: Sí. Pida una cita a la enfermera. Recuerde que no debe tomar alimentos duros ni grasosos durante tres horas.

로레나: 치료를 받을 수 있습니까?

접수원: 오늘 약속(예약)이 되어 있으신가요?

로레나: 아뇨. 하지만 예약 안하고 치료 받을 수는 없을까요? 어금니가 엄청 아프고 잇몸이 부었거든요. 어금니가 썩었나 봐요. 빨리 검사 받아야 해요.

접수원: 잠시만 기다려 주시겠습니까? 무엇을 도와드릴 수 있는지 볼게요. 제게 설명하신 걸 의사선생님께 말씀드려 볼게요.

로레나: 기다릴게요. 다른 방법이 없어요. 감사합니다.

(잠시 후)

접수원: 저, 운이 좋으세요. 고객 중의 한 분이 방문을 내일로 미루셨거든요. 진료실로 가서 의자에 앉아 기다리시겠습니까? 곧 의사선생님이 나오실 거예요.

로레나: 고맙습니다.

(잠시 후)

의사: 말씀하세요. 무슨 문제가 있으시죠?

로레나: 어금니가 불편해요.

의사: 어디 봅시다…… 입을 벌리세요. 이런 말씀드려서 안됐지만 왼쪽 아래 두 번째 어금니를 뽑아야 합니다. 아니면 계속 아프실거예요.

로레나: 편하실 대로 해주세요.

의사: 마취제를 놓겠습니다.

로레나: 아야! 아야!

의사: 좋아요, 이제 끝났어요. 그런데, 무슨 소리를 그렇게 지르세요! 목청이 얼마나 큰지! 이제 말씀해 보세요, 어떻습니까?

로레나: 훨씬 좋아요. 고맙습니다. 다음 주에 또 와야 하나요?

의사: 네. 간호사에게 예약을 하세요. 3시간 동안 단단하거나 기름진 음식을 먹어선 안 된다는 걸 명심하세요.

Gramática y expresiones

1. ¿Podría recibirme el dentista? 치과의사 선생님이 저를 받아(치료해) 주실 수 있을까요?

podría : poder의 가능법, 겸손한 표현

recibir 받아주다, 손님/고객/환자를 받는다는 뜻

clínica dental = clínica odontológica 치과

2. ¿ Tiene cita para hoy? 오늘 시간 약속(예약) 있으세요?

vocabulario

dentista m.f. 치과의사 cita f. 시간 약속, 병원예약 horrible adj. 무서운, 끔찍한 muela f. 어금니 encía f. 잇몸 hinchada adj. 부은, 부푼 picada adj. 찔린, 벌레먹은 revise v. revisar 검사하다 urgencia f. 응급, 신속 opción f. 선택권 pacientes m. 환자 aplazado v. aplazar 뒤로 미루다, 연기하다 consulta f. 상담, 조언 enseguida adv. 곧장, 곧바로 molestias f.pl. 고통, 번거로움 anestesia f. 마취, 마비 pulmones m.pl. 폐 garganta f. 목, 목구멍 alimentos m.pl. 음식 grasosos adj.pl. 기름진, 지방이 많은

cita : 병원 예약, 약속 cf) compromiso : 친구와의 약속과 같은 비공식적 약속

3. Tengo un horrible dolor de muela y la encía está muy hinchada.

dolor de muela 어금니 통증   encía 잇몸

estar hinchado/a 부어 있다

☛ 치아의 명칭(nombres de dientes)

사랑니 muela del juicio   송곳니 colmillos/ caninos

앞니 dientes incisivos/ delanteros

윗니 dientes superiores   아랫니 dientes inferiores.

4. ¿Le importaría esperar un momento? 조금 기다리셔도 괜찮으시겠습니까?

'간접목적어 importar 동사원형' : ~에게 ~하는 것이 중요하다, 괜찮다

importaría는 가능법으로 importa라고 하는 것보다 더 겸손한 표현이다.

un momento 잠시

5. Mire, tiene usted suerte. 당신은 운이 좋군요.

tener suerte : 운이 좋다 (↔ tener mala suerte)

☆ 행운을 빕니다. –> Que tenga(s) mucha suerte.

Suerte.

Que tenga(s) éxito.

Que te/le vaya bien/muy bien.

6. ¿Quiere pasar a la sala de consulta y sentarse en la silla, por favor? 진료실로 들어가셔서 의자에 앉으시겠어요?

pasar a ~ : '~로 들어가라/오라' 라고 할 때 entrar 대신 pasar 가 주로 쓰인다

sala de consulta : 진료실

¿Quiere(s) 동사원형, por favor? : ~하겠어요?

7. Enseguida viene el doctor. 곧 의사 선생님이 나오십니다.

enseguida 즉시, 곧

의사선생님은 médico/a이지만 doctor(a)라고도 하며, 특히 호칭으로는 후자를 쓴다.

¡Doctor Torres!

8. Siento mucho decirle que tengo que sacarle una muela de la izquierda, abajo.

'siento 동사원형 que 절' : ~해서 유감이다, 미안하다

9. Como usted crea conveniente, doctor. 당신이 편리하다고 생각하는대로 (하세요), 의사선생님

crea : creer 의 접속법

☆ sobre los tratamientos del dentista
Esta muela necesita una corona de oro. 이 이빨은 금으로 봉해야 합니다.
Tengo que extraerle el nervio. 신경을 뽑아야 합니다.
Implante: 이빨 심는 것, 임플랜트, hacer un implante
Empaste: 충치치료(떼우는 것), hacer un empaste
Estética dental: 미용치과
Cirugía dental: 치아성형, hacerle una cirugía dental
Matar el nervio: 신경제거

10. Pero... ¡cómo grita usted! ¡Qué pulmones y qué garganta!

gritar 소리를 지르다 = dar gritos/dar de gritos
목청이 대단 하시네요. (목소리를 내는 것이 폐와 목이므로 대단한 폐와 대단한 목을 가지셨네요 라고 표현한다.)

11. Ahora, dígame, ¿cómo se encuentra? 자, 이제 어떠신지 말해 보세요.

encontrarse= estar

다양한 분야의 의사들을 부르는 이름들

Especialidades médicas

oculista/oftalmólogo (ojos) 안과의사
médico alópata 대증요법의사
ginecólogo (enfermedades de la mujer) 산부인과의사
otorrinolaringólogo (oídos, nariz y garganta) 이비인후과의사
médico naturista 자연요법의사
médico deportivo 스포츠의학의사
dentista (dientes) 치과의사
médico tradicional 전통의학의사
dermatólogo (la piel) 피부과의사
geriatra (ancianos) 노인의학의사
cardiólogo (corazón) 심장전문의
pediatra (niños) 소아과의사
nefrólogo (riñones) 신장전문의
ortopedista 정형외과의사
acupunturista 침구사
anestesista (anestesia) 마취전문의
neurólogo (cerebro, sistema nervioso) 신경전문의
psiquiatra (enfermedades de la mente) 정신전문의

Ejercicios

¡Vamos a conversar!

(본문 대화에 대한 다음 질문에 대답해 보세요.)

1. ¿Qué problema tiene Lorena?
2. ¿Por qué tuvo suerte Lorena?
3. ¿Qué le hizo el doctor a Lorena?
4. ¿Qué le parece extraño al doctor?
5. ¿Qué le había puesto el doctor para quitarle el dolor?
6. ¿Cómo se siente Lorena después de sacarle la muela?
7. ¿Cuándo tiene que volver Lorena a consulta?

Pregunta a tus compañeros

1. ¿Con qué frecuencia vas al dentista?
2. ¿Qué otros médicos acostumbras visitar?
3. ¿Qué especialidad médica te parece más difícil? ¿Por qué?
4. ¿Prefieres la medicina naturista o la medicina alópata?
5. Si estudiaras medicina, ¿qué especialidad escogerías?

¡Vamos a practicar!

I. ¿Le/Te importaría 동사원형? : ~해도 괜찮으시겠어요?

1. ¿______________________________? 잠시 기다리셔도 괜찮으시겠어요? (tú, esperar un momento)
2. ¿______________________________? 이 볼펜을 빌려줘도 괜찮으시겠어요? (usted, dejarme este bolígrafo)
3. ¿______________________________? 담배를 하나 주시겠어요? (usted, darme un cigarrillo)
4. ¿______________________________? 나와 함께 병원에 가는것 괜찮니? (tú, acompañarme a la clínica)
5. ¿______________________________? 나를 데리러 집에 와도 괜찮니? (tú, venir a mi casa a recogerme)
6. ¿______________________________? 우리 친구들을 마중하러 공항에 가도 괜찮니? (tú, ir al aeropuerto para recibir a nuestros amigos)

II. Recuerde que debe~ : ~라는 것 기억하세요

1. ______________________________ 담배를 끊어야 한다는 것을 기억하세요.
(dejar de fumar)
2. ______________________________ 음식을 아주 조심해야 한다는 것을 기억하세요.
(tener mucho cuidado con)
3. ______________________________ 오늘 당장 공과금을 내야 한다는 것을 기억하세요.
(pagar los gastos)
4. ______________________________ 아이를 2시에 데려와야 한다는 것을 기억하세요.
(recoger al niño)
5. ______________________________ 썬글라스를 써야 한다는 것을 기억하세요.
(ponerse gafas de sol)

III. Siento mucho decirle/te que ~ : 유감스럽게도 ~ (~말을 하는 것이 매우 유감입니다.)

1. ______________________________ 유감스럽게도 벌금을 부과해야겠습니다.
(nosotros, tener que ponerle una multa)
2. ______________________________ 유감스럽게도 당신 아버지가 심하게 다치셨습니다.
(su padre estar gravemente herido)
3. ______________________________ 유감스럽게도 당신 할아버지가 돌아가셨습니다.
(su abuelo haber fallecido)
4. ______________________________ 유감스럽게도 너는 시험에 떨어졌어.
(tú, estar suspendido en el examen)
5. ______________________________ 유감스럽게도 나는 다른 애인이 있어.
(yo, tener otro novio)

Gramática

Proposiciones subordinadas sustantivas
(Función de objeto directo)

* La oración subordinada sustantiva realiza las veces de objeto/complemento directo en la oración compuesta.

Necesito que el doctor me revise de urgencia.

* Para localizarla se puede preguntar **¿qué es lo que...?** al verbo de la oración principal:

Necesito - Oración principal
[*que el doctor me revise de urgencia*] - Subordinada

Le diré al doctor - Oración principal
[*lo que usted me explicó*] - Subordinada

* ¿Qué es lo que necesito?
que el doctor me revise de urgencia

* ¿Qué es lo que le diré al doctor?
lo que usted me explicó

I. Escoge alguna de las frases y utiliza el enlace '*que*' para formar una subordinada sustantiva con función de objeto/complemento directo.

a) le compren un perrito
b) no me creas
c) le presentes a tu hermana
ch) vengas a visitarme
d) sus amigos mintieron
e) llegaría tarde
f) hiciéramos una investigación sobre las plantas
g) no debe tomar alimentos en dos horas
h) la lleves a bailar
i) tengo una muela picada

1. Pedro nos dijo ____.
2. Recuerde ____.
3. La niña desea ____.
4. Me gusta mucho ____.
5. En verdad lamento ____.
6. El profesor ordenó ____.
7. Mi primo quiere ____.
8. Yo creo ____.
9. Ana quiere ___________________________________.
10. Antonio confesará hoy ____.

II. Completa y escribe una subordinada sustantiva con función de objeto/complemento directo, utilizando el enlace '*lo que*'.

Le diré al doctor [algo]. [dijo - me - usted]
Le diré al doctor ***lo que*** *usted me dijo.*

1. No entiendo ____________________ [dices - me - tú]
2. Tus hermanos comieron ____________________ [quisieron]
3. Te envié ________________________ [pediste - me - tú]
4. Pide ____________________ [quieras]
5. Olvidé decirle a Carlos ____________________ [habías encargado - me]
6. Juan trajo ____________________ [prometió - nos]
7. En Disneylandia les compraré ____________________ [deseen]

8. No veo ______________________ [prometiste - me - ayer]
9. Ya supimos ______________________ [hiciste - en la discoteca]
10. Anunciaron ______________________ [habrá - en el festival - mañana]

Redacción libre

Escribe una composición con el tema : "Mis visitas al hospital"

* Debes usar las siguientes palabras:

médico/doctora	enfermo/a	visitar	consultarme
hospitalizado/a	veces	dolor	análisis

"Mis visitas al hospital"

Lección 34

En el hospital 1
병원에서 1

Diálogo de hoy
(대화를 듣고 빈칸을 스페인어로 채워보세요)

Doctora: ________la ropa y______esta bata, por favor. ¿Es usted___________________?

Arturo: No, no soy alérgico a ninguna medicina... Perdón, ahora recuerdo que sí soy alérgico a____________.

Doctora: Bien. ¿Y qué le pasó? Cuénteme, ¿_________la herida?

Arturo: _________una escalera. El perro__________a____________por la puerta trasera. Al_______________caí, me golpeé la cabeza y me__________.

Doctora: Primero, voy a_______y a___________la herida. ¿Cuánto tiempo hace que __________una__________antitetánica?

Arturo: No recuerdo exactamente. Fue cuando________con la_______.

Doctora: Entonces, pregunte a quien________________. Luego me avisa.

Arturo: Está bien. Doctora, me duele_____________. Creo que lo tengo_____o_______.

Doctora: Vamos___________________. Temo que________________. (Pausa) Hummm... desgraciadamente, usted tiene el tobillo__________. Voy a ponerle una férula. Si _________en tres días, tendré que________.___________muletas en estos días.

Arturo: Muy bien, doctora. Ojalá que__________________. No me gusta_____________.

Doctora: Le daré un analgésico suave___________________________. Aquí tiene la orden. ¿________________________?

Arturo: Sí, y espero que el seguro________________.

Doctora: Entregue esta constancia______el seguro. Con esta constancia_______________ todos los gastos. Nos veremos en tres días.

Arturo: Le_________________por toda___________. Y aquí nos veremos en tres días.

Doctora: Quítese la ropa y póngase esta bata, por favor. ¿Es usted alérgico a alguna medicina?

Arturo: No, no soy alérgico a ninguna medicina... Perdón, ahora recuerdo que sí soy alérgico a la penicilina.

Doctora: Bien. ¿Y qué le pasó? Cuénteme, ¿cómo se ha hecho la herida?

Arturo: Me caí de una escalera. El perro mordió a los que entraron por la puerta trasera. Al querer detenerlo caí, me golpeé la cabeza y me corté la ceja.

Doctora: Primero, voy a lavar y a desinfectar la herida. ¿Cuánto tiempo hace que le pusieron una inyección antitetánica?

Arturo: No recuerdo exactamente. Fue cuando me corté con la podadera.

Doctora: Entonces, pregunte a quien le puso la vacuna. Luego me avisa.

Arturo: Está bien. Doctora, me duele también el tobillo. Creo que lo tengo roto o torcido.

Doctora: Vamos a hacerle una radiografía. Temo que haya una fractura. (Pausa) Hummm... desgraciadamente, usted tiene el tobillo fracturado. Voy a ponerle una férula. Si no sana en tres días, tendré que enyesárselo. Deberá usar muletas en estos días.

Arturo: Muy bien, doctora. Ojalá que no sea muy doloroso. No me gusta tomar calmantes.

Doctora: Le daré un analgésico suave que no dañará su organismo. Aquí tiene la orden. ¿Tiene usted seguro médico?

Arturo: Sí, y espero que el seguro cubra todos los gastos.

Doctora: Entregue esta constancia a quien le vendió el seguro. Con esta constancia le pagarán todos los gastos. Nos veremos en tres días.

Arturo: Le agradezco muchísimo por toda su ayuda. Y aquí nos veremos en tres días.

여의사: 옷을 벗고 이 가운을 입으세요. 약에 알레르기가 있으신가요?

아르뚜로: 아뇨, 없어요. 아, 죄송해요, 페니실린에 알레르기가 있는게 생각나네요.

여의사: 좋아요. 무슨 일이었죠? 어떻게 상처가 생겼는지 말해 봐요.

아르뚜로: 계단에서 넘어졌어요. 후문으로 들어온 사람들을 개가 물었는데 개를 붙잡으려다가 머리가 깨지고 눈썹이 찢어졌지요

여의사: 우선, 상처를 씻고 소독할겁니다. 파상풍 주사를 맞은 지 얼마나 되었나요?

아르뚜로: 정확히 기억은 안 나는데, 전정가위에 베였을 때 였어요.

여의사: 그럼, 백신주사를 놓은 사람에게 물어보세요. 그 후에 제게 알리세요.

아르뚜로: 알았습니다. 그런데 선생님, 발목도 아픈데요. 삐거나 부러진 것 같아요.

여의사: 엑스레이를 찍어봅시다. 골절이 우려되는군요. (잠시 후) 으음…… 불행히도

발목이 골절되었군요. 부목을 댈 거예요. 3일이 지나도 낫지 않는다면 깁스를 해야 할 거예요. 이 기간 동안 목발을 사용해야 합니다.

아르뚜로: 알았습니다. 너무 아프지나 말았으면 좋겠는데. 진통제는 복용하고 싶지 않아요.

여의사: 몸을 해치지 않는 약한 진통제를 드릴게요. 여기 처방전 있어요. 의료보험은 가지고 계십니까?

아르뚜로: 네, 보험으로 모든 경비를 해결할 수 있으면 좋겠네요.

여의사: 이 증명서를 보험 설계사에게 주십시오. 일체 경비를 지불해 줄 것입니다. 3일 후에 만나요.

아르뚜로: 도움을 주셔서 정말 감사합니다. 여기서 3일 후에 뵙죠.

Gramática y expresiones

1. ¿Es usted alérgico a alguna medicina?

'ser alérgico a' : ~에 대한 알러지가 있다

medicina 약(= el medicamento) cf. droga 마약

병원을 뜻하는 단어들

hospital - 입원실이 있는 큰 병원, centro médico, sanatorio

clínica - 개인 병원 consultorio - 의사의 개인 사무실, 의원

2. ¿Qué le pasó? ¿Cómo se ha hecho la herida?

'간접목적어 + pasar' : ~에게 무슨 일이 일어나다

hacerse la herida : 상처를 입다 (= hacerse daño 다치다)

herida 상처 cf. el herido/la herida 부상자, 부상당한 사람

vocabularlo

quítese v. quitar(+se) 벗다, 제거하다 bata f. 가운 alérgico adj. 알러지 반응이 있는, 부작용의 medicina f. 약, 치료, 의료 penicilina f. 페니실린 herida f. 상처caí v. caer(+se) 넘어지다 escalera f. 계단 mordió v. morder 물다, 깨물다 trasera adj. 뒤쪽의, 후방의 detenerlo v. detener(+lo) 제지하다 golpeé v. golpear 때리다, 치다 ceja f. 눈썹 desinfectar v. 소독하다 inyección f. 주사 antitetánica adj. 파상풍 예방을 위한 podadera f. 전정용 큰 가위 vacuna f. 백신 tobillo m. 발목 torcido v. torcer 꼬다, 비틀다 radiografía f. 엑스레이 haya v. haber 있다 fractura f. 골절, 분쇄 férula f. 부목 enyesárselo v. enyesar(+se,lo) 깁스하다 muletas f.pl. 목발 calmantes m.pl. 진통제, 진정제 analgésico m. 진통제 dañará v. dañar 해치다, 상처를 입히다 organismo m. 기관, 신체장기 cubra v. cubrir 덮다, 포함하다

3. Al querer detenerlo caí, me golpeé la cabeza y me corté la ceja.

머리가 깨지고 눈썹이 찢어졌어요.

golpearse 부딪히다, 타박상을 입다

cortarse 찢어지다, 베이다.

cf) quemarse 데이다 Me quemé la mano. 나는 손을 데었다.

4. Bueno, voy a lavar y a desinfectar la herida.

desinfectar 소독하다 cf.) infección 감염, inflamación 염증 pus 곪는 상처

5. ¿Cuánto tiempo hace que le pusieron una inyección antitetánica?

파상풍 예방주사를 놓은지 얼마나 되었나요?

'hacer 시간 que 절' : ~한지 ~시간이 지났다

poner una inyección 주사를 놓다 (= inyectar)

¿cuánto tiempo hace que 절? : ~한지 얼마나 되었나요?

예방주사: vacuna, vacunación 예방주사를 놓다 vacunar, poner la vacuna

6. Doctora, me duele también el tobillo.

발목도 아픕니다.

'간접목적어 doler 정관사 신체부위' : ~(사람)이 ~(신체)가 아프다, 이때 주어는 신체부위가 되며, 반드시 동사 뒤에 온다.

예) Me duelen las piernas. 나는 다리가 아프다.
Me duelen los oídos. 귀가 아프다.
¿Te duele la cabeza? 머리 아프니?
¿Te duele la garganta? 목이 아프니?

☛ 신체 부위 partes del cuerpo

la frente 이마	el ojo 눈	la cabeza 머리	el pelo / cabello 머리카락
la oreja 귀(겉)	el oído 귀(속)	la boca 입	la lengua 혀
la nariz 코	la garganta 목(속)	el cuello 목(겉)	el hombro 어깨
el pecho 가슴	la espalda 등	el corazón 심장	la cintura 허리
la cadera 엉덩이	el brazo 팔	la mano 손	el codo 팔꿈치
el estómago 위	la muñeca 손목	los dedos 손가락	la pierna 다리
el pie 발	los dedos del pie 발가락	el tobillo 발목	la piel 피부
la rodilla 무릎	el cerebro 뇌	la cara 얼굴	
el pelo 털	la sangre 피	el músculo 근육	

7. Creo que lo tengo roto o torcido.

삐었거나 부러진 것 같습니다.

roto : romper의 과거분사, 부러지다(= fracturarse)

torcido : torcer의 과거분사, 삐다 (= torcerse)

'tener 목적어 과거분사' : ~가 ~했다

8. Entonces, vamos a hacerle una radiografía.

'hacer radiografía' : 엑스레이를 찍다

9. Temo que haya una fractura.

골절이 있을까봐 걱정이다.

'temo que 접속법' : ~일까봐 걱정이다

10. Si no sana en tres días, tendré que enyesárselo. Deberá usar muletas en estos días.

muletas 목발(한 쌍)

cf.) la venda 붕대 vendar 붕대를 감다

el esparadrapo 반창고 tiritas 밴드

11. Ojalá que no sea muy doloroso.

'Ojalá que 접속법' : 기원을 나타냄. '~했으면 좋겠는데'

Ejercicios

¡Vamos a conversar!

(본문 대화에 대한 다음 질문에 대답해 보세요.)

1. ¿Qué le pasó a Arturo?
2. ¿Arturo es alérgico a alguna medicina?
3. ¿Qué otro accidente tuvo antes de esta caída?
4. ¿Qué problema tiene su tobillo?
5. ¿Qué hace la doctora con su tobillo?
6. ¿Qué le receta la doctora para calmarle el dolor?
7. ¿A quién debe entregar la constancia médica? ¿Para qué?

Pregunta a tus compañeros

1. ¿Alguna vez has sufrido fractura o lastimadura en los huesos?
2. ¿Te ha tocado ayudar a alguien lastimado? ¿Cuándo?
3. ¿Eres alérgico a alguna medicina o alimento?
4. ¿Te gustaría tener un perro en donde vives?
5. ¿Piensas que los perros son buenos guardianes en la casa?

¡Vamos a practicar!

I. ¿Cuánto tiempo hace que ~? ~지 얼마나 되었어요?

1. ¿______________________________? 사고를 당한지 얼마나 되었어요? (tuvo el accidente)
2. ¿______________________________? 이 아파트를 산지 얼마나 되셨어요? (compraste este piso)
3. ¿______________________________? 이 통증을 느낀지 얼마나 되셨어요? (tienes este dolor)
4. ¿______________________________? 이 비타민을 복용한 지 얼마나 되셨어요? (tomas esta vitamina)
5. ¿______________________________? 스페인어를 공부한 지 얼마나 되셨어요? (estudias español)

II. Me duele/duelen 신체부위 ~가 아파요.
tener + 병의 증상

1. ______________________ 머리가 무척 아픕니다. (la cabeza)
2. ______________________ 귀가 아픕니다. (los oídos)
3. ______________________ 허리가 꽤 아픕니다. (la espalda)
4. ______________________ 양쪽 무릎이 아픕니다. (las rodillas)
5. ______________________ 감기에 걸렸어요. (tener gripe/estar resfriado)
6. ______________________ 열이 있어요. (tener fiebre)

III. 다양한 부상의 표현 (재귀동사)

1. ______________________ 나 계단에서 넘어졌어. (caerse)
2. ______________________ 머리가 깨지고 이마가 찢어졌어. (golpearse, cortarse)
3. ______________________ 손을 데었어. (quemarse)
4. ______________________ 발목이 부러졌어. (romperse/fracturarse)
5. ______________________ 손목을 삐었어. (torcerse)

Gramática

Proposiciones subordinadas sustantivas (Función de objeto indirecto)

* La oración subordinada sustantiva realiza las veces de objeto/complemento indirecto en la oración compuesta.

El perro mordió - Oración principal
[*a los que entraron por la puerta trasera*] - Subordinada

Pregunte - Oración principal
[*a quien le puso la vacuna*] - Subordinada

* Para localizarla se puede preguntar ¿a quién?, ¿a quiénes?, al verbo de la oración principal:

¿A quiénes mordió el perro?
a los que entraron por la puerta trasera

¿A quién preguntó?
a quien le puso la vacuna

I. Escoge alguno de los enlaces para completar la subordinada sustantiva con función de objeto/ complemento indirecto. Debes mirar con cuidado el verbo de la subordinada.

ENLACES

al que a la que	a las que a los que	a quien* a quienes*

* Generalmente, se usan estos enlaces cuando no se sabe el género (femenino, masculino) del sujeto.

1. Darán un buen premio ________________ se maquille en el menor tiempo.
2. Entregamos el paquete ____________________ estaba en la puerta.
3. Pregúntale ________________ está dirigiendo el tráfico.
4. El cantante dedicó una canción ________________ lo acompañaron en su gira.
5. El profesor reprobó ________________ copió en el examen.
6. El entrenador castigará ________________ lleguen tarde al entrenamiento de box.
7. Dedicó su discurso________________ le aplaudían con entusiasmo.
8. La directora coronará ________________ resulte electa como reina del festival.
9. Los niños dieron un fuerte disgusto ________________ más los querían.
10. El perro mordió ____________________ entraron sin tocar la puerta.

II. Completa con una subordinada sustantiva como objeto indirecto. Utiliza diferentes enlaces (véase arriba) y escribe el verbo en pretérito.

Pregunte [poner - la vacuna - le] *Pregunte **a quien** le puso la vacuna.*

1. Entregaron un premio ____________________ [apagar - el incendio]
2. Todos abrazaron ________________________ [regresar - del viaje]
3. El gorila atacó __________________________ [aventar - basura - le]
4. La empresa contrató ______________________ [hacer - el mejor pastel]
5. La compañía contrató _____________________ [arreglar - el motor en el menor tiempo]
6. La policía atrapó _______________________ [robar - el cuadro de la galería]
7. La televisora grabó _______________________ [manifestarse - en la universidad]
8. Entregó la constancia ____________________ [vender - el seguro médico -le]
9. El presidente felicitó ____________________ [ganar - medalla de oro]
10. Expulsaron del equipo ___________________ [robar - información - secreta]

Redacción libre

Escribe una composición con el tema : "¿Qué puedo y qué no puedo hacer donde vivo?"

* Debes usar las siguientes palabras:

invitar	amigos/as	familia	animales (perro, gato)
música	televisión	fiesta/s	computadora

"¿Qué puedo y qué no puedo hacer donde vivo?"

Lección 35

En el hospital 2
병원에서 2

Diálogo de hoy
(대화를 듣고 빈칸을 스페인어로 채워보세요)

Doctor: Voy a tomarle________________. ¿Cuándo comenzó a_____________?

Rocío: ____________. Me_____________vomitando. Además, tengo diarrea y_____.

Doctor: Veamos... Tiene la presión alta y_______________. ¿Qué otros síntomas tiene?

Rocío: ________________. No tengo fuerzas y me duele la espalda. No___ trabajar. El asistente que me ayuda se ha______________.

Doctor: ¿Hay alguna persona_________en su familia?

Rocío: No. Yo soy la única diabética en mi familia.
Y me preocupa mucho porque_________________.

Doctor: No se preocupe... Abra la boca y_______________. Así... Ahora____________.
Otra vez.

Rocío: Me duele________cuando______y también me duelen los______.

Doctor: A ver.______________los oídos. Tiene_________________en los oídos. Tome una_ ___________que es muy________para la diarrea.
_________________________________.

Rocío: ¿Y para el dolor de oído, doctor?

Doctor: Voy a___________________que no______al______. No es bueno que______ ________________en este periodo.

Rocío: El pescado que___________estaba muy fresco.

Doctor: Hummm... Me parece que_________________________de su problema. Vuelva mañana. Necesito hacerle____________que_______________________.

Rocío: Muy bien, doctor. Muchas gracias.

Doctor: Voy a tomarle la temperatura y la presión. ¿Cuándo comenzó a sentirse mal?

Rocío: Desde anteayer. Me pasé dos días vomitando. Además, tengo diarrea y náuseas.

Doctor: Veamos... Tiene la presión alta y un poco de fiebre. ¿Qué otros síntomas tiene?

Rocío: Me siento muy débil. No tengo fuerzas y me duele la espalda. No he podido ir a trabajar. El asistente que me ayuda se ha encargado de todo.

Doctor: ¿Hay alguna persona diabética en su familia?

Rocío: No. Yo soy la única diabética en mi familia. Y me preocupa mucho porque estoy embarazada.

Doctor: No se preocupe... Abra la boca y saque la lengua. Así... Ahora respire hondo. Otra vez.

Rocío: Me duele el pecho cuando respiro y también me duelen los oídos.

Doctor: A ver. Déjeme revisarle los oídos. Tiene una ligera infección en los oídos. Tome una cucharada de este jarabe que es muy efectivo para la diarrea. Cada cuatro horas solo por dos días.

Rocío: ¿Y para el dolor de oído, doctor?

Doctor: Voy a recetarle un antibiótico que no afecta al feto. No es bueno que coma mariscos ni pescado en este periodo.

Rocío: El pescado que comí anteayer estaba muy fresco.

Doctor: Hummm... Me parece que ya encontramos la causa de su problema. Vuelva mañana. Necesito hacerle unos análisis que complementen el diagnóstico.

Rocío: Muy bien, doctor. Muchas gracias.

의사: 체온과 혈압을 재겠습니다. 언제부터 안 좋아지기 시작했나요?

로시오: 그저께부터요. 이틀을 토하면서 보냈어요. 게다가 설사와 구역질까지 했고요.

의사: 어디 봅시다……. 혈압이 높고 열이 조금 있군요. 다른 증상은 없습니까?

로시오: 약하게 느껴져요. 힘이 없고 등이 아파요. 일하러 못가서 저를 돕는 비서가 모든 일을 맡고 있어요.

의사: 가족 중에 당뇨를 앓고 있는 사람이 있습니까?

로시오: 아뇨. 가족 중엔 제가 유일하게 당뇨가 있어요. 제가 임신 중이기 때문에 너무 걱정이에요.

의사: 걱정 마세요…….입을 벌리고 혀를 내미세요. 그렇죠…… 이제 숨을 깊이 쉬어 보세요. 다시 한번.

로시오: 숨을 쉬면 가슴이 아파요 귀도 마찬가지고요.

의사: 어디 봐요. 귀 속을 검사할게요. 귀에 가벼운 감염이 있군요. 이 시럽을 한 숟가

락 드세요. 설사에 아주 효과적이죠. 이틀 동안만 4시간마다 한 번씩 드시는 겁니다.

로시오: 귀 아픈 데는 어떻게 하죠, 선생님?

의사: 태아에게 영향을 주지 않는 항생제를 처방해드릴게요. 요즘 어패류를 드시는 게 좋지 않습니다.

로시오: 그저께 먹은 생선은 신선했어요.

의사: 으음…… 이제 문제의 원인을 알아낸 것 같군요. 내일 다시 오세요. 진단을 보완할 몇 가지 검사를 해야 합니다.

로시오: 알았습니다. 감사합니다.

Gramática y expresiones

1. Voy a tomarle la temperatura y la presión.

당신의 체온과 혈압을 재겠습니다.

presión : presión de sangre 혈압

동사는 tomar를 써서 '재다' 의 뜻을 나타낸다.

2. Me pasé dos días vomitando. Además tengo diarrea y náuseas.

'pasar(se) 시간 + 분사' : ~하면서 ~간의 시간을 보내다

diarrea 설사, náusea 메스꺼움, 모두 tener를 동사로 사용

그 외 표현들

mareo 현기증, estar mareado/a, marearse 어지럽다, 현기증이 나다
desmayarse 기절하다
trauma 쇼크 estar en estado de trauma 쇼크 상태에 있다
estar en coma 혼수상태에 있다
estar consciente 의식이 있다

vocabulario 

temperatura f. 온도, 체온 presión f. 압박, 압력 vomitando v. vomitar 토하다 diarrea f. 설사 náuseas f. 구역질, 메스꺼움 síntomas m. 병세의 징후, 징조 débil adj. 약한, 연약한 espalda f. 등 encargado v. encargar 맡기다, 부탁하다 diabética adj. 당뇨병의 embarazada adj. 임신중인 saque v. sacar 꺼내다 respire v. respirar 숨쉬다, 호흡하다 hondo adj. 깊은, 심오한 pecho m. 가슴 infección f. 감염 cucharada f. 한 숟가락의 분량 jarabe m. 시럽, 물약 efectivo adj. 효과적인, 유효한 recetarle v. recetar(+le) 처방하다 antibiótico m. 항생제 feto m. 태아 mariscos m.pl. 조개, 패류 análisis f. 분석, 검사 complementan v. complementar 보충하다 diagnóstico m. 병의 증상, 진단

3. Tiene la presión alta y un poco de fiebre.

tener presión alta 고혈압이다 (= estar/ser hipertenso/a)

혈압이 낮다/높다/정상이다 : Tengo presión baja/alta/normal.
¿Cómo es su presión de sangre? 당신의 혈압은 어떠십니까?
tener fiebre 열이 있다
cf. resfriarse= estar resfriado/a = tener gripe 감기에 걸리다
tos 기침, toser/ tener tos 기침하다

4. ¿Qué otros síntomas tiene?

어떤 다른 증상이 있습니까?
cf. enfermedad 병 el/la enfermo/a 환자(= el/la paciente)

5. No tengo fuerzas y me duele la espalda.

fuerzas 힘, no tener fuerzas 힘이 없다, 기운이 없다
doler 고통을 주다, 사람이 간접목적어로, 아픈 부위는 후치주어(정관사와 함께)
예) Me duelen las piernas. 다리가 아프다. (두 다리가 아플 때에는 동사를 복수형으로)
Me duele la espalda. '등이 아프다' 허리/척추가 아프다는 뜻

6. ¿Hay alguna persona diabética en su familia?

Soy diabético/a. 나는 당뇨가 있어.

7. Me duele el pecho cuando respiro y también me duelen los oídos.

숨을 쉴 때에, 가슴이 아프다
oídos 귀, 특히 속귀를 뜻함. cf.) orejas 겉의 귀

8. Déjeme revisarle los oídos.

Déjame/ Déjeme revisar ~을 살펴보도록 허락해 주세요./ ~를 살펴보겠습니다.

9. Tiene una ligera infección en los oídos.

귀가 감염되었습니다
la infección 감염 cf.) la inflamación 염증 el pus 곪는 상처

10. Voy a recetarle un antibiótico que no afecta al feto.

el antibiótico 항생제 cf.) el calmante 진통제, la medicina 약, la aspirina 아스피린

11. Necesito hacerle unos análisis que complementen el diagnóstico.

hacer el análisis 검사를 하다

el análisis de sangre 피 검사, sangrar 피를 흘리다

¿Cuál es su grupo de sangre? 혈액형이 어떻게 되세요?

혈액형 grupos sanguíneos

A positivo/negativo B positivo/negativo
AB positivo/negativo O positivo/negativo

그 밖에 병원과 관련된 단어들

la ambulancia 앰뷸런스 la farmacia 약국 urgencias = emergencia 응급실
los primeros auxilios (dar ~) 응급처치(를 하다)
la cirugía/ operación 수술, 외과수술 cirujano 외과의사

질병의 종류 ENFERMEDADES

COMUNES	GRAVES	VIRALES (por virus)
gripe / gripa 독감 tos / catarro 기침감기 bronquitis 기관지염 faringitis 인두염 dolor de cabeza 두통 dolores musculares 근육통 reumatismo 류마티스 hematoma 혈종 moretón / morete 타박상 alergia /dermatitis 알러지/피부염 diarrea 설사	pulmonía 폐렴 apendicitis 맹장염 colitis 결장염 epilepsia 간질 cáncer 암 leucemia 백혈병 parálisis 마비 sida 에이즈 tumor 종기	rubéola 풍진 sarampión 홍역 varicela 수두 viruela 천연두 tétanos 파상풍 tuberculosis 결핵 difteria 디프테리아 hepatitis 간염 poliomielitis 소아마비

Ejercicios

¡Vamos a conversar!

(본문 대화에 대한 다음 질문에 대답해 보세요.)

1. ¿Qué le pasa a Rocío?
2. ¿Qué partes del cuerpo le duelen a Rocío?
3. ¿Cuántos diábeticos hay en su familia?
4. ¿Qué le preocupa mucho a Rocío?
5. ¿Qué dosis debe tomar del jarabe para la diarrea?
6. El doctor piensa en una posible causa del mal de Rocío, ¿cuál es esa posible causa?
7. ¿Cómo va a complementar el diagnóstico el doctor?

Pregunta a tus compañeros

1. ¿Cuál fue la última enfermedad que padeciste?
2. ¿Qué enfermedades recuerdas haber padecido durante tu infancia?
3. ¿Qué haces para mantenerte saludable?
4. ¿Cómo es tu alimentación diaria?
5. ¿Cuál fue la última vacuna que recibiste?

¡Vamos a practicar!

I. 병의 진단과 관련된 표현들을 익혀 봅시다. : tener + 병명

1. Tiene apendicitis. 맹장염
2. Tiene cáncer de estómago. 위암
3. Tiene usted pulmonía 폐렴
4. Tiene SIDA. 에이즈
5. Tuvo un infarto de corazón. 심장마비
6. Tengo diarrea y náuseas. 설사와 어지러움

II. Déjeme/Déjame 동사원형: 제가/내가 ~하도록 하겠습니다.

1. ______________________________ 귀 검사를 하겠습니다. (revisarle los oídos)
2. ______________________________ 눈 검사를 하겠습니다. (examinar sus ojos)
3. ______________________________ 몇가지 질문를 하겠습니다.
(hacerle unas cuantas preguntas)

4. ________________________ 의료 검사를 하겠습니다.(hacerle un examen médico)
5. ________________________ 상처를 살펴보겠습니다 (observar la herida)
6. ________________________ 의사와 상의를 하겠습니다. (consultar con el médico)

III. Me pasé 시간 + 현재분사/전치사구 : ~하면서/ ~인 채로 시간을 보내다

1. ________________________ 근육통증을 참으면서 몇 시간을 보냈다. (aguantar los dolores musculares)
2. ________________________ 아무것도 먹지 못한 채 일주일을 보냈다. (sin poder tomar nada)
3. ________________________ 잠을 못 자면서 며칠간 보냈다. (sin poder dormir)
4. ________________________ 방금 물에서 나온 오리처럼 땀을 흘리면서 보낸다. (sudar como un pato recién salido del agua)
5. ________________________ 현기증을 느끼면서 하루 종일 보냈다. (sentir náuseas)

IV. usted 명령형의 연습

1. ________________________ 매 식사 후 30분 후에 약을 드세요. (tomar la medicina media hora después de cada comida)
2. ________________________ 항생제를 다른 약과 함께 드세요. (tomar el antibiótico con otros medicamentos)
3. ________________________ 담배를 끊으세요 (dejar de fumar)
4. ________________________ 주치의와 얘기하세요. (mañana hablar con su médico de cabecera)
5. ________________________ 많이 움직이세요. (moverse mucho)
6. ________________________ 며칠간 침대에서 있도록 하세요. (tratar de estar unos días en cama)

Gramática

Oraciones subordinadas adjetivas

* Las proposiciones subordinadas adjetivas hacen la misma función que un adjetivo. También se llaman subordinadas de relativo.
* El enlace o nexo que las introduce es un pronombre o adverbio relativo: que, cual, quien, cuyo, donde...
* Hay varios tipos de subordinadas adjetivas: especificativas, explicativas, sustantivadas, etc.

Proposiciones subordinadas adjetivas (Especificativas)

* La oración subordinada adjetiva **especificativa** restringe la extensión del antecedente y es necesaria para identificarlo. Al suprimirla, alteramos el contenido informativo del sintagma en el que se encuentran:

El asistente que me ayuda se ha encargado de todo.
El asistente se ha encargado de todo - Oración principal
[*que me ayuda*] - Subordinada

* Se trata de un asistente en específico.

I. Sustituye el adjetivo por la subordinada adjetiva que corresponda. Utiliza el enlace que.

Necesito hacerle unos análisis complementarios al diagnóstico.
Necesito hacerle unos análisis **que complementen** al diagnóstico.

1. Los niños perdidos estaban muy asustados.

2. Los alumnos estudiosos hicieron buen examen.

3. El vino tinto comprado en Chile es de la mejor calidad.

4. El libro prestado [por Juan] está muy interesante.

5. Los empleados trabajadores tendrán mejor salario.

6. Los árboles cercanos al río se han secado.

7. El perro ladrador no muerde.

8. El cuadro comprado ayer no valía tanto.

II. Lee con atención el siguiente diálogo. Encuentra y escribe abajo las oraciones compuestas subordinadas adjetivas que aparecen, separando la oración principal de la subordinada.

	ORACIÓN PRINCIPAL	SUBORDINADA ADJETIVA
MODELO 1:	El **pescado** estaba muy fresco	que comí anteayer
MODELO 2:	Voy a recetarle un **antibiótico**	que no afecta al feto

-Tengo mucho miedo... El taxista que me llevó el otro día robó un banco ayer.
-¡Qué coincidencia! Este libro que compré hace un momento trata de robos a bancos.
-A mí no me gustan los libros policíacos. El libro que me prestó Andrés es de aventuras. Esos sí me gustan. El héroe que aparece vive aventuras siempre peligrosas.
-¡Adiós, tía! Esa señora que habla todo el día es mi tía.
-¡Mira! La señora que va allí es la esposa del taxista.
-¡Pobre mujer! ¿Conocías antes al taxista?
-Sí, ellos son mis vecinos. Vivimos en ese edificio que construyeron cerca del parque.
-Te invito a comer para seguir hablando. Vamos a aquel restaurante que vende mariscos.
-De acuerdo. Gracias.

1. ____________________ ____________________
ORACIÓN PRINCIPAL SUBORDINADA ADJETIVA

2. ____________________ ____________________
ORACIÓN PRINCIPAL SUBORDINADA ADJETIVA

3. ____________________ ____________________
ORACIÓN PRINCIPAL SUBORDINADA ADJETIVA

4. ____________________ ____________________
ORACIÓN PRINCIPAL SUBORDINADA ADJETIVA

5. ______________________ ______________________
ORACIÓN PRINCIPAL SUBORDINADA ADJETIVA

6. ______________________ ______________________
ORACIÓN PRINCIPAL SUBORDINADA ADJETIVA

7. ______________________ ______________________
ORACIÓN PRINCIPAL SUBORDINADA ADJETIVA

8. ______________________ ______________________
ORACIÓN PRINCIPAL SUBORDINADA ADJETIVA

Redacción libre

Escribe una composición con el tema : "Consejos para vivir sanamente".

* Debes usar las siguientes palabras:

comida nutritiva	dieta balanceada	hacer ejercicio
dormir	no fumar	no beber

"Consejos para vivir sanamente"

____
____
____
____
____
____
____
____
____

정답집

¡Vamos a conversar!

1. Es Hernández.
2. Está en la residencia de la escuela de idiomas.
3. El quinientos quince.
4. Viene de Paraguay.
5. Carolina pagó su inscripción por Internet. / La pagó por Internet. / Se inscribió por Internet.
6. Su habitación tenía problemas con la tubería. / Había problemas con la tubería. / Hay hombres trabajando en su cuarto porque la tubería tenía problemas.
7. No. Carolina pagó una habitación compartida. / No. Va a estar con una compañera. / No. Va a estar en una habitación compartida.

Pregunta a uno de tus compañeros

1. Mi segundo apellido es Kim. No, no lo uso. / En Corea no se usa el segundo apellido.
2. Sí, tengo pasaporte. Viajé a Europa en las vacaciones pasadas.
3. Vivo con mi familia. / Vivo solo(a) cerca de la universidad.
4. Sí, me gusta hacer pagos por Internet. / Sí, me gusta pagar por Internet, porque es más cómodo / porque es más fácil.
5. Sí, conozco la residencia de estudiantes de la universidad.

¡Vamos a practicar!

I.

1. Kim : Ka de kilo, i de iglesia, eme de Madrid
2. Park: Pe de pato/Pedro, a de Almería/Antonio, ere de ratón/Raúl, ka de kilo
3. Choi: Che de chocolate, o de Orlando/Oviedo, i de inglés
4. Lee: Ele de Laura y dos e(s) de elefante
5. Song: Ese de sábado, o de Orlando, ene de naranja, ge de gato/Gómez/Galicia
6. Chang: Che de chocolate/chorizo, a de Antonio, ene de Navarra/Nuria, ge de Galicia.

II.

1. ¿Cuál es su número de teléfono?
2. ¿Cuál es su número de DNI (Documento Nacional de Identidad)?
3. ¿Cuál es su clave/número de identidad?
4. ¿Cuál es su número secreto/ contraseña?
5. ¿Cuál es el número de matrícula de su coche?
6. ¿Cuál es su número de cuenta bancaria (corriente)?

Gramática

I.

1. ¿Es este el que estabas buscando?
2. ¿Son estas las que buscabas?
3. ¿Es esta la que me querías prestar?
4. ¿Son estas las que necesitabas?
5. ¿Son estos los que decías?

II. duró, aconsejó, agradeció, pasaba, era, había, entrado, era, importaba, quería, era

¡Vamos a conversar!

1. Caduca dentro de un mes.
2. Está en una comisaría/en la oficina de migración.
3. Es coreana.
4. Se usa el apellido paterno/del padre.
5. Es el 38-25-15-04 (treinta y ocho, veinticinco, quince, cero cuatro)
6. Su amiga Bora.
7. Nació el 16 de mayo de 1983.

Pregunta a uno de tus compañeros

(개인에 따라 밑줄친 부분은 다른 답이 될 수 있다.)

1. Nací el 18 de septiembre de 1988.
2. Nací en el distrito /barrio Sadang de Seúl.
3. Vivo en el apartamento número 106 del edificio A.

4. Vivo en el primer piso/en el semisótano.
5. Mi mejor amiga se llama Gloria.

¡Vamos a practicar!

I.

1. ¿Qué día es tu cumpleaños? Es el 6 de julio.
2. ¿Qué día es tu boda? Es el 23 de junio.
3. ¿Qué día es tu aniversario? Es el 26 de mayo.
4. ¿Qué día es el partido de fútbol? Es el 9 de septiembre.
5. ¿Qué día es la inauguración? Es el 15 de noviembre.

II.

1. cero- diecinueve- tres cuarenta y nueve-cero dos
2. cero-diez-veinte-veinticinco-dieciocho-noventa
3. cero-treinta y uno- cuatro-noventa-veintidós-noventa y cuatro
4. cero dos-tres-ochenta y siete-diecisiete-ochenta y nueve
5. cero cuarenta y dos- nueve-ochenta y dos-cuarenta y nueve-ochenta

III.

1. Quería denunciar un robo.
2. Quería denunciar un secuestro.
3. Quería denunciar un crimen.
4. Quería denunciar un fraude.

Gramática

I.

1. Los piratas ordenaban que les entregaran todo el botín.
2. Los esclavos pedían que por favor no los mataran.
3. Los corsarios decían que robaban para que sus familias no murieran de hambre.

II.

1. El pirata prometió a los turcos que los transportaría a Egipto.
2. El capitán embarcó a los turcos y pensó que los llevaría a Persia y los vendería como esclavos.
3. Los turcos dijeron que harían una revuelta.

III.

1. Juan le dijo al bebé que tomara su leche
2. El maestro le dijo a los muchachos que abrieran sus libros.

3. El chofer dijo que el boleto costaba $5.00
4. El policía les dijo que se detuvieran adelante.
5. La mamá les dijo a los niños que no olvidaran arreglar su mochila.
6. El papá dijo que esa noche volvería un poco tarde.
7. La mesera preguntó (que)* qué deseaban tomar. *opcional
8. El dependiente preguntó que si enviaba el paquete a la casa.
9. Teresa le dijo a Pedro que si podía pasar por ella.

¡Vamos a conversar!

1. Lilia y Ana llegan a México.
2. Son españolas. / Son ciudadanas de la Unión Europea.
3. Van de turistas. / Quieren conocer México, especialmente Cancún.
4. El oficial les pide su pasaporte y el formulario.
5. Ana no encuentra el formulario.
6. No, no tienen que esperar mucho porque hay muchas ventanillas atendiendo.
7. Van a ir a recoger su equipaje.

Pregunta a tus compañeros

1. Voy a ir a otra clase / a comer / a la biblioteca.
2. Mi mochila está aquí / está en el suelo / está debajo de la mesa / no tengo mochila.
3. Quiero /quisiera ir a... Europa / Hispanoamérica / Chile / España...
4. Mi familia vive en Busán / en Inchón / en Seúl...
5. Prefiero ir a comer a mi casa / a un restaurante italiano / a la cafetería de la universidad...

¡Vamos a practicar!

I.

1. ¿Puedo ver tu carnet de identidad?
2. ¿Puedo ver su carnet/licencia de conducir?
3. ¿Puedo ver su visa/visado?
4. ¿Puedo ver su tarjeta de embarque/pasaje de abordo?
5. ¿Puedo ver tus maletas?
6. ¿Puedo ver sus documentos?

II.

1. ¿Es su primera visita a México? -No, es nuestra segunda visita a México.
2. ¿Es tu primera visita a Japón? -No, es mi tercera visita a Japón.
3. ¿Es vuestra primera visita a Perú? -No, es nuestra cuarta visita a Perú.

Gramática

V. Adónde – dónde – donde

VI. Dónde – Donde – dónde – Donde – Adónde – adonde – donde – Dónde

¡Vamos a conversar!

1. Lilia está en la aduana.
2. En la aduana revisan las maletas. / El aduanero revisa las maletas.
3. No, no va sola. La acompaña su amiga Ana.
4. Llevan cuatro maletas, dos grandes, dos pequeñas y sus mochilas.
5. No, solamente abren la maleta grande.
6. Porque se pone/se puso un poco nerviosa.
7. El aduanero ayuda a Lilia a cerrar su maleta.

¡Vamos a practicar!

I.

1. ¿Es tuya esta computadora?
2. ¿Es nuestro este coche/carro?
3. ¿Es suya esta casa?
4. ¿Es suyo este bolso?
5. ¿Son míos estos libros?
6. ¿Son nuestras estas revistas?
7. ¿Son suyos estos paquetes?
8. ¿Son suyas estas llaves?

II.

1. Este no es suyo. El suyo es aquel.
2. Este no es tuyo. El tuyo es aquel.

3. Estos no son tuyos. Los tuyos son aquellos.

4. Estos no son suyos. Los suyos son aquellos.

5. Estas no son mías. Las mías son aquellas.

III.

1. ¿Tiene algo que declarar? No, no tengo nada que declarar.

2. ¿Tiene algo que decir? No, no tengo nada que decir?

3. ¿Tienes algo que comprar en esta tienda?
   No, no tengo nada que comprar.

4. ¿Tiene algo que ver con este asunto?
   No, no tengo nada que ver con este asunto.

5. ¿Tiene algo que comentar sobre el tema?
   No, no tengo nada que comentar.

Gramática

I.

1. levántate 2. ve 3. llega 4. sé 5. pon 6. participa 7. pregunta 8. toma 9. haz 10. ten

II.

1. A: dame, B: cero once, veintidós, cuarenta y tres, cero cinco, treinta.

2. A: Ayúdame, B: Muy bien, yo te ayudo.

3. A: ve, B: Tienes razón / Es verdad.

4. A: pásame, B: Sí, aquí está /aquí tienes.

5. A: haz, B: Por supuesto, te lo prestaré.

¡Vamos a conversar!

1. Ana perdió / no encontró su maleta.

2. Es rectangular, de color negro, tiene ruedas, un candado y dos listones, uno rojo y otro azul.

3. El empleado usa un radio para ayudar a Ana.

4. Lleva ropa, artículos personales y los documentos para inscribirse en la universidad.

5. Viene de Pekín.

6. Porque ella dijo que no había nada de valor en su maleta.

7. El empleado usa la palabra “afirmativo” en vez de “sí”.

Pregunta a tus compañeros

1. Sí, he viajado una/dos/tres veces.
   No, no he viajado ninguna vez a Europa. /No, nunca he ido a Europa.
2. Sí, una vez vi un incendio cerca de mi casa.
   No, nunca he visto un incendio.
3. Sí, una vez. /Sí, muchas veces.
   No, nunca he dicho una mentira a mis padres.
4. Sí, he comido carne de perro una vez.
   No, nunca he comido carne de perro.
5. Sí, he soñado con los monstruos muchas veces.
   No, nunca he soñado monstruos.

¡Vamos a practicar!

I.

1. No me ha llegado un paquete.
2. No me ha llegado la/ su carta.
3. No me ha llegado el certificado del título.
4. No me ha llegado tu tarjeta de Navidad.

II.

1. ¿En qué tren ha llegado usted?
2. ¿En qué autobús ha llegado usted?
3. ¿En qué barco ha llegado usted?
4. ¿En qué coche/carro ha llegado usted?

III.

1. Dígame su número de contacto.
2. Dígame su número de identidad.
3. Dígame su número secreto.
4. Dígame su nombre y apellidos.

Gramática

I. has recogido – han abierto – has llamado – he tenido – he conseguido – ha regresado – has preparado – he pensado – he hecho – he visto

II.

1. Nunca he viajado a México. / He viajado a México una vez.

2. Nunca he esquiado en un lago, ni he subido a una montaña. / He esquiado tres veces y he subido a la montaña muchas veces.
3. Nunca he subido a una pirámide. / He subido a una pirámide dos veces.
4. Nunca he acampado en las montañas. / He acampado en las montañas muchas veces.
5. Nunca he alquilado un coche. / He alquilado un coche una vez.
6. Nunca he cocinado para diez personas. / He cocinado para diez personas tres veces.
7. Nunca he leído tres novelas en un día. / He leído tres novelas en un día una vez.
8. Nunca he dicho una mentira a mis padres. / He dicho mentiras a mis padres muchas veces. / He dicho una mentira a mis padres dos veces.
9. Nunca he roto un vaso en un restaurante. / He roto un vaso en un restaurante tres veces.
10. Nunca he corrido 5 km sin parar. / He corrido (más de) 5 km sin parar una vez.

¡Vamos a conversar!

1. Quieren ir a Barcelona.
2. Están en la estación del ferrocarril / la estación del tren.
3. Un billete/un boleto circular sirve para ir a un lugar y regresar al punto de partida. / Se llama también billete o boleto de 'ida y vuelta'.
4. Silvia y Clara tuvieron que pagar extra el seguro de viaje.
5. Silvia arregló su maleta por la mañana.
6. Van para descansar. / Van de vacaciones.
7. Viajar en el AVE es caro.

Pregunta a tus compañeros

1. Sí, he viajado una/dos/tres veces.
   No, no he viajado ninguna vez en ferrocarril / en tren.
2. Sí, Barcelona está en España.
   No, no sé nada de Barcelona.
3. Prefiero viajar solo/a.
   Prefiero viajar con algún amigo/a.
4. En vez de estudiar, me gustaría ir a comer / a descansar / a dormir.
5. Sí, doy clases particulares / practico futbol.
   No, solamente estudio. /No, no hago otra actividad.

¡Vamos a practicar!

I.

1. Son las doce menos cuarto. / Son quince para las doce.
2. Son las tres y veinticinco de la tarde.
3. Son las diez y diez de la mañana.
4. Son las dos y cuarto de la tarde.
5. Son las cinco y media de la tarde.
6. Es la una y diez de la tarde.

II.

1. ¿A qué hora sale el próximo tren para Sevilla?
2. ¿A qué hora llega el último tren de Sevilla?
3. ¿A qué hora sale el primer tren para Barcelona?
4. ¿A qué hora llega el primer tren de Barcelona?
5. ¿A qué hora empieza la película/clase?
6. ¿A qué hora abren/abre la tienda/el mercado?

III.

1. Quisiera comprar un boleto de ida para Ciudad Real.
2. Quisiera sacar tres boletos de ida y vuelta para Segovia, los de las 5 y media.
3. Quisiera reservar dos billetes de ida y vuelta para Alicante.
4. Quisiera comprar un billete de ida para Valencia, el de las 3.

Gramática

I.

1. en vez de/en lugar de 2. más que 3. fuera de 4. más que 5. fuera de
6. en vez de/en lugar de 7. fuera de 8. en vez de/en lugar de

II.

1. además de 2. lejos de 3. tras 4. lejos de
5. además de 6. lejos de 7. tras 8. además de

¡Vamos a conversar!

1. Solamente Ana.
2. Está en una agencia de viajes.
3. Los papás de Ana.
4. A Seúl.
5. Va a estudiar coreano.
6. El 12 de agosto.

Pregunta a tus compañeros

1. Sí, he reservado un viaje a España. / No, no he reservado nunca/ninguna vez.
2. Sí, conozco la India y China. / Sí, conozco China pero no conozco la India.
   / No, no conozco China ni la India.
3. Sí, una vez les regalé... /No, nunca les he regalado algo especial.
4. Prefiero viajar solo/a. / Prefiero viajar en excursión.
5. Me gustaría conocer México / Rusia / Chile...

¡Vamos a practicar!

I.

1. ¿Puedo/Podría reservar un asiento?
2. ¿Puedo/Podría pedir una comida vegetariana?
3. Voy a viajar con dos niños. ¿Podría pedir un menú para niños?
4. ¿ Se puede cambiar a una clase superior con cargo a puntos?
   ¿Se puede acceder a una clase superior con los puntos que he acumulado?
5. Quiero/Quería reservar un vuelo gratis con los puntos de mi tarjeta.
6. ¿Tiene tarjeta de puntos?

II.

1. Haga el favor de decirme su nombre.
2. Haga el favor de enseñarme sus documentos.
3. Hágame el favor de reservar un asiento.
4. Haga el favor de decirme dónde está la oficina de turismo.
5. Haga el favor de apagar el cigarrillo.

III.

1. (Hay que/ tienes que/ debes) cambiar de avión.
2. (Hay que/ tiene que/ debe) confirmar la reservación.
3. El billete (tiene que/ debe) ser dentro de agosto.
4. El viaje (tiene que/ debe) ser económico.
5. El vuelo (tiene que/ debe) ser directo hasta Roma.

Gramática : presente de subjuntivo

I.

1. vuelva 2. hablen 3. puedas pasar 4. toque 5. sufra
6. lleguen 7. alcance 8. luchen 9. sepa 10. vayamos

II.

1. a) los estudiantes dejen mucha basura enfrente de la escuela.
   b) los estudiantes no dejen mucha basura enfrente de la escuela.
2. a) Guillermo fume tres cajetillas al día.
   b) fume tres cajetillas al día.
3. a) su abuelita le regale a Martha joyas valiosas cada cumpleaños.
   b) mi abuelita me regale joyas valiosas cada cumpleaños.
4. a) Sergio nunca salga porque su mamá no le da/dé permiso.
   b) nunca salgas porque tu mamá no te da/dé permiso.
5. a) Cecilia y Pedro sean novios.
   b) sean novios.

¡Vamos a conversar!

1. Cecilia tiene tres maletas y un maletín.
2. Solamente/Solo puede documentar dos maletas.
3. Cecilia tiene que/debe pagar el exceso de equipaje.
4. El vuelo sale a las tres y media.
5. No (lo) sabemos. / No sabemos adónde va Cecilia.
6. Nadie. Cecilia viaja sola. / Nadie acompaña a Cecilia.

¡Vamos a practicar!

I.

1. Usted debe/deberá estar en la puerta seis una hora antes.
2. Debes/Deberás estar en la reunión diez minutos antes.
3. Debe/Deberá pagar el impuesto por estos relojes.
4. Usted debe/deberá pagar el exceso de equipaje.
5. Usted debe transbordar al vuelo North West 407.
6. Usted deberá darse prisa para no perder el vuelo.

II.

1. ¿Prefiere tomar café o té?
2. ¿Prefiere arroz o espagueti?
3. ¿Prefieres Cocacola o zumo/jugo de naranja?
4. ¿Prefiere vino tinto o blanco?
5. ¿Prefiere pollo o pescado?

III.

1. ¿Puedo llevar la cámara en el avión?
2. ¿Puedo llevar la portátil ?
3. ¿Puedo llevar el celular?
4. ¿Puedo llevar a mi perro?
5. ¿Puedo llevar comida dietética?
6. ¿Puedo llevar refresco?

Gramática : artículos

I.

1. un 2. El 3. unos 4. un 5. la, el 6. La 7. unos 8. las 9. el, la 10. un

II.

1. Mal (un) 2. Bien 3. Bien 4. Mal (un) 5. Bien
6. Bien 7. Mal (el) 8. Mal (la) 9. Mal (unas) 10. Bien

¡Vamos a conversar!

1. De Alicia.
2. Paco le regala un oso de peluche.
3. Porque “Paco” es un diminutivo de Francisco.
4. Bertha es la prima de Alicia. / Bertha es Bety, la prima de Alicia.
5. Paulina y Pepe.
6. Va a la cocina con los muchachos que están preparando unos bocadillos.

Pregunta a tus compañeros

1. Me gusta más/Prefiero dar una fiesta. /Me gusta más/Prefiero asistir a una fiesta.
2. Sí, conozco las fiestas mexicanas. /No, no conozco ninguna fiesta de otro país.
3. Me parece/Pienso que lo más importante en una fiesta es comer mucho / conocer a otros / bailar / charlar / tomar cerveza...
4. Preparo bocadillos / refrescos / cervezas / música agradable / música para bailar / un pastel...
5. Acostumbro/Suelo invitar a unas diez o quince personas. / Acostumbro/Suelo invitar entre diez y quince personas.

¡Vamos a practicar!

I.

1. Vamos a disfrutar de la fiesta.
2. Vamos a tomar una copa de vino.
3. Vamos a brindar.
4. Vamos a ir a la fiesta de cumpleaños de Ana.

II.

1. ¿Vamos a vernos este fin de semana?
2. ¿Vamos al cine este sábado?
3. ¿Vamos a tomar algo?
4. ¿Vamos a invitar a Juan?

III.

1. ¿Qué está haciendo José?
   Está haciendo ejercicio.
2. ¿Qué estás haciendo?

Estoy leyendo un libro.

3. ¿Qué están haciendo ellos?

   Están haciendo la compra en el mercado.

4. ¿Qué están haciendo ustedes?

   Estamos viendo/mirando la televisión.

Gramática

I.

1. Ana es la rubia. / La rubia.
2. Mi compañero es el gordo. / El gordo.
3. El jefe es el moreno. / El moreno.
4. Mi hermana es la pequeña. / La pequeña.
5. Mi novio/a es el/la alto/a y delgado/a. / El/La alto/a y delgado/a.

II.

1. Mi amigo es el del bigote. / El del bigote.
2. El mexicano es el de la camisa verde. / El de la camisa verde.
3. Mi papá es el de la corbata roja. / El de la corbata roja.
4. La mamá de la niña es la del vestido blanco. / La del vestido blanco.
5. La festejada es la de las zapatillas doradas. / La de las zapatillas doradas.

III.

1. Juan es el del traje gris que está/se ve cansado. / El del traje gris que está/se ve cansado.
2. El dueño del coche es el del suéter negro que está fumando. /El del suéter negro que está fumando.
3. La dueña de la casa es la del vestido largo que está sonriendo. /La del vestido largo que está sonriendo.
4. El campeón es el de la camisa rayada que está brindando. / El de la camisa rayada que está brindando.
5. Mi hermana es la del sombrero que está bailando. / La del sombrero que está bailando.
6. Mi papá es el que está/se ve enojado. / El que está/se ve enojado.

¡Vamos a conversar!

1. El capitán se llama Víctor Andrade.
2. Está prohibido encender aparatos electrónicos..
3. Lilia se siente mareada. /Lilia se marea.
4. Lilia prefiere pescado.
5. Lilia no puede llenar las formas/los formularios de migración.
6. Una, después de la comida, y otra, después de la cena.
7. Pide vino blanco.

Pregunta a tus compañeros

1. Prefiero (el) pescado / (la) carne / (el) pollo. /Me gusta todo. / No me gusta ninguno porque soy vegetariano/a.
2. Sí, cuando voy en un avión / cuando me subo en un barco. / No, nunca me siento mareado/a. / Nunca me mareo.
3. Sé hablar coreano, inglés y español.
4. Fui a España y el viaje duró 8 horas. /El viaje más largo fue a México, y viajé durante 20 horas.
5. Sí, me gusta conversar con mis compañeros de viaje. /No, prefiero ver las películas y dormir.

¡Vamos a practicar!

I.

1. Vamos a despegar dentro de 10 minutos.
2. Vamos a aterrizar dentro de 5 minutos.
3. Vamos a ofrecer una película dentro de poco.
4. Vamos a servirles el desayuno/ una merienda.
5. Vamos a apagar la luz del interior.

II.

1. Van a vender (los) artículos de *Duty-free*/ libres de impuestos.
2. Van a traer (las) toallas mojadas.
3. Van a repartir (los) auriculares/audífonos.
4. Van a recoger (los) auriculares/audífonos.
5. Van a traer (las) mantas/frazadas.

II.

1. ¿Podría venir mañana?
2. ¿Podríamos bajar ahora?
3. ¿Podría pedir permiso?
4. ¿Podría ayudarles un poco más?
5. ¿Podría cambiar tu regalo?
6. ¿Podría cuidar a los niños?
7. ¿Podría irme pronto?
8. ¿Podría cambiarme de clase?

¡Vamos a conversar!

1. Hay dos dormitorios.
2. 450 euros por mes/cada mes.
3. Una ducha y una bañera grande para hidromasaje.
4. Porque ha vivido en apartamentos amueblados por tres años.
5. Tiene calefacción y no tiene aire acondicionado.
6. El abogado de la dueña.
7. Deberá dejar un depósito de 500 euros y pagar por adelantado dos mensualidades.

Pregunta a tus compañeros

1. Prefiero bañarme en la bañera / en la ducha.
2. En la casa de mis padres hay 4 habitaciones.
3. Sí, ahora vivo en un apartamento alquilado. /No, nunca he alquilado un apartamento.
4. Después de graduarme, seguiré estudiando / buscaré trabajo / viajaré por todo el mundo.
5. Después de la clase iré/voy a ir a comer.

¡Vamos a practicar!

I.

1. ¿Podría ver los dormitorios?
2. ¿Podría ver el salón?
3. ¿Podría ver el garaje?

4. ¿Podría ver la cocina?
5. ¿Podría ver el comedor?

II.

1. Deberá hacer los ejercicios.
2. Deberá firmar el contrato.
3. Deberás pagar la multa.
4. Deberás entregar los documentos.

III.

1. Tendrá que pagar los gastos.
2. Tendrá que venir a mi despacho.
3. Tendrá que llamar a la policía.
4. Tendrá que volver temprano.

Gramática

I

1. vendrá 2. llegarán 3. lloverá, hará 4. sabré 5. diré 6. saldremos, desayunaremos 7. pondré 8. jubilará 9. casaremos, tendremos 10. cabremos

II.

1. para, por 2. a, por, para 3. a, para, por 4. Para 5. para, para, a, por 6. para 7. por, por

¡Vamos a conversar!

1. Un carro compacto de cuatro puertas, y automático.
2. Para cuatro personas.
3. Cobran 5 euros por cada 10 kilómetros. / Cobran 5 euros.
4. Alfonso alquila el/un Opel Corsa automático.
5. Alfonso es mexicano / de México.
6. Se saludan de mano o se dan un beso.
7. Se dan dos besos, entre los amigos y familiares.

Pregunta a tus compañeros

1. Me gusta levantarme temprano/tarde todos los días.
2. Sí, me lavo el pelo todos los días. /No, me lavo el pelo tres veces por semana.
3. Yo me preparo mi/el desayuno. /Mi mamá me prepara el desayuno.
4. Me acuesto a dormir a las 11 de la noche / a la una de la mañana.
5. Necesito una hora/20 minutos para arreglarme.

¡Vamos a practicar!

I.

1. ¿Cobran ustedes por kilómetros?
2. ¿Cobran ustedes por día?
3. ¿Cobran ustedes por semana?
4. ¿Cobran ustedes por mes?
5. ¿Cobran ustedes por semestre?

II.

1. Cobramos 100 euros por cada dos días.
2. Cobramos 400 euros por cada diez días.
3. Cobramos 1000 euros por cada tres semanas.
4. Cobramos 500 euros por semana.
5. Cobramos 1500 euros por mes.

III.

1. Me quedo con el coche blanco.
2. Me quedo con este y tú te quedas con ese.
3. Me quedo con este vestido rojo.
4. Me quedo con el bolso negro.
5. Me quedo con el tuyo y tú te quedas con el mío.

IV.

1. ¿Qué tipos de computadoras tienen?
2. ¿Qué tipos de vinos tienen?
3. ¿Qué tipos de habitaciones tienen?
4. ¿Qué tipos de tarifas tienen?
5. ¿Qué tipos de impresoras tienen?

Gramática

I.

1. se abrazaron, se besaron
2. Nos vemos / Nos veremos / Te veré
3. se reconocieron, se dieron
4. se casó, se divorció
5. nos queremos
6. se conocen
7. nos escribimos
8. se despidieron

II.

1. se lavan 2. se levantan 3. se ponen, se peinan
4. se quitan 5. se quedan 6. se van, se bañan
7. se acuestan

¡Vamos a conversar!

1. Se equivocó de número de teléfono./Marcó otro número de teléfono.
2. Busca a Andrea, su compañera de trabajo. / Busca a Andrea.
3. Contesta (don) Luis, el tío de Andrea.
4. Mañana, miércoles, a las 6 de la tarde.
5. Andrea regresará más o menos a la hora de comer.
6. A una reunión de la facultad.
7. El tío de Andrea escribe el mensaje de Estela. / Don Luis escribe el mensaje.

Pregunta a tus compañeros

1. En cuanto regrese a mi casa /veré la televisión / me voy a acostar a dormir.
2. En cuanto terminen mis clases iré al cine/voy a ir al cine.
3. Cuando comiencen las vacaciones, viajaré a Europa/voy a viajar a Europa.
4. Me casaré en cuanto termine la escuela./ Me voy a casar cuando tenga 28 años.
5. Hoy, antes de acostarme a dormir, leeré un poco/ voy a leer un poco.

Gramática

I.

1. pueda 2. acaben 3. termine 4. suban 5. regrese
6. vuelva 7. arregles 8. llueva

II.

1. se jubilará, cumpla 2. dará, me gradúe 3. llamará, terminen 4. llegue, arreglaré
5. ayudaré, llegues 6. daré, regrese 7. pague, entregaremos 8. verás, hagas

¡Vamos a conversar!

1. A Antonio y a Lorena.
2. Es un modelo muy moderno; tiene cámara digital integrada y pantalla giratoria.
3. Lorena acostumbra practicar aeróbicos.
4. No, estaba de oferta.
5. En 36 mensualidades.
6. Tenía problemas de batería. /Tenía problema con la batería.
7. Le deja un mensaje en su celular.

Pregunta a tus compañeros

1. Sí, me encanta. /No, no me gusta enviar mensajes por celular.
2. Mi celular es antiguo pero bueno. / Mi celular es muy moderno y tiene pantalla digital.
3. Cuando era niño/a me gustaba practicar piano/taekwondo/béisbol...
4. Pensaba que era muy difícil. / No pensaba nada.
5. Cuando era pequeño/a quería ser bombero/enfermera/maestro...

¡Vamos a practicar!

I.

1. No tengo nada que hacer hoy.
2. No tengo nada que decir ahora.
3. No tengo nada que comprar hoy.
4. No tengo nada que comentar de momento.
5. No tengo nada que preguntar.

II.

1. ¿Te apetece/Te gustaría/ Quisieras acompañarnos?
2. ¿Te apetece/Te gustaría/ Quisieras comer en un restaurante coreano?
3. ¿Te apetece/Te gustaría/ Quisieras venir a la fiesta de mi cumpleaños?
4. ¿Te apetece/Te gustaría/ Quisieras ir a un concierto de *jazz*?
5. ¿Te apetece/Te gustaría/ Quisieras ver una exposición?

Gramática

I.

1. Cuando llegaste, leía un libro.
2. Cuando llamaste, los niños veían televisión
3. Luis lavaba el coche cuando empezó a llover.
4. Cuando me encontraste, estaba perdiendo el tiempo.
5. Cuando llegó mi papá, no estábamos haciendo nada.
6. Mientras esperábamos a Juan, tomamos un jugo.
7. Mientras arreglaban el coche, yo limpié la casa.
8. Esperó con paciencia mientras llegaba la novia.

II.

1. sabía 2. convenía 3. pensábamos 4. parecía 5. reuníamos
6. terminábamos 7. recordaba 8. decía 9. soñaba 10. comprendía

¡Vamos a conversar!

1. Le han robado la maleta.
2. Al servicio de información para pedir los teléfonos de la embajada de Corea y de la tarjeta VISA. / A la embajada de Corea y a la tarjeta VISA.
3. El teléfono de la embajada de Corea es 54-22-45-01
4. La clave de Seúl es el 2.
5. Paga el que contesta la llamada.
6. Porque también le robaron la tarjeta de crédito VISA.
7. El apellido de Yunjo es Kim.

Pregunta a tu compañero

1. Sí, una vez me robaron la cartera. /No, nunca me han robado, afortunadamente.
2. El número de emergencias de Seúl es 119. / No lo sé.
3. Sí, he llamado a cobro revertido a mis padres..
4. Sí tengo, la uso cuando compro ropa/para comprar ropa. / No, no tengo.
5. Sí, he llamado a un(a) amigo(a). / No, nunca he llamado al extranjero.

¡Vamos a practicar!

I.

1. Se lo voy a decir a José. 호세에게 말할 것입니다.
2. Se lo indico. 당신에게 제가 그곳을 가리켜 주겠습니다.
3. Se lo voy a comentar. 제가 그에게 그것을 언급하도록 하겠습니다.
4. Se lo doy mañana. 당신/그에게 그것을 내일 주겠습니다.

II.

1. ¿Cómo puedo hacer una llamada a Corea?
2. ¿Cómo puedo ir al museo nacional?
3. ¿Cómo puedo comprar los billetes de tren?
4. ¿Cómo puedo recibir una llamada fuera de casa?
5. ¿Cómo puedo conseguir la visa para Argentina?

III.

1. Me han robado la maleta.
2. Me han robado el coche.
3. Te han robado la moto.
4. Te han robado la billetera.
5. Le han robado el bolso.
6. Le han robado la computadora portátil.

Gramática

I.

1. has preparado　2. ha llovido　3. hemos esperado　4. he visitado
5. han buscado　6. has dicho　7. han robado　8. he encontrado

II.

1. Se la presentaré.　2. Te los presentaré.　3. Se lo presentaré.

4. Se lo presentaré. 5. Se las presentaré.

III.

1. Mi hermana me la compró. 2. Alicia se lo va a llevar. 3. Luis se la entregó.
4. Mi abuelo se los mandó. 5. El director nos lo dejó. 6. Te lo/la voy a presentar.
7. Aquel muchacho te las mandó.

¡Vamos a conversar!

1. Un vestido luminoso y alegre. / Un vestido elegante.
2. El probador está al fondo, a la izquierda.
3. Le queda un poco apretado.
4. Es de color verde, de seda. De marca italiana y de última moda.
5. Se compra unos zapatos tan elegantes como el vestido.
6. Cuesta 79 euros.
7. Con tarjeta (de crédito).

Pregunta a tus compañeros

1. La última vez que fui de compras me compré unos zapatos.
2. Me gusta / Prefiero ir de compras al centro de Seúl.
3. Me gusta comprar ropa de moda/ ropa elegante / ropa cara / ropa sencilla.
4. Generalmente / Por lo general voy con un(a) amigo(a) / con mi madre /voy solo(a).
5. Recomendaría alguno de los grandes mercados de Seúl, porque los precios son más bajos que en otros mercados.

¡Vamos a practicar!

I.

1. ¿Puedo probarme esta camiseta? 이 티셔츠
2. ¿Puedo probarme esta chaqueta? 이 자켓
3. ¿Puedo probarme estos vaqueros? 이 청바지
4. ¿Puedo probarme esta camisa? 이 셔츠
5. ¿Puedo probarme estos pantalones? 이 바지
6. ¿Puedo probarme este jersey? 이 니트

II.

1. Los pantalones te quedan largos.
2. La blusa le queda un poco ancha.
3. El traje le queda muy bien/ estupendo.
4. La falda me queda demasiado corta.
5. El vestido no me queda bien.

III.

1. Este vestido azul es más moderno que ese.
2. El traje es más barato que la chaqueta.
3. Estos pantalones son más largos que aquellos vaqueros.
4. Esta falda es un poco más corta que la tuya.
5. Este vestido es mucho más cómodo que el traje.

Gramática

I.

1. tan 2. menos 3. mejores 4. tanto 5. menos 6. tantas 7. peor 8. más

II. (Las posibilidades)

- Hoy me siento mucho mejor que el domingo. /que hace una semana.
- Hoy me siento bastante peor que ayer. /que el domingo. /que hace una semana.
- Hoy te ves mucho mejor que ayer. /que el domingo. /que hace una semana.
- Hoy te ves bastante peor que ayer. /que el domingo. /que hace una semana.
- Hoy usted se encuentra mucho mejor que ayer. /que el domingo. /que hace una semana.
- Hoy usted se encuentra bastante peor que ayer. /que el domingo. /que hace una semana.

¡Vamos a conversar!

1. Compró un melón.
2. Dos kilos de patatas.
3. A 5 euros el kilo.
4. Es la fruta que se cosecha en ese tiempo.
5. Porque acaba de regresar de vacaciones.
6. El dueño de la tienda de frutas y verduras/de la frutería.
7. Unas calabacitas (muy frescas).

Pregunta a tus compañeros

1. Me gustan mucho las zanahorias. /Mi verdura favorita son las zanahorias./No me gustan las verduras.
2. Me gustan mucho las manzanas. /Mi fruta favorita son las manzanas./No me gusta la fruta /No me gusta ningún tipo de fruta.
3. Ahora/Ahorita, la fruta de temporada son las fresas/ los melocotones /las manzanas.

   Primavera: las fresas, el albaricoque, etc.

   Verano: la sandía, el melón, etc.

   Otoño: la manzana, las castañas, los dátiles, la pera, las uvas, etc.

   Invierno: la mandarina, la naranja, etc.
4. En la tienda. / En el mercado. /En el supermercado. /Yo nunca compro fruta ni verdura, la compra mi mamá.
5. Las frutas de importación que he comido en Corea son el plátano, las uvas chilenas, la piña, la papaya, el melón chino, el kiwi. Y me ha gustado más la piña.

¡Vamos a practicar!

I.

1. Es cuestión de vida o muerte.
2. Es cuestión de dinero/tiempo,.
3. La vida es cuestión de prioridades.
4. El amor es cuestión de corazón.
5. El estreñimiento es cuestión de hábitos.

II.

1. Deme medio kilo de papas, un paquete de sal, una barra de pan y un cuarto de queso.
2. Deme dos latas de Cocacola, un paquete de arroz, medio kilo de naranjas y una botella de leche.
3. Deme tres botellas de leche, una docena de huevos y un paquete de galletas.
4. Deme 300 gramos de jamón, medio kilo de carne de res, una botella de aceite de oliva y dos latas de atún.

III.

1. ¡Qué rico!
2. ¡Qué caro!
3. ¡Qué paciencia!
4. ¡Qué bonito/ grande/ sucio!
5. ¡Qué generoso/ amable / gracioso/ interesante!

IV.

1. ¡Cuánta gente!
2. ¡Cuántos tipos de queso!
3. ¡Cuánta luz en la tienda.!
4. ¡Cuántas manzanas en la cesta.!
5. ¡Cuántos artículos interesantes (originales), aquí!
6. ¡Cuánto polvo en la tienda. Debería limpiarla!

Gramática

I.

1. algo, nada 2. alguien, nadie 3. siempre, nunca 4. algún, ningún 5. tampoco

II.

1. algo, nada. 2. alguien, nadie 3. Siempre, nunca

4. algo, nunca 5. ninguno 6. tampoco, nunca

III.

1. altísimo 2. nochecita 3. ahorita 4. paupérrimas 5. baratito

6. calabacita, cebollita, chilitos 7. cerquita, chiquito 8. sencillísimo, piedrita/piedrecilla

¡Vamos a conversar!

1. Vermut y jamón serrano.
2. Porque Teresa no bebe (licor)/Porque Teresa no bebe y no quiere vermut.
3. Merluza a la romana.
4. Es un lugar exótico y caro.
5. Lorena hizo la reservación por teléfono. /Por teléfono.
6. No tomaron postre.
7. La cuenta estaba equivocada/mal.

Pregunta a tus compañeros

1. Prefiero comer en mi casa / en un restaurante..
2. Sí, conozco una discoteca/un restaurante/un bar/un hotel exótico(a). /No, no conozco ningún lugar exótico.
3. Sí, quiero ir al cine con mi mejor amigo/a.

4. Sí, tengo mucha hambre. /No, no tengo hambre.
5. Sí, claro. Mi número es cero, diez, veinte, cincuenta y cuatro, veintitrés, once (010-2054-2311).

¡Vamos a practicar!

III.

1. ¿Les apetece un aperitivo?
2. ¿Le apetece una copa de champán?
3. ¿Le apetece un café?
4. ¿Te apetece un helado?
5. ¿Te apetece un té?
6. ¿Te apetece un vino?

Gramática

I.

1. No, no hay ningún problema.
2. No, no es (tan, muy, nada) caro.
3. No, no está (tan, muy, nada) lejos.
4. No, no está (tan, muy, nada) caliente.
5. Sí, ya voy. / Sí, me voy a levantar.
6. Sí, claro. Mi dirección es...
7. Sí, con mucho gusto le doy un pedazo de pastel.
8. No hay problema. Puedes fumar. / Sí, lo siento. No tolero el olor a cigarro.
9. No, no hace mucho calor.
10. No, no es ninguna molestia.

II.

1. Sí quiere una servilleta. / Quiere que Luis le dé una servilleta.
2. El anillo cuesta muy caro.
3. Quiere que Anita lo/la lleve a su casa.
4. Quiere que Jorge espere un ratito.
5. La gente sufre mucho en la guerra.
6. La madre quiere mucho a su hijo.
7. Quiere que lo/la ayude Silvia.
8. Sí está muy preocupado por los exámenes.

¡Vamos a conversar!

1. Estaba dando una vuelta por ahí.
2. Una cerveza y una orden de patatas fritas.
3. Una copa de vino tinto.
4. Deciden aprovechar para merendar. / Van a merendar en ese bar.
5. Un bocadillo de jamón con queso.
6. Un nuevo tipo de jamón de york.
7. Roberto va a pagar la cuenta.

Pregunta a tus compañeros

1. Como dos/tres/cuatro veces al día.
2. Vamos a la discoteca/a la casa/al cine/al bar.
3. Cuando tengo hambre a media tarde, tomo un jugo/un pan/unos fritos.
4. Todos juntos pagamos la cuenta. /Yo pago la cuenta de todos./ El mayor de todos paga la cuenta. /El más rico de todos paga la cuenta.
5. Sí, estoy pensando invitar a mis amigos/as el sábado próximo./ No, no estoy planeando salir, necesito estudiar mucho.

¡Vamos a practicar!

I.

1. Una copa de coñac para mí y un zumo natural de naranja para mi amiga.
2. Una limonada para mí y una Cocacola para mi compañero.
3. Dos cafés con leche y un café americano.
4. Dos tés con leche y una manzanilla.
5. Tres tés de gingseng y un té de jazmín.
6. Un té de menta-poleo y un café solo.
7. Un té verde y un mate.

II.

1. ¡Cuánto llueve!
2. ¡Cuánto come el niño!
3. ¡Cuánto pesa esta sandía!
4. ¡Cuánto corre la perra. Es rápida!

5. ¡Cuánto duerme. Ya lleva más de doce horas en la cama!

6. ¡Cuánto habla ella!

III.

1. ¿Tienes tiempo para comer con nosotros?
2. ¿Tienes tiempo para acompañarme?
3. ¿Tiene tiempo para hablar un rato?
4. ¿Tiene tiempo para leer mi trabajo?

Gramática

I.

1. está durmiendo
2. estamos comiendo
3. se están muriendo/están muriéndose
4. están trayendo
5. está leyendo
6. se están vistiendo/están vistiéndose
7. estás diciendo
8. se está cayendo/está cayéndose
9. se están riendo/están riéndose
10. está viniendo

II.

1. estaremos desayunando
2. estaría pensando
3. estaré durmiendo
4. estaba soñando
5. estés diciendo
6. estaremos trabajando
7. estaba esperando
8. estés haciendo
9. estará llegando

¡Vamos a conversar!

1. La Jornada. /El periódico que se vende más en México es La Jornada.
2. Ninguno. César lee un periódico diferente cada día.
3. El pronóstico meteorológico.
4. Porque le divierten las cosas que inventan.
5. Ninguno de los dos.
6. Por los suplementos que son muy buenos.
7. Que lea los periódicos en Internet.

Pregunta a tus compañeros

1. No acostumbro leer el periódico. / Acostumbro leer el periódico de la universidad.
2. Me gusta leer novelas/revistas de moda/revistas de dibujos animados (caricaturas)/poesía.
3. Me gusta leer las noticias / leer novelas/ ver películas /jugar con videojuegos.
4. Mi signo es Piscis. / Soy Piscis.
5. Sí, me gusta consultarlo. Porque puedo saber si va a llover o no. /No, no me gusta consultar el pronóstico del tiempo.

¡Vamos a practicar!

I.

1. Suelo levantarme a las siete.
2. Suelo acostarme muy tarde en verano.
3. Suelo jugar (al) tenis por las mañanas.
4. Suele tomar (las) vitaminas antes de dormir.
5. Suele llamar a su abuela cada domingo.

II.

1. No me interesa tanto su dinero sino su corazón.
2. No me interesa tanto su edad sino su experiencia.
3. No me interesa tanto la fiesta sino los invitados.
4. No me interesa tanto lo que prometas sino lo que cumplas.

III.

1. ¿Por qué no lees el periódico a través de Internet?
2. ¿Por qué no lees el periódico en inglés?

3. ¿Por qué no llevas un paraguas?
4. ¿Por qué no tomas algo caliente?
5. ¿Por qué no vienes a mi casa?

IV.

1. Echa un vistazo al pronóstico meteorológico.
2. Echa un vistazo a la sección de deportes.
3. Echa un vistazo a los anuncios/avisos.
4. Echa un vistazo a la programación de hoy.
5. Echa un vistazo a mi bolso, por favor.
6. Echa un vistazo al niño.
7. Echa un vistazo al coche. Creo que algo está mal.
8. Echa un vistazo a la sopa. A lo mejor está hirviendo.

Gramática

I.

1. echó, discurso
2. echó, bendición
3. echamos, buzón
4. echó, tierra
5. echar, vistazo
6. echaron, responsabilidad
7. echo, menos
8. echaron, correr
9. echar, conversada
10. echó, llorar

II.

1. Al pequeño Luis no le importa tanto la fiesta sino los regalos.
2. A los futbolistas no les duelen tanto las piernas/rodillas sino las rodillas/piernas.
3. No me interesa tanto el dinero sino la oportunidad.
4. A Raúl no le interesa tanto la película sino ir al cine con su novia.
5. A los bomberos no les importa tanto su vida sino la vida de los demás.
6. No me importa tanto la calificación sino lo que aprenda.
7. A Gerardo no le interesa tanto la beca sino viajar por el mundo.
8. No me interesa tanto bailar sino divertirme.

¡Vamos a conversar!

1. A las ocho y media.
2. Porque no oyó el despertador y había mucho tráfico.
3. Porque (primero) estaba comunicando/estaba ocupado el teléfono de Ángela, y (segundo) porque Sandra olvidó su celular en casa.
4. Porque Sandra siempre está despistada.
5. Gerardo está acompañando a Ángela.
6. Iban a ir al cine. /Iban a ir al cine, pero se hizo tarde.
7. Deciden ir a cenar. / Gerardo las invita a cenar.

Pregunta a tus compañeros

1. Si tuviera mucho dinero, me compraría.../viajaría.../ayudaría...
2. Si no fuera estudiante, trabajaría.../ viviría con mis padres.../ descansaría...
3. Iría caminando. / Iría en coche, en taxi, en motocicleta.
4. Escogería España. / Iría a México. / Estudiaría en los Estados Unidos.
5. Le ayudaría a resolver su problema. /Hablaría con él(ella) para ayudarlo(a)./ Buscaría la manera de ayudarlo(a)

¡Vamos a practicar!

I.

1. Deberías haberme avisado.
2. Deberías haberme dicho antes.
3. Deberías haberme escuchado anoche.
4. Deberías haberte dado en cuenta de que el problema era muy serio.
5. No deberías haberte ido.

II.

1. Estaba tan ocupada que no contesté su llamada.
2. Juan era tan despistado que olvidó la llave en casa.
3. Habló tan despacio que yo entendí todo lo que decía.
4. Estaba tan cansada que no pude ir a la reunión.

III.

1. Dejaste las llaves dentro de coche.

2. Dejó los cuadernos en la clase.
3. Dejamos los bolsos en tu oficina.
4. Dejaron los papeles en casa.
5. Dejaste tu abrigo dentro del baño.

IV.

1. ¿Cómo es que no fuiste al trabajo anteayer?
2. ¿Cómo es que no leíste el artículo sobre el SIDA?
3. ¿Cómo es que no compraste el libro que te habían recomendado?
4. ¿Cómo es que no tomaste una aspirina?
5. ¿Cómo es que no acompañaste a tu madre?

V.

1. Llevo dos años viviendo en esta casa.
2. Lleva cinco horas delante del ordenador.
3. Llevamos media hora esperando su llamada.
4. Llevo días comiendo solo frutas.
5. Llevaba ya seis meses con la enfermedad.
6. ¿Cuánto tiempo llevas aquí?

Gramática

I.

1. escucharían 2. entenderían 3. harían 4. acabaría 5. vivirían 6. sería

II.

1. quisieras, ayudarías
2. ganara, daría, viajaría, abriría, ayudaría
3. arruinara, daría, trataría, pudiera, compraría.
4. tuvieran, podrían, enviarían, recibirían, jugarían.
5. fuera, visitaría, pasearía, tomaría, estuviera, aprendería.

¡Vamos a conversar!

1. A las nueve y media.
2. Una película de acción.
3. Antonio Banderas

4. Mónica los va a reservar por Internet.
5. No es seguro. / Mónica le va a llamar, pero no sabemos si irá o no.
6. A las veinte para las nueve. / A las nueve menos veinte. / A las ocho cuarenta.
7. Enfrente de "La copa de leche". / Enfrente de "La copa de leche", para tomar un café.

Pregunta a tus compañeros

1. Me gustan las películas de ciencia ficción. /Prefiero las películas románticas.
2. Voy al cine una vez por semana. / Una vez al mes. / Cada fin de semana.
3. Me gusta ver las originales con subtítulos. / Prefiero las dobladas al coreano.
4. Escogería una película... / Iríamos a ver...
5. Sí, está cerca el cine ___________. / No, no hay ningún cine cerca de mi casa.

¡Vamos a practicar!

II.

1. Tengo muchas ganas de ver la película.
2. Tengo muchas ganas de salir con mis amigos.
3. Tengo muchas ganas de viajar al extranjero.
4. Tengo muchas ganas de comer algo.
5. Tengo muchas ganas de dormir.
6. Tengo muchas ganas de verte.

III.

1. No hace falta ponerse en la cola.
2. No hace falta venir con los documentos.
3. No hace falta ir al banco.
4. No hace falta llevar el paraguas.
5. No hace falta comprar las entradas en la taquilla.

IV.

1. ¿Qué te parece a las ocho?
2. ¿Qué te parece este coche?
3. ¿Qué le parece esta película?
4. ¿Qué te parece tomar una copa de vino?
5. ¿Qué te parece salir esta noche?
6. ¿Qué le parece descansar un rato?

Gramática

I.

1. hubiera comido, habrían/habríamos vivido
2. hubiera llegado, habría adelantado
3. hubieran inventado, habrían matado
4. hubiera descubierto, habría conquistado
5. hubiera creado, habría/n destruido.

II.

1. me habrías hablado
2. (yo) te habría invitado a la fiesta
3. (tú) habrías ido conmigo
4. habríamos bailado toda la noche
5. no habría conocido a Juan Carlos
6. no me habría casado con él
7. no habría tenido que ir a vivir a España
8. yo habría seguido en Corea
9. habríamos sido novios
10. me habría casado contigo

¡Vamos a conversar!

1. Las telenovelas.
2. Van a ver una película divertida en/por el canal dos.
3. Porque cortan/interrumpen muchas veces la película con anuncios.
4. Le da un pedazo del pastel que le gusta a Daniel.
5. Daniel sabe preparar muy bien los bocadillos.
6. Un partido de fútbol en la televisión.
7. Estela piensa que fue algo superficial.

Pregunta a tus compañeros

1. Me gusta ver películas / telenovelas/ las noticias / programas en vivo.
2. Veo una hora diaria. / Veo tres horas cada día. / Casi no veo televisión. Solo los fines de semana.

3. Sí, me gusta ver los anuncios porque hay algunos muy originales. / No, no me gusta ver los anuncios.
4. Sí, me gusta tomar refresco y papas mientras veo la televisión. / No, no como nada.
5. Sí, me gusta invitar a mis amigos para ver algún programa especial. / No, nunca invito a nadie a ver televisión en mi casa.

¡Vamos a practicar!

I.

1. ¿No hay manera de solucionar este problema?
2. ¿No hay manera de persuadir a mis padres?
3. ¿No hay manera de salir de este laberinto?
4. ¿No hay manera de localizar a Juan?
5. ¿No hay manera de reparar este coche?

II.

1. ¿Qué tipo de programas te interesa?
   Me interesan las telenovelas.
2. ¿Qué tipo de novelas te interesa?
   Me interesan las novelas policiacas.
3. ¿Qué tipo de películas te interesa?
   Me interesan las películas de ciencia ficción.
4. ¿Qué clase de deportes te interesa?
   Me interesa el fútbol.
5. ¿Qué clase de música te interesa?
   Me interesa la música clásica.

III.

1. La película está a punto de empezar.
2. La clase está a punto de terminar.
3. La reunión está a punto de empezar.
4. El tren para Segovia está a punto de salir.
5. El avión está a punto de despegar.

IV.

1. ¿Quieres que (yo) te llame de nuevo?
2. ¿Quieres que te recoja a las ocho?
3. ¿Quieres que vayamos todos a la reunión?
4. ¿Quieres que yo me encargue de este asunto?

Gramática

I.

1. punto flaco   2. a punto de   3. punto fuerte
4. punto fuerte   5. punto flaco   6. a punto de
7. punto fuerte   8. a punto de   9. punto flaco
10. a punto de

II.

1. en realidad   2. sin embargo
3. por cierto   4. mejor dicho
5. por lo visto, de todos modos   6. de hecho, en todo caso
7. en cambio   8. por supuesto, en verdad
9. en primer lugar   10. en particular

¡Vamos a conversar!

1. Compró pan, queso, jamón, salami y aceitunas con pimiento rojo.
2. El equipo griego era el favorito.
3. Una cena en un buen restaurante que elija el ganador.
4. Dos goles a uno, a favor de Corea.
5. El equipo coreano, un gol de cabeza (ejecutado por Lee).
6. Pasado mañana.
7. Estela opina que no./ Me parece que Estela no quiere volver a perder.

Pregunta a tus compañeros

1. Me gusta ver el fútbol / el tenis / el beisbol /el golf...
2. Sí, a veces apuesto con mis amigos. Apostamos unas cervezas. / No, no me gusta apostar.
3. Mi comida preferida es la sopa de mariscos / la pizza / el pollo frito...
4. Sí, me gusta preparar kimpab / ramen / ensaladas / pasteles... / No, no me gusta preparar comida.
5. Desde mi punto de vista, el deporte más popular en Corea es el fútbol/ el béisbol...

Vamos a practicar!

II.

1. ¿Sabías que hay un partido de fútbol en el estadio de Suwon hoy?
2. ¿Sabías que tenemos una reunión esta tarde?
3. ¿Sabías que ponen una película buena en el Canal Plus?
4. ¿Sabías que ha vuelto José?
5. ¿Sabías que no hay clases mañana?
6. ¿Sabías que se casa el profesor de salsa?

III.

1. Apuesto a que gana el equipo griego.
2. Apuesto a que están empatados a uno.
3. Apuesto a que no juega Raúl.
4. Apuesto a que España gana la medalla de oro en natación.
5. Apuesto a que yo llego primero.
6. Apuesto a que no me ganas en este juego.

Gramática

I.

1. a) punto negro, b) a tal punto que, c) Desde el punto de vista
2. a) punto negro, b) Desde mi punto de vista
3. a) a tal punto que, b) punto negro, c) desde el punto de vista

II.

1. pues bien	2. al fin y al cabo
3. por ejemplo	4. pues
5. en fin	6. por lo visto
7. a propósito	8. de hecho
9. por supuesto	10. o sea

¡Vamos a conversar!

1. Porque le abrieron su auto y le robaron varias cosas.
2. Las maletas y el radio estéreo.

3. En el banco.
4. En la calle Perú, cerca del Museo Arqueológico.
5. Rompieron un cristal del coche.
6. Cuando salieron de la plaza, dos horas después de llegar.
7. Cuando Celia vuelva a su país.

Pregunta a tus compañeros

1. Sí, me gusta comprar algunos recuerdos. / No, no suelo comprar recuerdos.
2. Me ha parecido más interesante el Museo del Prado / el Museo de Louvre / el Museo Nacional de Corea...
3. Sí, siempre llevo conmigo una pequeña almohada/mi MP3/mi computadora portátil.../No, nunca llevo nada especial.
4. Sí, me robaron mi computadora/mi mochila/ mi bolsa/ mi cartera.../ No, nunca me han robado nada.
5. Sí, una vez me robaron mi pasaporte. / No, nunca he tenido problemas. /Nunca he viajado al extranjero.

¡Vamos a practicar!

I.

1. Vengo a denunciar un robo.
2. Vengo a denunciar un fraude.
3. Vengo a denunciar una violación.
4. Vengo a denunciar el maltrato de un menor.
5. Vengo a denunciar un asesinato.
6. Vengo a denunciar un secuestro.

II.

1. Cuando llegues a la estación, busca la salida 3.
2. Cuando vuelvas a Corea, entrega este certificado a tu empresa.
3. Cuando salga del aeropuerto, tome un taxi.
4. Cuando veas a José, dale mis recuerdos.
5. Cuando decida algo, avísamelo.

III.

1. Podrá renovar el pasaporte rellenando esta solicitud.
2. Podrá recibir toda la información que necesita llamando al siguiente número o visitando nuestras oficinas.

3. Podrá llegar al consulado, girando a la izquierda.
4. Podrá llevarse su coche pagando las multas pendientes.
5. Podrá trabajar en este lugar obteniendo/consiguiendo la nacionalidad española.

Gramática

I.

1. cuando	2. antes de que/cuando	3. siempre que
4. después de que	5. mientras	6. antes de que
7. en cuanto	8. en cuanto	9. desde que
10. cuando		

II.

1. e)	2. d)	3. a)	4. f)
5. g)	6. c)	7. b)	8. ch)

¡Vamos a conversar!

1. En la ventanilla que está al lado de la puerta K.
2. A París.
3. Con letra de imprenta. / Con letra de molde.
4. En el buzón amarillo.
5. Donde está el policía.
6. Porque dentro hay un cheque.
7. Le recomienda que lo mande como carta certificada.

Pregunta a tus compañeros

1. Preferiría el correo certificado o por mensajería.
2. A veces mando cartas/tarjetas a mis amigos extranjeros.
   /Nunca envío cartas ni tarjetas a nadie.
3. Sí, mi hermano/a, novio/a, me mandó una tarjeta en/por mi cumpleaños.
4. Sí, me gusta mandar tarjetas a mis amigos. /No, no me gusta mandar tarjetas por Internet.
5. Prefiero mandar fotos de paisajes/fotos mías a mis amigos.
   /Prefiero enviar tarjetas que ya hay en Internet.

¡Vamos a practicar!

I.

1. Vaya a la puerta K.
2. Pase a aquella ventanilla.
3. Mande esta carta certificada.
4. Llene este impreso.
5. Escriba el nombre, apellido y su dirección.
6. Recoja el paquete en la oficina de correos.

II.

1. Tengo que mandar este paquete por correo aéreo a Corea del Sur.
2. Tengo que mandar este paquete por correo marítimo.
3. Tengo que escribir con letra de imprenta.
4. Tengo que mandar esta carta por correo certificado.
5. Tengo que mandar este paquete por correo urgente.

Gramática

I.

1. Oración principal: Encontré el libro
   ¿Dónde estaba el libro? donde lo dejaste
   Subordinada adverbial de lugar: donde lo dejaste

2. Oración principal: Deja el coche
   ¿Dónde debe dejar el coche? donde veas la señal
   Subordinada adverbial de lugar: donde veas la señal

3. Oración principal: Mis amigos me esperan
   ¿Dónde me esperan mis amigos? donde quedamos siempre
   Subordinada adverbial de lugar: donde quedamos siempre

4. Oración principal: Los llevaremos a comer
   ¿Adónde los llevaremos a comer? adonde fuimos ayer
   Subordinada adverbial de lugar: adonde fuimos ayer

5. Oración principal: Por favor, siéntate
   ¿Dónde me siento? donde pueda verte
   Subordinada adverbial de lugar: donde pueda verte

II.

1. en donde 2. adonde 3. por donde 4. hasta/en donde
5. hacia/por donde 6. hasta donde/adonde 7. de donde 8. por donde
9. adonde 10. desde donde

¡Vamos a conversar!

1. Para cambiar dólares por euros.
2. El dólar está a 0.82 (cero punto ochenta y dos) euros.
   / A 0.82 (cero punto ochenta y dos) euros por dólar.
3. El cajero le sugiere que abra una cuenta en dólares.
4. No le cobrarían/cobran comisión por transferencias y le ofrecerían/ofrecen un tipo de cambio más favorable.
5. Silvia prefiere una cuenta corriente.
6. El esposo de Silvia.
7. El cajero le entrega a Silvia su talonario (de cheques) y la tarjeta para el cajero automático.

Pregunta a tus compañeros

1. Sí, tengo una cuenta de ahorros y también tarjeta de crédito.
2. Me parezco a mi mamá. Tengo el pelo/los ojos como ella. = Tengo el pelo como lo tiene mi mamá.
3. A veces me gusta oír consejos, pero casi nunca. / Prefiero vivir como yo quiero. / No me gusta oír consejos.
4. No me gusta seguir las instrucciones, primero hago como imagino. / Sí sigo las instrucciones.
5. Sí, me gustaría vivir como viven los artistas / como vive mi mejor amiga / como viven los ricos...

¡Vamos a practicar!

I.

1. ¿A cuánto está el franco suizo hoy?
2. ¿A cuánto está el peso mexicano hoy?
3. ¿A cuánto está el peso argentino?
4. ¿A cuánto está el nuevo sol peruano?

5. ¿A cuánto está el peso chileno?

II.

1. Le recomiendo que deposite su dinero en nuestro banco.
2, Le recomiendo que use la tarjeta de crédito.
3. Le recomiendo que revise sus estados de cuenta.
4. Le recomiendo que retire sus intereses.
5. Le recomiendo que invierta en petrobonos.

III.

1. Quiero cambiar estos dólares por euros.
2. Quiero cambiar pesos por dólares.
3. Quisiera cambiar wones por dólares.
4. Quisiera cambiar libras por dólares de Hong Kong.
5. Me gustaría cambiar dólares por pesos.

IV.

1. ¿Podría abrir una cuenta en dólares?
2. ¿Podría depositar estos dólares en mi cuenta?
3. ¿Podría retirar 300 euros en efectivo?
4. ¿Podría hacer un giro al exterior?
5. ¿Podría decirme el saldo de mi cuenta?
6. ¿Podría autorizarme este cheque?

Gramática

I.

1. Oración principal: El examen fue
   ¿Cómo fue el examen? como lo esperaban los alumnos
   Subordinada adverbial de modo: como lo esperaban los alumnos
2. Oración principal: El hijo quiere hacer todo
   ¿Cómo quiere hacerlo? como su padre
   Subordinada adverbial de modo: como su padre
3. Oración principal: Se visten
   ¿Cómo se visten? como quieren
   Subordinada adverbial de modo: como quieren
4. Oración principal: Lo haremos
   ¿Cómo lo haremos? como estaba previsto

Subordinada adverbial de modo: como estaba previsto

5. Oración principal: Resuelve el problema

¿Cómo lo resuelvo? como te dijeron

Subordinada adverbial de modo: como te dijeron

II.

1. d)	2. c)	3. a)	4. g)
5. ch)	6. b)	7. f)	8. e)

¡Vamos a conversar!

1. Se paró su coche en medio de la carretera.
2. Porque anteayer le llenó el tanque.
3. Le aconseja que lo lleve a un taller mecánico.
4. Lo llevan arrastrado con unos ganchos. / El coche de Arturo arrastra el de Rocío con unos ganchos.
5. Un señor que amablemente le ayuda a Rocío, sin conocerla.
6. Le cambia la banda.
7. Que lo lleve a revisar de nuevo porque tiene un ruido extraño.

Pregunta a tus compañeros

1. Sí, una vez ayudé a una señora que no podía mover su coche. Enfrente de mi casa.
2. Sí, una vez una señora me ayudó a encontrar una calle que no conocía.
3. Prefiero pedir ayuda. /No me gusta pedir ayuda, prefiero resolver solo/a mis problemas.
4. Sí, me gustaría trabajar como voluntario/a para cuidar el medio ambiente. /No, no me interesa trabajar como voluntario/a.
5. Sí, conozco una organización que se encarga de atender a los ancianos. / No, no conozco ningún grupo de ayuda.

¡Vamos a practicar!

I.

1. Se (me) ha estropeado la banda.
2. Se (me) ha pinchado un neumático./ se ha ponchado una llanta./ Se (me) ha reventado una llanta.
3. Se (me) ha descargado la batería. / Se (me) ha agotado la batería.

4. Se (me) ha roto/estropeado el parabrisas.
5. Se (me) ha fundido la bombilla del faro derecho.

III.

1. Le aconsejo examinar el coche regularmente.
2. Le aconsejo bajar la velocidad.
3. Te aconsejo tomar la carretera cuando vengas a esa hora.
4. Te aconsejo tomar el atajo.

Gramática

I.

1. ya que	2. en vista de que
3. ya que/puesto que/pues	4. porque
5. ya que/porque	6. en vista de que/pues
7. pues/porque/ya que	8. porque

II.

1. g)	2. a)	3. e)	4. b)
5. c)	6. ch)	7. f)	8. d)

¡Vamos a conversar!

1. Van a los Pirineos.
2. Está menos congestionado que en julio y agosto.
3. Porque es muy cara.
4. El cielo estará despejado.
5. En el interior habrá nubosidad, estará despejado aunque se preven chubascos.
6. Irán por los caminos rurales (para disfrutar el paisaje).
7. Piensan comer en un restaurante típico (que está cerca) / (que le recomendaron a Laura).

Pregunta a tus compañeros

1. Prefiero el clima cálido.
2. Cuando era niño/a me gustaba jugar con la nieve / hacer muñecos de nieve/ limpiar la calle / arrojar bolas de nieve a mis amigos.
3. Cuando llueve me gusta quedarme en casa y leer.

4. Cuando hace buen tiempo me gusta ir al parque.
5. Está nublado y llovió por la mañana.

¡Vamos a practicar!

I.

1. Si fuera rico, compraría este coche.
2. Si me quisiera, estaría muy feliz.
3. Si tuviera un novio, saldría con él para cenar.
4. Si me dijeras la verdad, no me enfadaría tanto contigo.
5. Si estuviera en México, comería muchos tacos.

II.

1. Hace frío.
2. Hace fresco/fresquito.
3. Hace mucho sol.
4. Hace un tiempo espléndido.
5. En verano está muy húmedo porque llueve mucho.
6. En este invierno nieva mucho.
7. Ten mucho cuidado porque hay niebla esta mañana.

III.

1. En Corea hace menos calor que en México.
2. Hoy hay menos gente que ayer.
3. Mi perro es menos inteligente que el tuyo.
4. Este coche es menos caro que el anterior.
5. Juan es menor que Carlos.
6. Este celular es peor que aquel.

Gramática

I.

1. Aunque llueva, iré a tu casa.
2. Aunque lo envía ahora no sabe si llegará a tiempo.
3. Aunque busca no encuentra las llaves por ningún lado.
4. Aunque lo envíe ahora no llegará a tiempo.
5. Aunque buscó en todas las librerías, no encontró un diccionario de copto.
6. Saldrá esta noche aunque está cansada.

7. Aunque se recomienda, no estamos seguros de los resultados de este producto.
8. No conseguí nada aunque insistí toda la semana.

II.

1. No encuentra trabajo a pesar de estar muy bien preparado.
2. A pesar de estar enfermo, no se queja.
3. Se levantó temprano a pesar de dormir solo tres horas.
4. A pesar de esperar toda la tarde, nunca llegó el paquete.
5. Tiene todo lo necesario a pesar de estar lejos de la ciudad.

¡Vamos a conversar!

1. Quiere ir al centro antiguo.
2. Para dar una vuelta y para recoger su visado.
3. Porque anunciaron huelga de transporte para el día siguiente y no habrá autobuses.
4. Se irán a huelga a fin de conseguir mejores salarios. / Conseguir mejores salarios.
5. La estación Cuatro Caminos
6. Porque comprando un bono de 10 viajes puede ahorrar casi la mitad.
7. En la estación Gran Vía.

Pregunta a tus compañeros

1. Sí, una vez fui a la Oficina de la Colonia para pedir una acta de nacimiento. / Fui al Ministerio de Vialidad a fin de solicitar mi licencia/carné/permiso de conducir.
2. Uso el metro para ir a la escuela. Uso el metro para ir a casa de mis abuelos.
3. Sí, conozco el metro de Dejón, de París, de Londres, de Madrid...
4. Sí, estoy ahorrando para comprar(me) un coche / para ir de viaje / para comprar(me) ropa.
5. Sí, estoy estudiando mucho para encontrar un buen empleo / para conseguir una beca y seguir estudiando / para ser alguien importante en el futuro.

¡Vamos a practicar!

I.

1. Te aconsejo que vayas en metro o en autobús.
2. Te aconsejo que estudies mucho para el examen.
3. Te aconsejo que tengas mucho cuidado.

4. Te recomiendo que comas muchas verduras y legumbres.
5. Te recomiendo que tomes esta pastilla cada 3 horas.
6. Te recomiendo que hagas mucho ejercicio.

II.

1. ¿Cuál es el banco más cerca de la universidad?
2. ¿Cuál es la estación de policía más cerca de tu casa?
3. ¿Cuál es la estación de bomberos más cerca de este edificio?
4. ¿Cuál es la oficina del turismo más cerca de la estación de ferrocarril?
5. ¿Cuál es la peluquería más cerca de aquí?
6. ¿Cuál es el centro comercial más cerca de aquí?

III.

1. Tomando a mano izquierda, puedes llegar a la estación.
2. Comprando un billete de ida y vuelta, puedes ahorrar dinero.
3. Haciendo deporte, puedes bajar de peso.
4. Estudiando mucho, puedes aprobar el examen.

IV.

1. ¿Dónde puedo comprar el billete del metro?
2. ¿Dónde puedo conseguir un plano del metro?
3. ¿Dónde puedo cambiar estos dólares por euros?
4. ¿Dónde puedo comprar tabaco?
5. ¿Dónde puedo coger el taxi?

Gramática

I.

1. No le dijeron nada a la madre [para que no se preocupara].
2. [A fin de que se recupere por completo] la empresa le ha dado vacaciones.
3. Ha ido a la clínica [a que le saquen una muela].
4. Escribió el libro [con el propósito de que se lo publicaran].
5. Fue al hospital [a fin de que lo viera un médico].
6. [Para que aprendiera un poco de disciplina] lo mandaron a una escuela privada.
7. Fui al banco [a que me prestaran dinero].
8. Me ayudó a estudiar [a fin de que sacara una buena nota].

II.

1. Se pelearon por conseguir el premio.

2. Llamaré a tu casa para saber a qué hora es tu fiesta.
3. Lloró a sus padres para conseguir el permiso.
4. El hombre se detuvo para decirle cuatro verdades.
5. Ha luchado siempre por ser alguien en la vida.
6. Trabaja mientras estudia a fin de/para no pedir prestado.
7. Practica todos los días a fin de/para ganar la competencia.
8. Me esfuerzo para aprender español.

¡Vamos a conversar!

1. Susana está en un entrevista de trabajo.
2. Porque el tráfico estaba terrible.
3. En los Estados Unidos.
4. Español, inglés y francés.
5. El que/Quien puede viajar tiene/gana buenos puntos en la selección.
6. Sí. Trabajó en una empresa de importación y exportación durante dos años después de graduarse.
7. Con el Director de Personal.

Pregunta a tus compañeros

1. Trabajar en una empresa internacional./ Tener mi propio negocio.
2. Me gusta trabajar en equipo porque aprendo de los demás. / Prefiero trabajar solo/a porque aprovecho mejor el tiempo.
3. Oigo bien/Considero/ Tomo en cuenta a los que me hablan de buena manera.
4. Tengo muchas cualidades. Me gusta ayudar a los demás. Soy amable con todos. No me gusta engañar a las personas.
5. No tengo ningún defecto. / Soy muy tímido/a. No puedo parar de comer. Soy muy desconfiado/a.

¡Vamos a practicar!

II.

1. Estudié la carrera de Economía en la Universidad Politécnica y me especialicé en Ciencias Económicas y Empresariales.
2. Estudié la carrera de Filología en la Universidad Nacional Autónoma de México y me especialicé en Literatura Mexicana.

3. Estudié la carrera de Ciencias Sociales en la Universidad de Madrid y me especialicé en Relaciones Exteriores/Internacionales.
4. Estudié la carrera de Filología Española en la Universidad Autónoma de Madrid y me especialicé en Ligüística Española.
5. Estudié la carrera de Artes en la Universidad de Nueva York y me especialicé en Diseño Visual.

III.

1. Al terminar la carrera diplomática, entré en la escuela de diplomacia.
2. Al casarme, dejé de trabajar.
3. Al entrar en la universidad, empecé a aprender alemán.
4. Al terminar el doctorado, empecé a dar clases en la universidad.
5. Al graduarme de la universidad, trabajé en el Ministerio de Asuntos Exteriores.

Gramática

I.

1. El que/Quien dirige la orquesta es muy bueno.
2. El que da las noticias explicó el problema del paro.
3. El que/Quien tiene un amigo tiene un tesoro.
4. El que vive enfrente vino a visitarte.
5. El que/Quien tiene dinero puede darse esos lujos.
6. El que/Quien hace un cesto puede hacer muchos.

II.

SUBORDINADA SUSTANTIVA (función sujeto)	ORACION PRINCIPAL
1. El que me lo dijo	no parecía muy seguro.
2. Quien te contó eso	te ha dicho la verdad.
3. Los que aprueben todos los exámenes	ganarán.
4. Quien cante más alto	ganará puntos extras.
5. Quien tú sabes	vino ayer a clase.
6. El que lo descubra primero	le dirá al otro.

¡Vamos a conversar!

1. Tiene un horrible dolor de muela y la encía está muy hinchada./ Tiene una muela picada.
2. Porque una de las pacientes aplazó su visita para el día siguiente. / Porque quedó una cita libre para ella.

3. Le sacó una muela.
4. Le parece extraño que Lorena grite tanto.
5. Le había puesto un poco de anestesia.
6. Se siente muy bien.
7. La próxima semana.

Pregunta a tus compañeros

1. Voy al dentista una vez/dos veces al año.
2. Voy también con el oculista para revisar mis lentes. / con el médico naturista para mi dieta / con el otorrinolaringólogo cuando tengo mal la garganta.
3. Me parece que el trabajo del cardiólogo es el más difícil, porque tiene que trabajar con el corazón que es tan delicado.
4. Prefiero la medicina alópata porque confío más en las fórmulas químicas. / Prefiero la medicina natural porque no daña al cuerpo.
5. Si yo estudiara medicina escogería Neurología.

¡Vamos a practicar!

I.

1. ¿Le importaría esperar un momento?
2. ¿Le importaría dejarme este bolígrafo?
3. ¿Le importaría darme un cigarrillo?
4. ¿Te importaría acompañarme a la clínica?
5. ¿Te importaría venir a mi casa a recogerme?
6. ¿Te importaría ir al aeropuerto para recibir a nuestros amigos?

II.

1. Recuerde que debe dejar de fumar.
2. Recuerde que debe tener mucho cuidado con las comidas.
3. Recuerde que debe pagar los gastos hoy mismo.
4. Recuerde que debe recoger al niño a las 2.
5. Recuerde que debe ponerse las gafas de sol.

III.

1. Siento mucho decirle que tenemos que ponerle una multa.
2. Siento mucho decirle que su padre está gravemente herido.
3. Siento mucho decirle que su abuelo ha fallecido.
4. Siento mucho decirte que estás suspendido en el examen.
5. Siento mucho decirte que tengo otro novio.

Gramática

I.

1. e)	2. g)	3. a)	4. ch)	5. b)
6. f)	7. c)	8. i)	9. h)	10. d)

II.

1. No entiendo lo que tú me dices.
2. Tus hermanos comieron lo que quisieron.
3. Te envié lo que tú me pediste.
4. Pide lo que quieras.
5. Olvidé decirle a Carlos lo que me habías encargado.
6. Juan trajo lo que nos prometió.
7. En Disneylandia les compraré lo que deseen.
8. No veo lo que me prometiste ayer.
9. Ya supimos lo que hiciste en la discoteca.
10. Anunciaron lo que habrá mañana en el festival./...en el festival mañana.

¡Vamos a conversar!

1. Se cayó de una escalera. (Se golpeó la cabeza y se cortó la ceja).
2. Sí, es alérgico a la penicilina.
3. Hace tiempo, se cortó con la podadora.
4. Tiene el tobillo fracturado.
5. Le pone una férula.
6. Le receta un analgésico suave (que no dañará su organismo).
7. Arturo debe entregar la constancia médica a quien le vendió el seguro, para que le paguen todos los gastos médicos.

Pregunta a tus compañeros

1. Sí, una vez me lastimé el tobillo al jugar futbol / me lastimé la muñeca al jugar voleibol. / No, nunca me he lastimado los huesos.
2. Una vez ayudé a una señora que se lastimó la pierna al bajar las escaleras. / Sí, en la universidad ayudé a mi compañero que traía muletas. / Nunca me ha tocado ayudar a nadie.
3. Sí, soy alérgico(a) al pelo de los duraznos. / Soy alérgico(a) a los gatos.

4. Sí, me gustaría tener un perro en donde vivo (pero no puedo porque no permiten perros). / No, no me gustan los perros.
5. Sí, son buenos guardianes porque avisan cuando llega un extraño. / No, solamente ensucian y son muy molestos.

¡Vamos a practicar!

I.

1. ¿Cuánto tiempo hace que tuvo el accidente?
2. ¿Cuánto tiempo hace que compraste este piso?
3. ¿Cuánto tiempo hace que tienes este dolor?
4. ¿Cuánto tiempo hace que tomas esta vitamina?
5. ¿Cuánto tiempo hace que estudias español?

II.

1. Me duele mucho la cabeza.
2. Me duelen los oídos.
3. Me duele bastante la espalda.
4. Me duelen las rodillas.
5. Estoy resfriado. / Tengo gripe.
6. Tengo fiebre.

III.

1. Me caí de una escalera.
2. Me golpeé la cabeza y me corté la frente.
3. Me quemé la mano.
4. Me fracturé el tobillo. = Me rompí el tobillo.
5. Me torcí la muñeca.

Gramática

I.

1. a la que	2. a quien	3. al que	4. a quienes
5. a quien	6. a los que	7. a quienes	8. a la que
9. a quienes	10. a quienes		

II.

1. a quien apagó el incendio
2. a los que regresaron del viaje

3. a quienes le aventaron basura
4. a la que hizo el mejor pastel *
5. al que arregló el motor en el menor tiempo*
6. a quien robó el cuadro de la galería
7. a los que se manifestaron en la universidad
8. a quien le vendió el seguro médico
9. al que ganó medalla de oro
10. a quien robó información secreta

* Con excepción de estos dos casos, pueden ir diferentes enlaces en las oraciones.

¡Vamos a conversar!

1. Se siente muy mal. Tiene dos días vomitando, tiene diarrea y náuseas.
2. Le duelen el pecho, los oídos, la espalda y el estómago.
3. Solo Rocío es diabética.
4. Le preocupa su enfermedad porque está embarazada.
5. Debe tomar una cucharada cada cuatro horas, solo por dos días.
6. Rocío comió anteayer pescado.
7. Con unos análisis que le van a hacer a Rocío al día siguiente.

Pregunta a tus compañeros

1. La última enfermedad que padecí fue una gripe ("gripa" en México y Colombia) muy fuerte.
2. De niño/a tuve sarampión y varicela. / Nunca tuve enfermedades delicadas cuando era niño/a.
3. Para mantenerme saludable practico deportes todos los días. No bebo ni fumo.
4. Mi alimentación es muy saludable y balanceada. / Por lo general, como verduras, carne y frutas, todo muy nutritivo.
5. La última vacuna que recibí fue contra la hepatitis.

¡Vamos a practicar!

II.

1. Déjeme revisarle los oídos.
2. Déjeme examinar sus ojos.
3. Déjeme hacerle unas cuantas preguntas.

4. Déjame hacerle un examen médico.
5. Déjeme observar la herida.
6. Déjame consultar con el médico.

III.

1. Me pasé unas horas aguantando los dolores musculares.
2. Me pasé una semana sin poder tomar nada.
3. Me pasé días sin poder dormir.
4. Me pasé toda la mañana sudando como un pato recién salido del agua.
5. Me pasé todo el día sintiendo náuseas.

IV.

1. Tome la medicina media hora después de cada comida.
2. Tome el antibiótico con otros medicamentos.
3. Deje de fumar.
4. Mañana hable con su médico de cabecera.
5. Muévase mucho.
6. Trate de estar unos días en la cama.

Gramática

I.

1. que se perdieron	2. que estudiaron
3. que compré*	4. que me prestó Juan*
5. que trabajan (mucho)	6. que están cerca del
7. que ladra	8. que compramos*

* En los casos 3, 4 y 8, el sujeto de la subordinada puede variar.

II.

	ORACIÓN PRINCIPAL	SUBORDINADA ADJETIVA
1.	El taxista robó un banco ayer	que me llevó el otro día
2.	Este libro trata de robos a bancos	que compré hace un momento
3.	El libro es de aventuras	que me prestó Andrés
4.	El héroe vive aventuras siempre peligrosas	que aparece
5.	Esa señora es mi tía	que habla todo el día
6.	La señora es la esposa del taxista	que va allí
7.	Vivimos en ese edificio	que construyeron cerca del parque
8.	Vamos a aquel restaurante	que vende mariscos